運動生理学が教える弱点克服のヒント

ランナーのカラダのなか

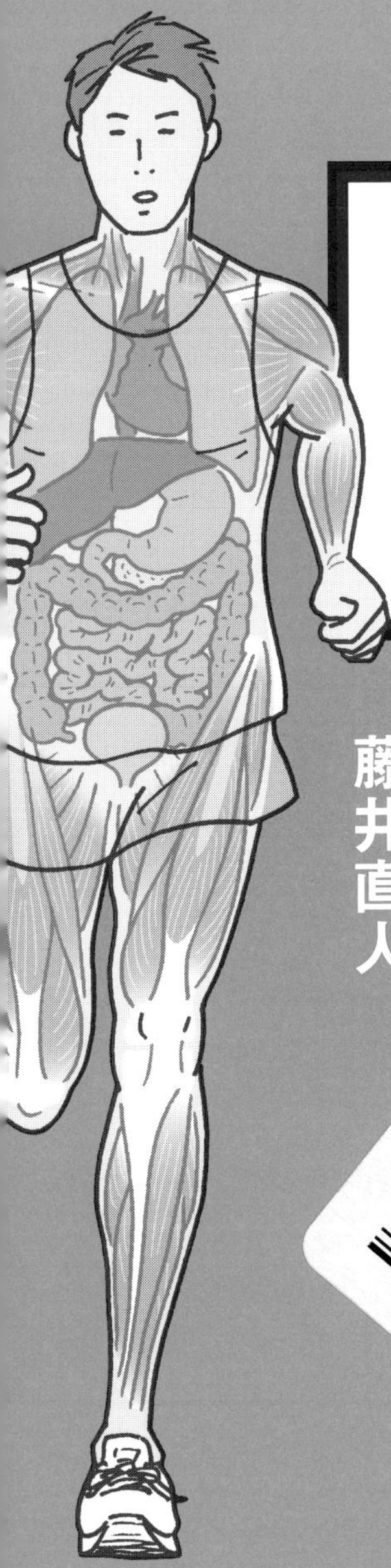

筑波大学 体育系 助教
藤井直人

JN015287

小学館

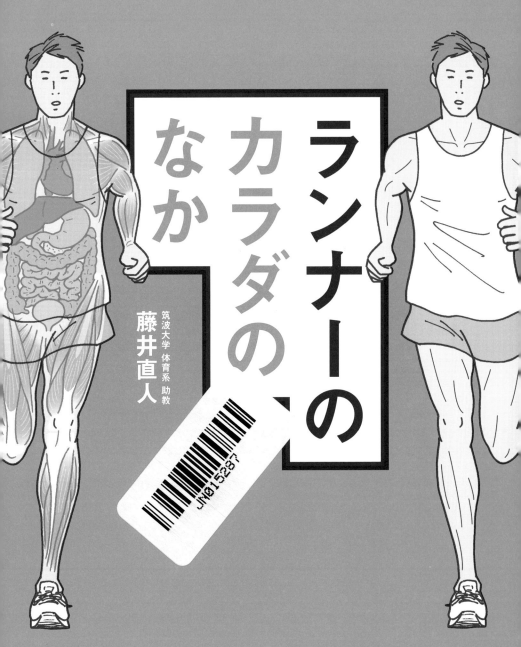

はじめに

ランナーは、真面目で勤勉な方が多いような気がします。

パーソナルベストの更新を目指し、誰に強制されるでもなく、日々コツコツとトレーニングを積み重ねているランナーたち。私が所属する筑波大学でも、毎年『つくばマラソン』が開催され、約１万８０００人のランナーがエントリーしています。私自身もたまにエントリーするのですが、一般ランナーの方々と一緒に走っていると、ランナーの皆さんの走ることにかける情熱がものすごく伝わってきます。そして、情熱があるだけに、ランニングに関する情報にも、ものすごく詳しい方が多いように思います。

しかし、たまに「スゴいことを言っているな～」と感じてしまうことも。

どこで得た知識なのかはわかりませんが、おそらく情報のソースが悪かったのでしょう。まったく事実ではない情報を、さもエビデンスのある情報であるかのように語られていることもしばしば。

それが、たとえば自称トレーナーだったり、人気のインフルエンサーだったりすると、信憑性のある情報のように広まってしまうこともあります。

ＳＮＳなどを見ていると、特にそう感じることが多いです。中途半端に知識があるだけに、論理的にストーリーを組み立てて事実のように思えるけれど、それは根拠のない妄想にすぎません。ひとつの論文に掲載されている動物実験だけで確認された効果を、「科学的にも証明されました！」と謳ってしまうケースも多く見られます。

また、陸上界で都市伝説的に伝えられてきた情報もあります。「ウインドスプリント（流し）で疲労を飛ばす」とか、「1日サボると、戻すのに3日かかる」といった常識のように語られてきたことは、本当に事実なのでしょうか？

私は、こういった情報は、運動生理学のエビデンスのもとで、きちんと解説すべきではないかと常々思ってきました。情報過多の時代だからこそ、研究者はデマの多い現状に嘆くだけでなく、正しい情報を世間に向けて発信すべきであると。

本書では、運動生理学の観点から、ランナーのカラダのなかで起こっている現象について、数々のエビデンスにもとづいて解説しています。なかには、正直、現在のところよくわかっていない事実もあります。それは、現段階の研究結果から推測できる可能性を提示するにとどめ、より正確な情報提供に努めました。本書が皆さんの情熱に寄り添える一冊になることを、心より願っています。

藤井　直人

フルマラソンを走れるのは、地球上の生物で人間《ヒト》だけ!?

地球上には、ヒトより速く走れる動物はたくさんいます。馬やライオン、チーターなどは、ヒトでは追いつけないハイスピードで走ることができます。では、**もしそれらの動物と一緒に真夏日のフルマラソンを走ったら**どうなるでしょう……？　実際にそんなことはできないので、想像でしかありませんが、おそらく**ほとんどの場合、ヒトが勝つ**のではないでしょうか。

そもそも、**フルマラソンのような長距離を暑熱下でもぶっ続けで速く走れるのは、おそらくヒトだけ**だと思います。なぜなら、そのほかの動物たちは、**暑熱下長時間運動時に体温をうま**

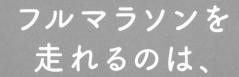

く調節することができないから。動物たちは深部体温がどんどん上昇し、すぐにオーバーヒートを起こして、走ることをやめるでしょう。

暑熱下でも長時間の運動ができるのは、ヒト特有の能力です。そして、それを可能にしている理由のひとつは、**汗をかき、外に熱を逃すことができる「放熱」の機能を持っている**ためです。暑熱下のフルマラソンのような長時間の運動に耐えられるのは、実は地球上でヒトにしか持ち得ない、スゴい能力なのです。本書では、その**ヒト特有である長時間運動の能力**を**運動生理学**の観点から紐解いていこうと思います。

Bramble, and Daniel E. and Lieberman., Nature, 2004

走っているときに、カラダのなかでなにが起こっているのか？

自己記録の更新を目指すランナーたちは、日々さまざまなトレーニングを行っています。**「心肺を強くしたい」「スタミナをつけたい」**など、いろいろな目標を持って、トレーニングメニューをこなしていることでしょう。

では、**心肺が強くなるとは、どういう状態**のことを指しているのでしょうか？　**スタミナとは、どのように定義される要素**なのでしょうか？　これに明確に答えられるランナーは少ないと思います。

実際、長時間のランニングを行っていると、息切れし、心拍が上昇し、エネルギーをたくさんつくり、それを消費し、筋を動かし、汗を流し、といったカラダの活動が活発に行われています。しかも、**これらの応答は環境や運動強度に応じて目まぐるしく変化しています**。私たちが運動しているとき、心臓や血管、筋などの身体器官がどのように応答し、どのように適応するのか？　これらが全身で機能するしくみを解き明かすのが**運動生理学**。**ランナーのカラダのなかで、　実際になにが起きているのか**、それを理解することに、具体的な能力向上のヒントが隠されているのです。

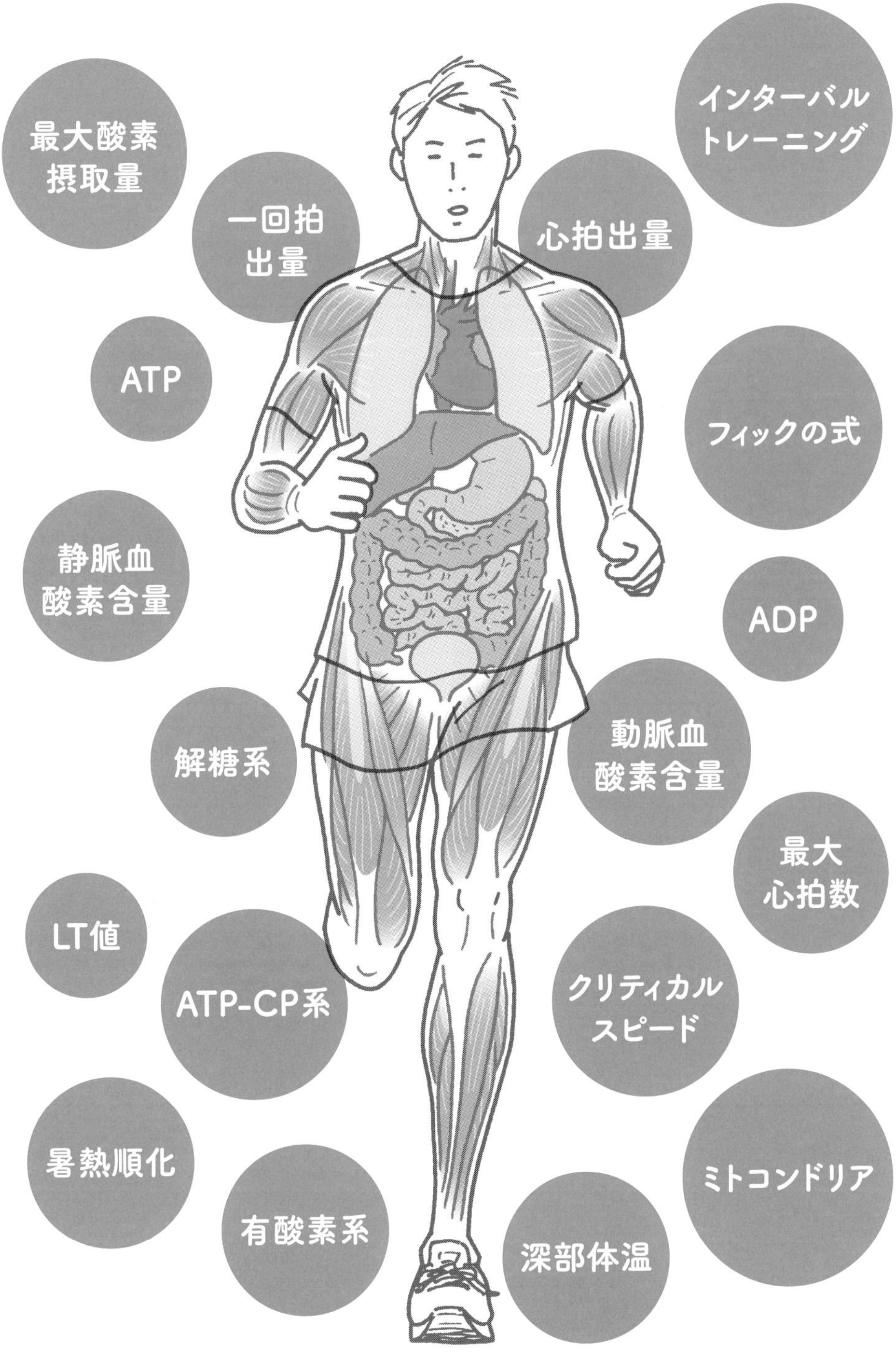
インターバル
トレーニング
最大酸素
摂取量
一回拍
出量
心拍出量
ATP
フィックの式
静脈血
酸素含量
ADP
解糖系
動脈血
酸素含量
最大
心拍数
LT値
ATP-CP系
クリティカル
スピード
暑熱順化
ミトコンドリア
有酸素系
深部体温

目次

ラントレの効果

第2章 ラントレの効果に関する疑問

第3章 レースマネジメントに役立つ生理学の知恵

レースの生理学

参考資料について

本書の欄外には、そのページで参考にした論文等のクレジットが掲載されています。
本書に掲載した図は、基本的にそれらを参考に改変して作成しています。

第4章 ランナーの都市伝説的あるあるを検証したい！

あるある検証

第1章

カラダのなかの基礎知識

基礎知識 1

外から得た物質を体内で交換！
そもそも「代謝」ってなに？

#代謝　#異化・同化　#エネルギー　#分解・合成

食べたものを体内で必要な物質に変換

ランナーの運動生理学の世界に入っていく前に、まずは基本である人間の代謝について理解しておきましょう。

そもそも代謝とは、カラダで起こる化学反応全般のことをいいます。人間は、食事で栄養素を摂取し、それを代謝することでエネルギーを生み出しています。人間の運動は、骨（関節）を動かすことで成り立っていますが、骨を動かしているのは骨格筋です。さらに、この**骨格筋を動かす最も重要なエネルギー源となるものは、「ATP（アデノシン3リン酸）」**という物質。しかし、細胞内に蓄えられたATPは、ごくわずかであり、骨格筋を動かし続けるためには体内で絶えずATPを合成する必要があります。その材料となるのが、炭水化物や脂質、タンパク質といった**「三大栄養素」**です。

食事で摂取した三大栄養素は、体内で細かい低分子にまで代謝されて全身の細胞でエネルギーを放出します（**異化作用**）。また、エネルギーを使った代謝によって高分子の化合物をつくり、グリコーゲン生成や、筋や骨などの組織形成をもたらします（**同化作用**）。さらに、代謝産物や吸収されなかったものは尿や便、呼気として体外に排泄されます。

また、体内のATPを合成するためのエネルギー代謝のシステムは、主に3つあります。これら3つのシステムは、運動の強度や時間などによって、稼働する割合が変化します。

このうち**「ATP-CP系」**と**「解糖系」**というシステムは、酸素を使用しないことから**「無酸素系」**とも呼ばれ、一方、**「クエン酸（TCA）回路」**と**「電子伝達系」**という長時間運動に適性のあるシステムは、酸素を必要とすることから**「有酸素系」**と呼ばれています。

カラダのなか

代謝は、化合物を細かく分解する「異化作用」と、化合物を合成する「同化作用」に大別される

外界から摂取した三大栄養素は、細かい低分子にまで分解（代謝）され、エネルギーを放出します(異化作用)。また、エネルギーを使って低分子物質から高分子物質を合成(代謝)し、グリコーゲンや、筋、骨などの組織形成をもたらします(同化作用)。代謝産物や吸収されなかった栄養素などは、呼気や尿、便として、体外に排泄されます。

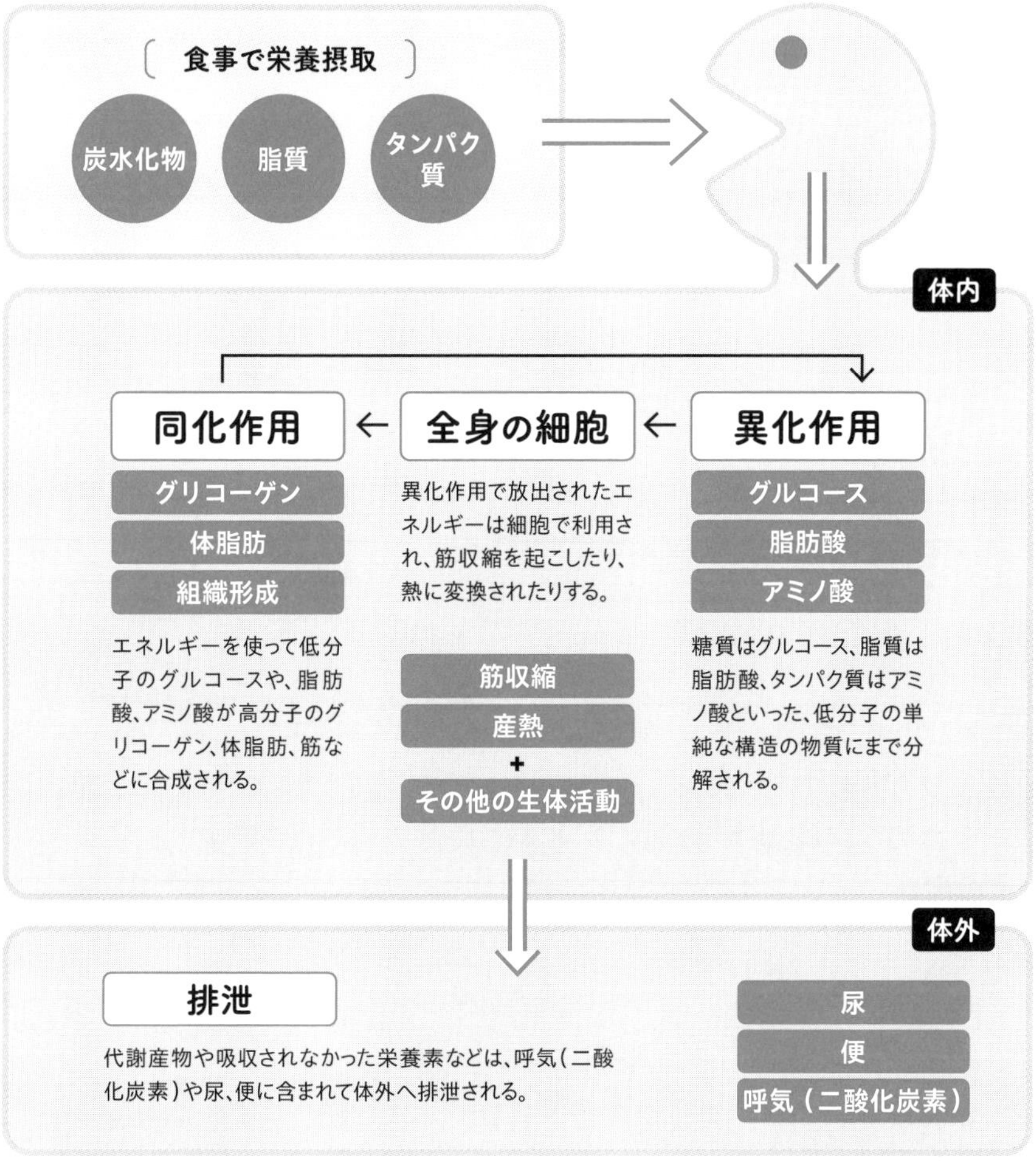

カラダのなか

運動にはATP（アデノシン3リン酸）が必要！

「カラダを動かす」ことは、「骨格筋を収縮させて骨を動かす」ことです。この骨格筋を収縮させるエネルギー源が、筋細胞内に存在するATP（アデノシン3リン酸）という物質です。アデノシンという化合物に3つのリン酸基が結合したもので、このうち1つのリン酸基が分離したときに、エネルギーが発生し、産熱とともに筋収縮が起こります。

運動＝骨格筋を動かす

骨格筋を動かす
エネルギー源がATP！

⇓

ATP
（アデノシン3リン酸）

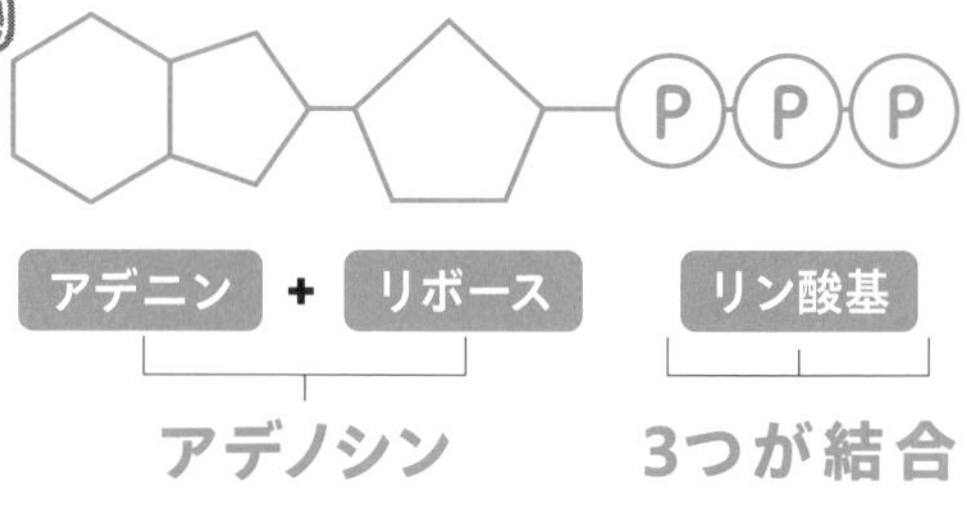

#代謝　#エネルギー　#ATP　#再合成

1つのリン酸基が分離したときにエネルギーが発生！

ATPの1つのリン酸基が分離するときに、エネルギーが発生し、産熱や筋収縮が起こります。2つのリン酸基になったADP(アデノシン2リン酸)は、再びリン酸基と結合することで、ATPに再合成され、エネルギーが蓄えられます。

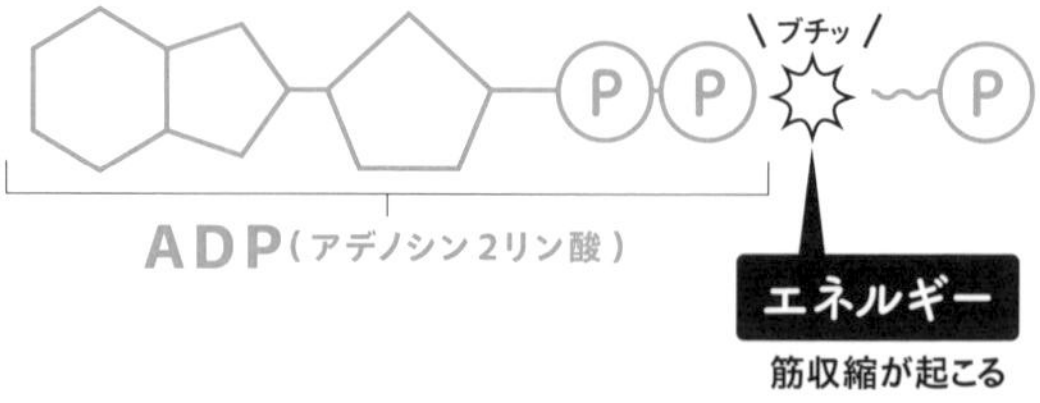

カラダのなか

筋細胞に貯蔵されているATPはわずか。3つのルートでATPを合成する！

筋細胞内に貯蔵されているATPは、短時間でなくなってしまうほどの少量。運動を持続させるためには、体内でATPを合成する必要があります。体内のATP合成ルートは主に3つ。クレアチンリン酸、糖質、脂質などをもとに、強度や持続時間に応じてATPが合成されます。

ATP－CP系

合成場所……細胞質基質内
合成素材……クレアチンリン酸、ADP
合成速度……非常に速い（酸素不要）
運動強度……ほぼ全力の短時間（2～20秒）高強度運動で活躍

解糖系

合成場所……細胞質基質内
主な合成素材……糖質（グルコース、グリコーゲン）
合成速度……速い（酸素不要）
運動強度……20～120秒程度の高強度運動で活躍

有酸素系

合成場所……ミトコンドリア内
主な合成素材……糖質、脂質（アミノ酸の寄与は小さい）
合成速度……遅い（酸素必要）
運動強度……長時間（2分以上）の低～高強度運動で活躍

3つのルートと運動時間の関係

各時間における最大運動時のエネルギー寄与率を先行研究データをもとに構築

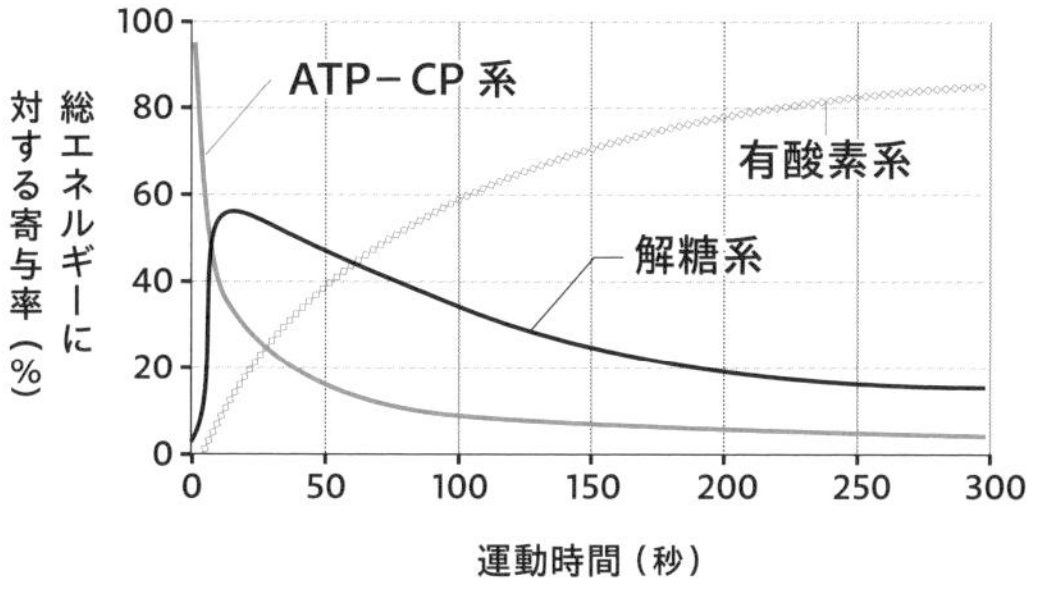

左図は、3つのATP合成ルートと運動時間の関係を表したもの。短時間のほぼ全力の運動ではATP－CP系がメインで働き、運動時間が長く、強度が低くなるにつれて、解糖系から有酸素系に主役が移行するイメージです。

Gastin., Sports Med, 2001

カラダのなか

超短時間の全力ダッシュで活躍！「ATP－CP 系」

3つの ATP 合成ルートのなかでも最速最大最短のパワーを発揮するのが、「ATP － CP 系」です。筋細胞内のクレアチンリン酸のリン酸基が、ADP（アデノシン 2リン酸）と結合してATP が合成されます。クレアチンリン酸はわずか 2～20秒ほどの全力運動で枯渇し、陸上競技では100m走などの短距離種目でメインのエネルギー供給機構となります。

クレアチンリン酸から ATP を合成

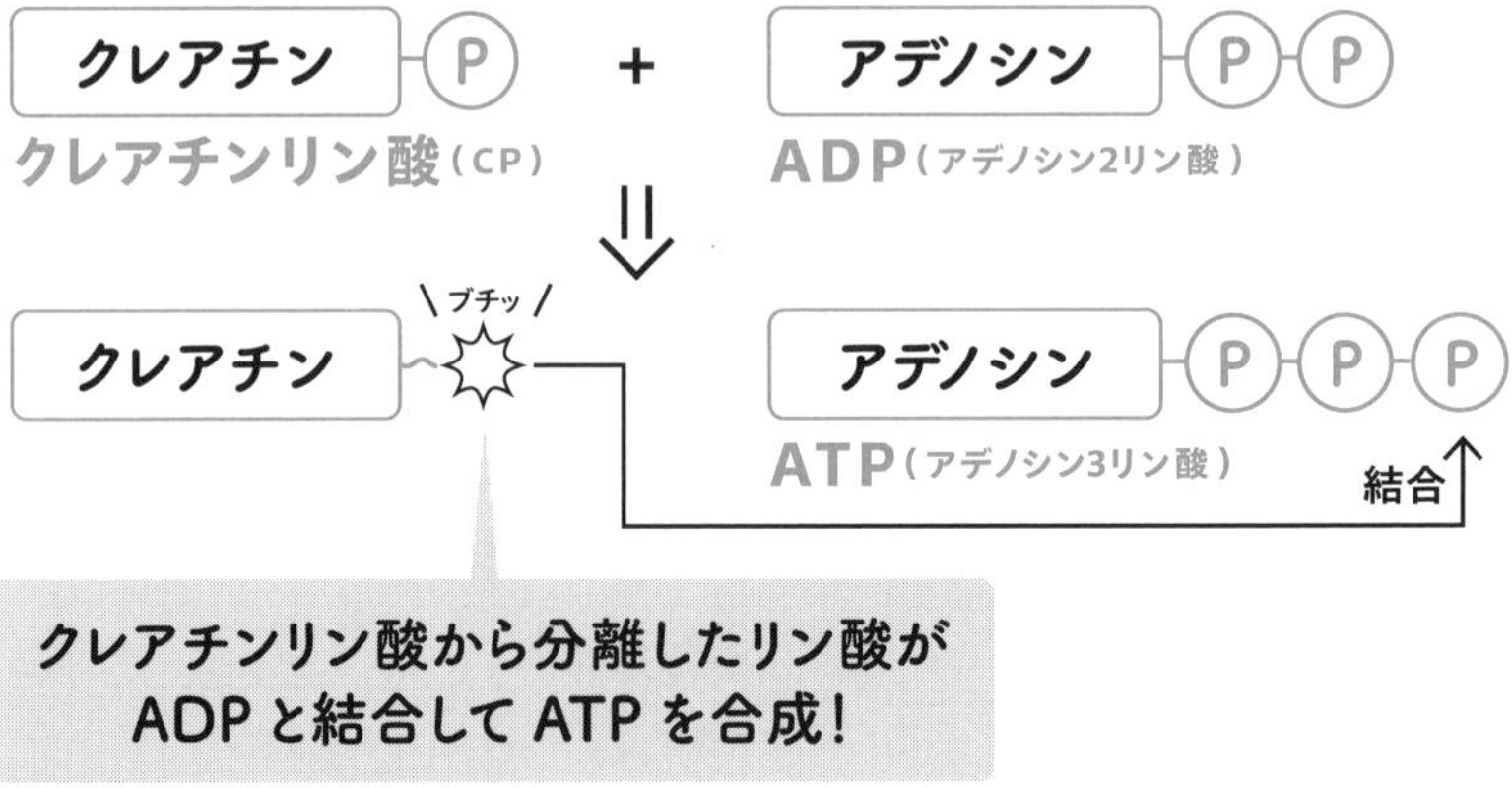

2～20秒ほどの高強度運動で尽きるが、休むと回復

わずか 2～20秒ほどの全力運動でクレアチンリン酸は枯渇します。しかし、休息すると酸素を使ってクレアチンリン酸が再合成されるため、再びダッシュができるようになります。高強度運動後 4分ほどの休息でクレアチンリン酸の大部分が復活するというデータも。

休息するとクレアチンリン酸が再合成される

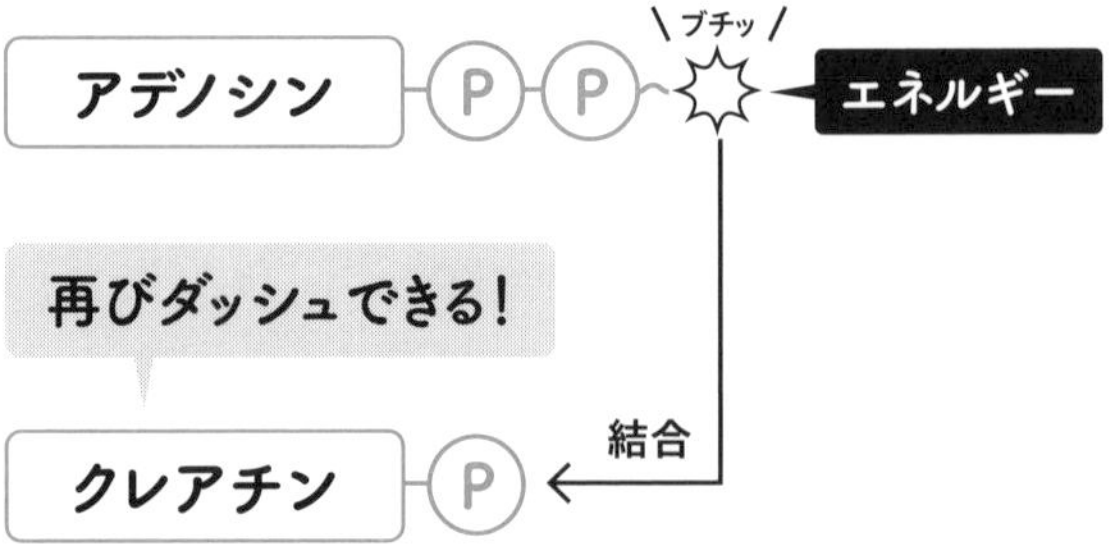

#代謝　#ATP・CP系　#解糖系

カラダのなか

陸上短・中距離種目で活躍！「解糖系」

細胞内でグルコース（ブドウ糖）がピルビン酸に変換される過程でATPが合成され、代謝産物としてピルビン酸とともに乳酸も産生。ATP合成速度が速く、20〜120秒ほどの高強度運動でメインとして稼働。陸上競技であれば、200〜800m走の短・中距離競技で活躍します。

糖質（グルコース）からATPを合成する、もうひとつの無酸素系ルート

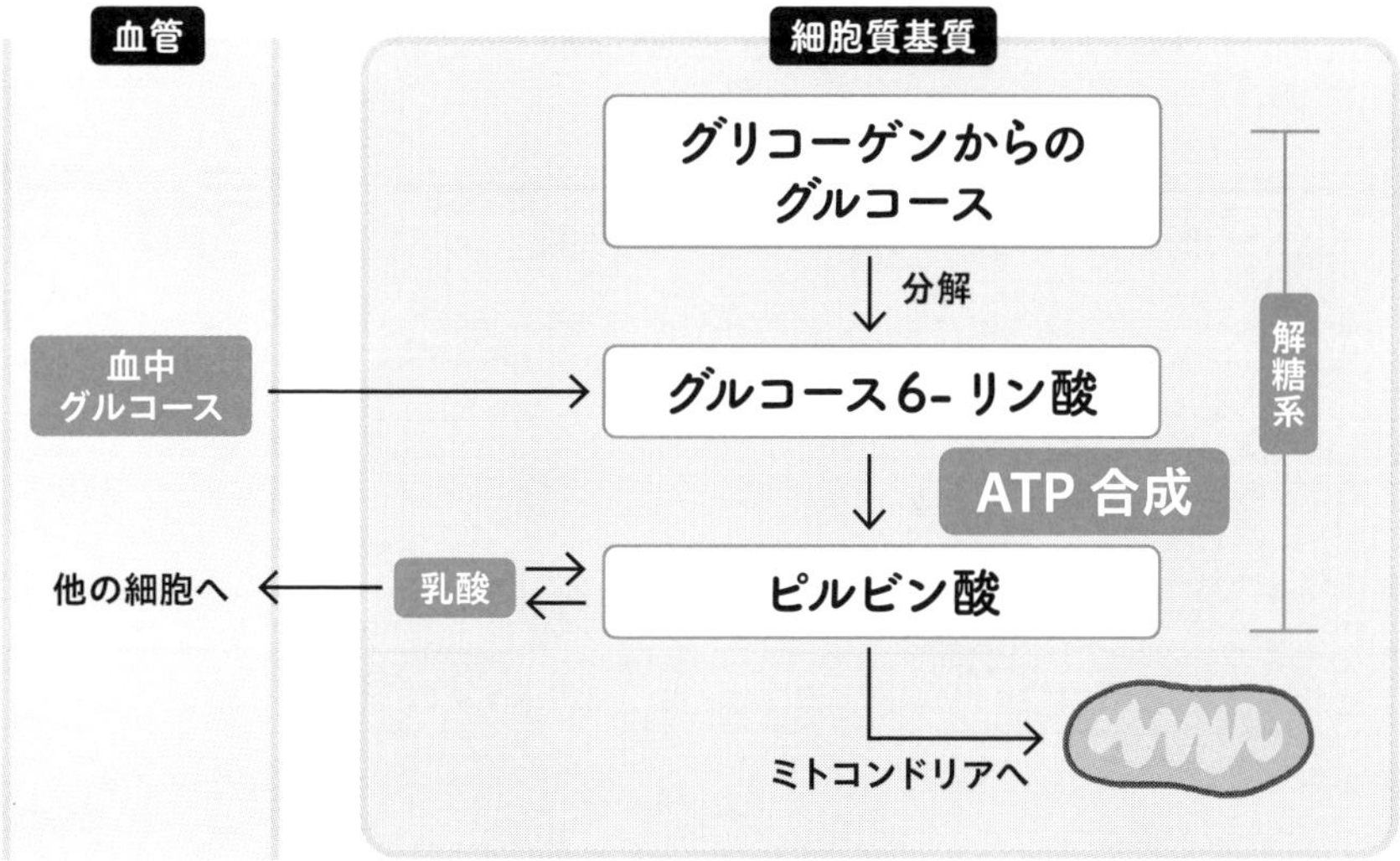

20〜120秒の高強度運動で重要だが、代謝産物のピルビン酸はマラソンでも主力

基本的に短・中距離種目のような高強度運動（持続時間20〜120秒）でメインとして働きますが、解糖系の代謝産物であるピルビン酸から酸素を使って大量のATPが合成されるため、マラソンのような長距離種目でも主力として稼働します。

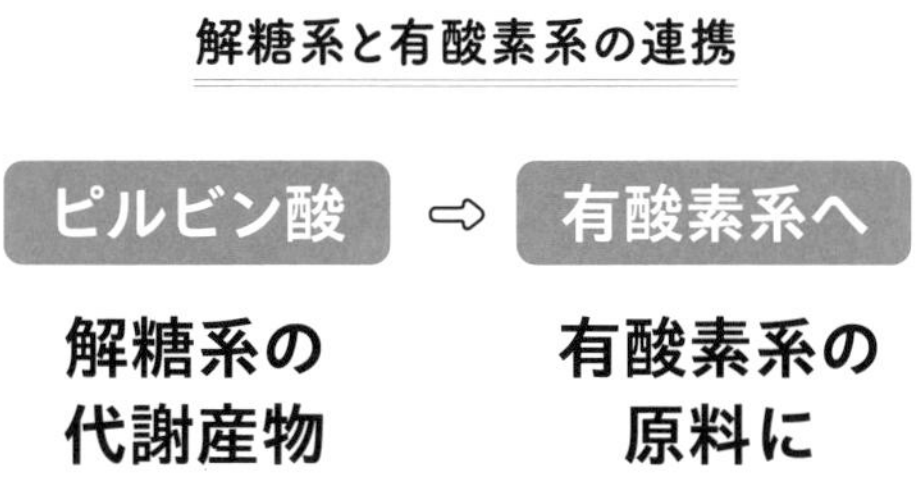

カラダのなか

長時間の運動を可能にする 最大のATP生成工場「有酸素系」

ミトコンドリアで、アセチルCoA（アセチルコエンザイムエー）という代謝産物と酸素から大量のATPを合成するルート。アセチルCoAは、解糖系で生じたピルビン酸や遊離脂肪酸を原料としています（アミノ酸は運動中の供給が小さい）。長時間の持続的なATP生成が可能なルートであるため、1500m走以上の中・長距離競技でメインとして稼働します。

ミトコンドリア内で大量のATPを再合成

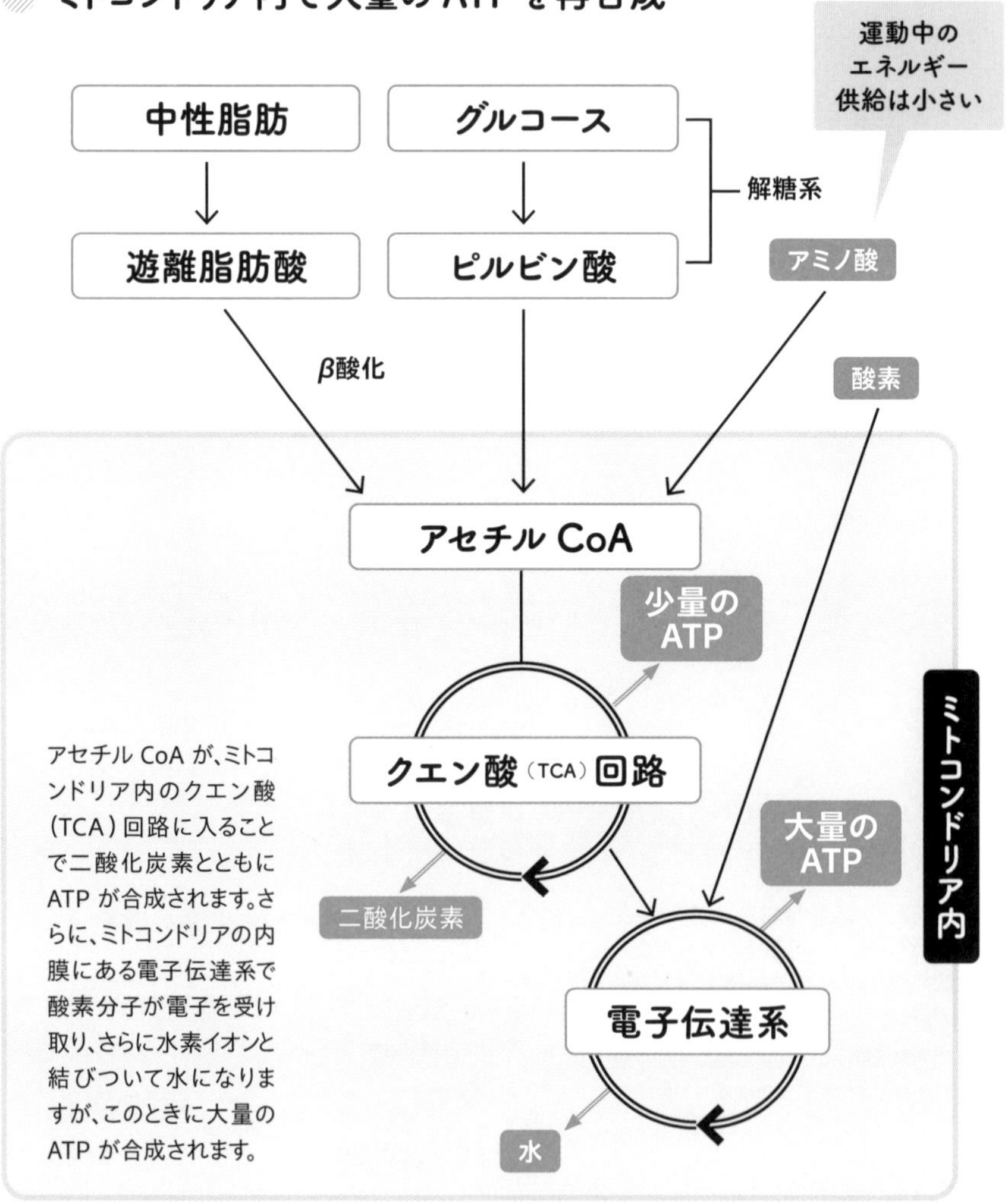
運動中のエネルギー供給は小さい
中性脂肪
グルコース
解糖系
遊離脂肪酸
ピルビン酸
アミノ酸
β酸化
酸素
アセチルCoA
少量のATP
クエン酸（TCA）回路
大量のATP
二酸化炭素
電子伝達系
水
ミトコンドリア内
アセチルCoAが、ミトコンドリア内のクエン酸（TCA）回路に入ることで二酸化炭素とともにATPが合成されます。さらに、ミトコンドリアの内膜にある電子伝達系で酸素分子が電子を受け取り、さらに水素イオンと結びついて水になりますが、このときに大量のATPが合成されます。

#代謝　#ATP　#有酸素系　#ミトコンドリア

ランナーのカラダのなか・COLUMN

「できるだけ脂質を使ったほうが、エネルギー効率がよい」という誤解!?

長時間のマラソン競技においては、有酸素系をメインとしてエネルギー供給を行うことになります。有酸素系の材料となるのは、糖質と脂質。アミノ酸が材料となることもありますが、運動中の供給はごくわずかなので、糖質と脂質のほぼ二択となります。どちらもアセチル CoA を生成できるため、どっちを使ってもよさそうですが、実はそう単純な話でもありません。

一般的に「グリコーゲンは枯渇しやすいから、できるだけ脂質を使ったほうがよい」みたいな話が広まっていると思いますが、実は脂質を使うほうがエネルギー効率は悪いのです。糖質と脂質それぞれの消費割合を100%とした場合、酸素1Lを使って生み出されるエネルギーは、糖質が5.05kcalなのに対し、脂質は4.69kcal。脂質のほうが少ないエネルギー産生量になります。つまり、脂質を使うと、同じエネルギー量を生み出すためには、より多くの酸素が必要になることを意味します。必要な酸素量が多くなると、呼吸循環系などに余計な負担がかかります。

ゆっくり走るジョガーには関係ないかもしれませんが、フルマラソンで2〜3時間のタイムを狙う上級者の場合は、できるだけ糖質を使って走るほうが運動効率はよくなります。ですので、運動中に積極的に糖質補給することで運動効率が向上し、より速く走ることが可能となるのです（P74参照）。

Zuntz N, 1901

基礎知識 2

乳酸は疲労物質ではない？

#乳酸　#解糖系　#エネルギー　#LT値

乳酸はエネルギー源のひとつである！

情報も広く伝わってきた近年において、「乳酸は疲労物質である」という誤解は、だいぶ解けてきたように思いますが、いまだ誤解しているランナーもいるかもしれません。

前述したように、**乳酸とは、ATP合成ルートのひとつ「解糖系」で生成される代謝産物のこと**です。

解糖系において、グルコースがピルビン酸に変換され、さらにピルビン酸が乳酸に変換されます。乳酸は、場合によってはピルビン酸に戻る（合成する）ことができるので、ミトコンドリア内に入り、**有酸素系エネルギー産生の原料として利用**されます。また、筋細胞内の乳酸は血中に流れ出て、**肝臓に送られると、再びピルビン酸に変換され、その後、糖新生によってグルコースに戻されます。**変換されたグルコースは血中に戻され、活動筋などさまざまな組織で使われます。**この骨格筋と肝臓間の乳酸とグルコースの回路を「コリ回路」といいます**。

一方、解糖系の代謝能力が高い速筋線維は、ミトコンドリアの数が少ないのが特徴です。そこで生成された乳酸は、**有酸素系の原料として効率よく利用できるように、血管を介して他の筋細胞（ミトコンドリアの多い遅筋や心筋など）などに供給**されます。

また、運動強度が高くなると、血中から除去されるより、血中に流入する乳酸が多くなり、血中乳酸濃度が上がっていきます。この血中乳酸濃度が高まるポイントを**「LT値（乳酸性作業閾値《いきち》）」**といい、運動強度の目安（基準）のひとつとして、ランナーのトレーニングに利用されています。乳酸は、疲労の指標とはなりますが、疲労物質ではありません。

カラダのなか

高強度運動で乳酸は増えるが、エネルギーとして再利用される！

ゆっくりジョグなどの低強度の運動を続ける限り、乳酸が過剰に増えることはありません。高強度運動によって、解糖系の稼働割合が増えれば、そのぶん発生する乳酸の量も増えます。乳酸の量が増えても、有酸素系の材料であるピルビン酸に変換されたり、肝臓でグルコースに戻されたり（糖新生）、エネルギー源としてさまざまなところで再利用されます。

乳酸はいろいろなところで再利用される

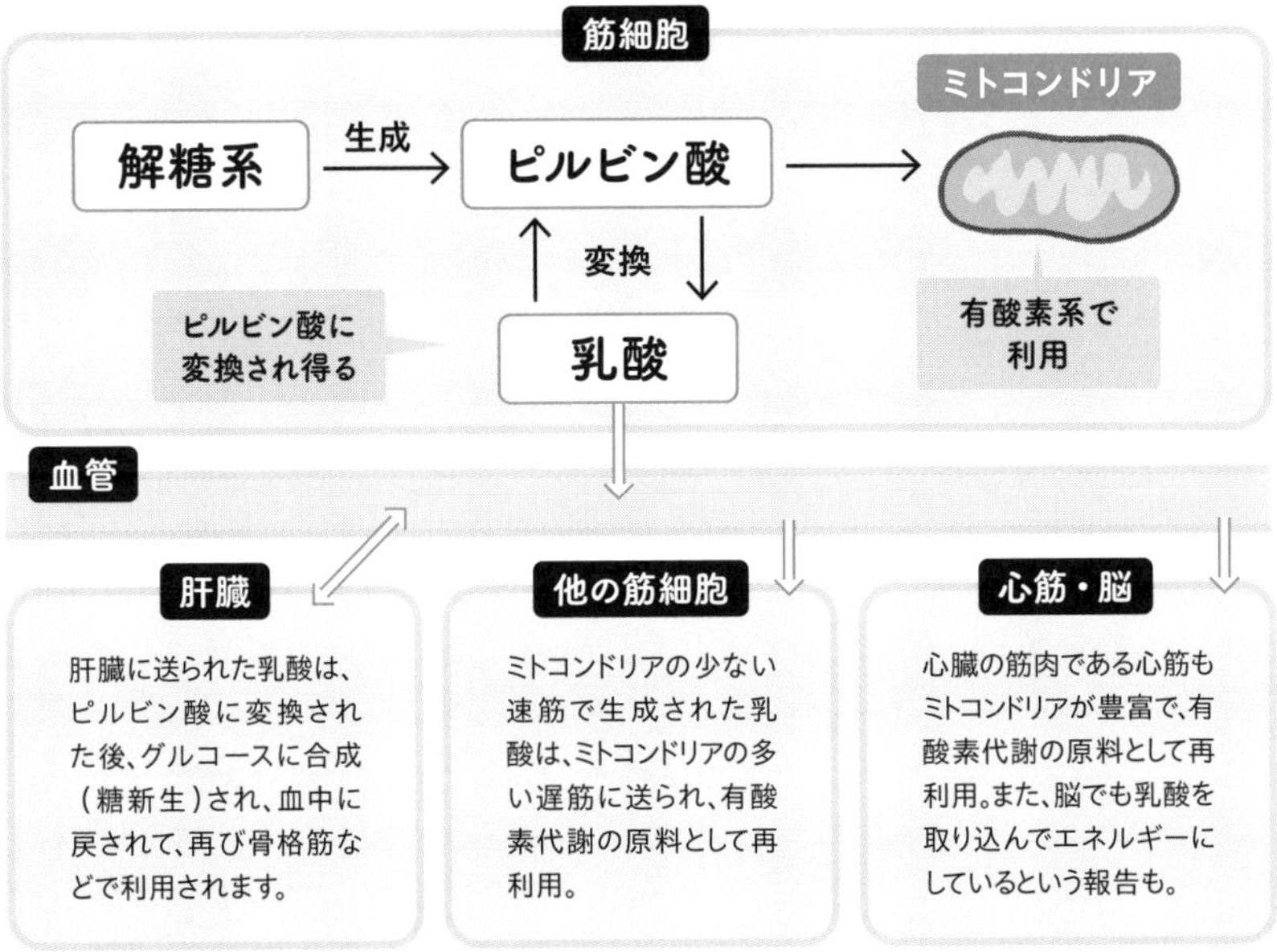

強度の目安にもなるLT値って？

血中の乳酸濃度が上がり始め、2〜2.5mmol/Lくらいになる強度をLT値（乳酸性作業閾値）といい、「ややきついけど長く続けられそう」なペースを意味します。また、乳酸濃度がさらに上がって4mmol/Lに達し、「頑張らないと長くは続けられない」強度をOBLAといいます。心拍数などと紐づけて運動強度の管理に利用することも。

「ややきついけど
長く続けられる」
LTペース（2〜2.5mmol/L）

「頑張らないと
長くは続けられない」
OBLAペース（4mmol/L）

基礎知識 3

運動強度の新たな基準 クリティカルスピードってなに？

#クリティカルスピード　#運動強度　#最大酸素摂取量　#LT値

パフォーマンスベースの運動強度基準

最近、海外などで運動強度の基準として注目されている概念が、**「クリティカルスピード」**と呼ばれるもの。

短い距離から長い距離に至る全力走の平均スピードをグラフにすると、**運動時間（距離）が長いほどスピードが遅くなるという反比例の曲線**になります。運動生理学的には、この曲線の漸近線をクリティカルスピードといい、代謝応答が一定に保たれる最大強度を示します。つまり、このスピード以上になると、代謝応答が時間とともに大きくなり（酸素摂取量や血中乳酸値の上昇）、そのうち運動継続が困難となります。

クリティカルスピードを求める場合、まず８００ｍ、１５００ｍ、５０００ｍ、１００００ｍ、ハーフマラソン、フルマラソンなどさまざまな距離の自己ベストタイム（試合のものでなくてもＯＫ）を横軸に、さらにそれらの平均スピードを縦軸に取ります。**曲線がやがてフラットになるポイントがクリティカルスピード**。理論的には**ずっと運動を継続できる最大のスピード**になります。

クリティカルスピードはＬＴペースよりやや速く、フルマラソンのペースに近くなります。実際トップアスリートのクリティカルスピードとマラソンの平均スピードを比較すると、両者の値がかなり近くなっています。

研究やトレーニングの場では最大酸素摂取量やＬＴ値で運動強度の設定をすることが多いと思いますが、実際はランナーによってカラダの負担が違ってきます。クリティカルスピードを基準に強度を設定すると、**よりカラダに合った適切な強度**でのトレーニングが可能となる可能性があり、**自身のマラソンタイムのポテンシャルを予測**することもできます。

カラダのなか

理論上はずっと運動できる最大のスピードを「クリティカルスピード」という

運動生理学では、最大酸素摂取量やLTでの強度を基準に強度を設定することが一般的ですが、実はその人の能力や特性によって身体的負荷が違ってきます。実測したパフォーマンスベースで導き出す「クリティカルスピード」であれば、よりランナーの個体に適切な強度設定が可能になる可能性が。理論上はずっと運動できる最大のスピードなので、マラソンのタイム予測にも最適!

運動時間が長くなるほどスピードは遅くなる

男子トラック各種目の世界記録

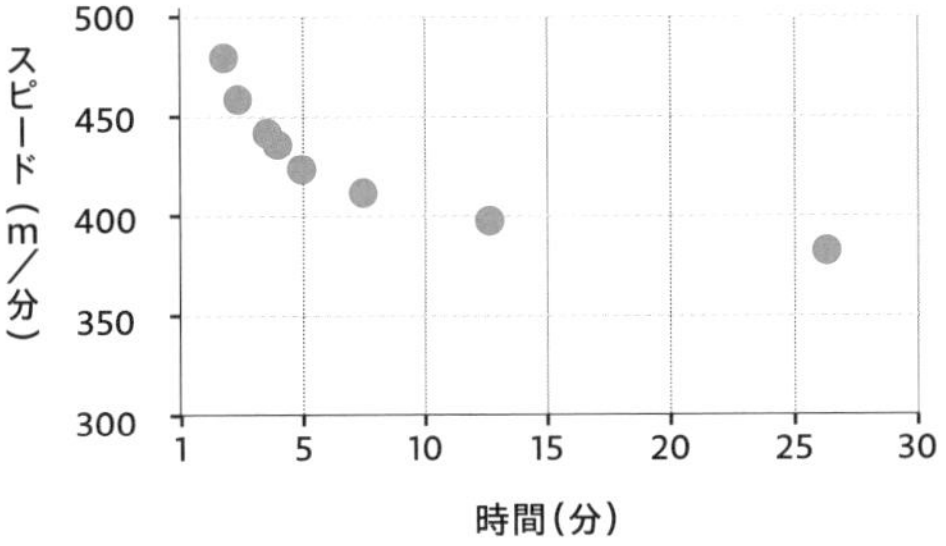

左図は、男子トラック各種目の世界記録の平均スピードを時間に対してプロットしたもの。反比例の曲線の形になります。人間だろうと動物だろうと、運動時間が長くなるほど、スピードが遅くなるという普遍的な真実を表しています。

クリティカルスピードはマラソンのレースペースに近い

エリートランナーのクリティカルスピードとマラソンペース

右の表は、世界のエリートランナーのクリティカルスピード(CS)と、フルマラソンの平均スピードを比較したもの。エリートたちのフルマラソンの平均スピードは、CSに対し平均96%とレースペースに近い数値となっています。

アスリート	CS (m/秒)	マラソンタイム (時、分、秒)	平均スピード (m/秒)	CSとの割合 (%)
Makau	5.72	2.03:38	5.69	99
Gebrselassie	5.91	2.03:59	5.67	96
Kipchoge	6.04	2.04:05	5.67	94
Mutai	5.83	2.04:15	5.66	97
Abshero	5.82	2.04:23	5.65	97
Wanjiru	5.99	2.05:10	5.62	94
Rutto	5.59	2.05:50	5.59	100
Khannouchi	5.70	2.05:38	5.60	98
Limo	5.92	2.06:14	5.57	94
Pinto	6.00	2.06:36	5.55	93
Jones	5.80	2.07:13	5.53	95
Farah	5.75	2.08:21	5.48	95
平均	5.84	2.05:27	5.61	96

Jones and Vanhatalo., Sports Med, 2017

基礎知識

4

「酸素摂取量」を理解すると「有酸素能力」のイメージが変わる！

#最大酸素摂取量　#持久的パフォーマンス

有酸素能力を総合的に表現したもの

ラントレを続けていると、必ず名前を耳にする**「酸素摂取量」**。なにを意味するものなのか、正確に理解しているランナーは意外に少ないのかもしれません。酸素摂取量は、**「酸素を使ってどれだけエネルギーを出せるのか」**を示す指標です。この酸素摂取量には、心臓や血液、筋、血管、肺をはじめ、さまざまな機能が総合的に関係しています。

酸素摂取量を表現する有名な**「フィックの式」**というものがありますが、これは**「酸素摂取量＝心拍出量×動静脈血酸素較差（動脈血酸素含量－静脈血酸素含量）」**と表現されます。

心拍出量というのは、1分間に心臓から拍出される血液の量を示し、心拍数と一回拍出量（一回の拍動で心臓から送り出される血液量）の掛け算で求められます。そして、動静脈血酸素較差は、呼吸に関わる**肺の能力**や、酸素運搬能力、毛細血管網の密度といった**血液や血管、筋の機能**といったものが関係しています。ひと口に有酸素能力といっても、各部のいろいろな能力が絡み合って初めて発揮されるものなのです。空気を吸って肺から血液に十分な量の酸素を取り込んでも、心臓が弱ければ十分な量の血液を活動筋に送れません。逆に心臓が強くてたくさん血液を送り出せても、筋の毛細血管の発達が不十分であれば酸素を十分に筋のミトコンドリアに届けられません。よく耳にする**「最大酸素摂取量」**とは、カラダのさまざまな機能・応答が統合された結果、得られた酸素摂取量の最大値のこと。

トレーニングで有酸素能力を鍛えようと考えた場合、**具体的にどの能力を強化すべきなのか、酸素摂取量の概念を理解することで、目的や課題が明確になる**はずです。

カラダのなか

持久的パフォーマンスは さまざまな能力が複合的に関わっている！

持久的パフォーマンスを決定づける要因は、最大酸素摂取量だけでなく、乳酸閾値（LT）で有酸素系からいかに多くのエネルギーを生み出せるか、さらにはそのエネルギーをいかに効率よく筋収縮に使えるかが複合的に関係しています。また、マラソンより距離の短いトラック種目では、無酸素系からのエネルギー供給割合も高まり、この能力の寄与も無視できません。

生理学的に持久的パフォーマンスを決定づけるもの

持久的パフォーマンス

持久的パフォーマンスを決定づけるものは、有酸素能力や無酸素能力、機械効率。特にマラソンのような長時間運動では、有酸素系からいかに多くのエネルギーをつくり出し、それを効率よく筋収縮に使えるかが重要となります。この効率には、筋線維タイプやフォーム、トレーニング期間などが関係していると考えられています。

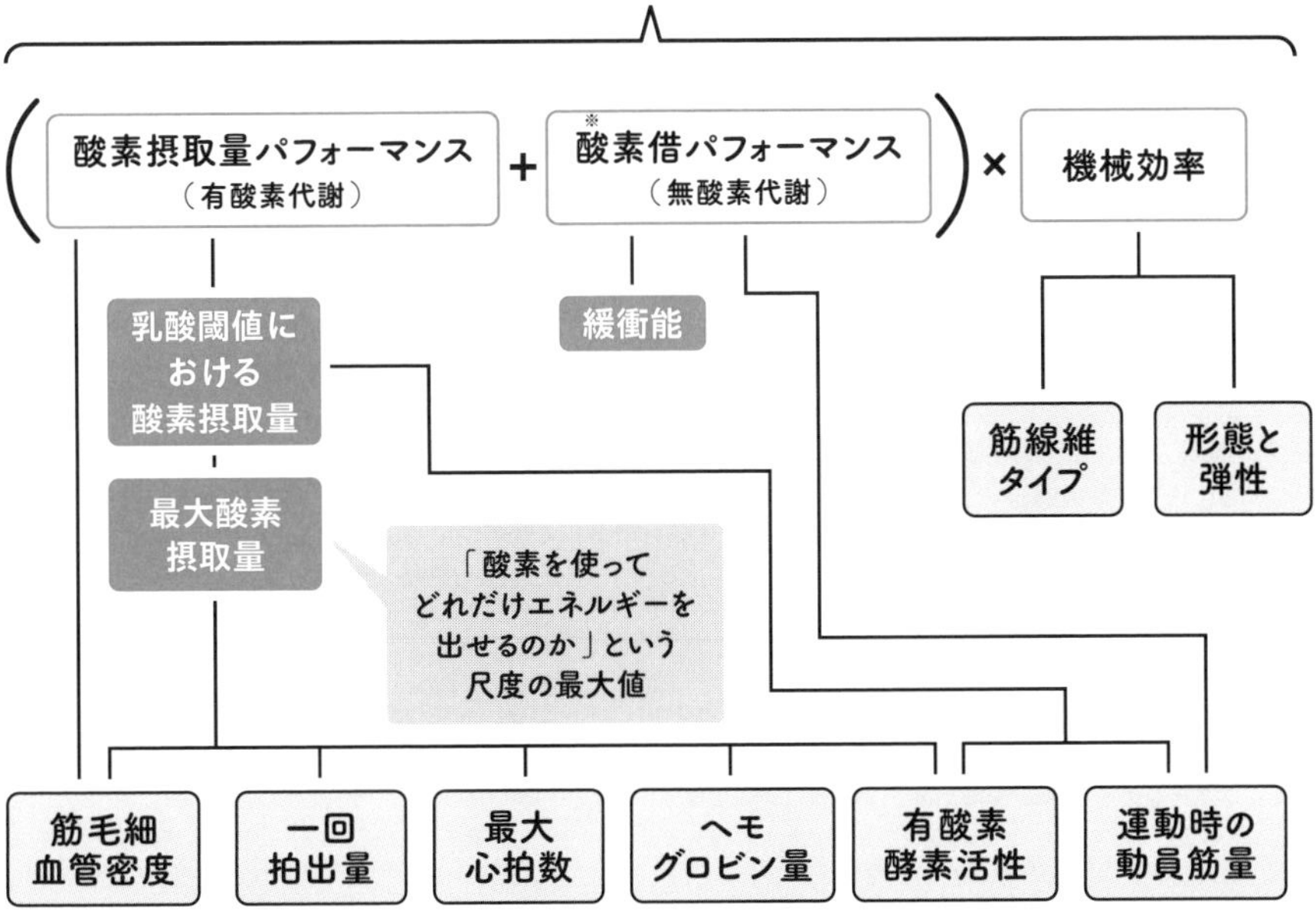

※酸素借：無酸素代謝によるエネルギー供給量の指標。運動に必要な酸素量と、実際に取り込んだ酸素量の差分より推定される。

 Joyner and Coyle., J Physiol, 2008

カラダのなか

「フィックの式」を見ると、有酸素能力のイメージが具体化する

酸素摂取量は、心拍出量と動静脈血酸素較差（動脈血と静脈血に含まれる酸素量の差）の掛け算によって求められるという考え方が「フィックの式」です。これらを構成する要素を見ていくと、有酸素系からのエネルギー供給量を反映する酸素摂取量は、具体的にどのような身体機能により決定されるかがわかり、有酸素能力を上げるための課題が明確になります。

酸素摂取量とフィックの式

酸素摂取量 ＝ 心拍出量 ×（動脈血酸素含量 － 静脈血酸素含量）

有酸素代謝能力は心臓や血液、筋、血管、肺の機能が影響する

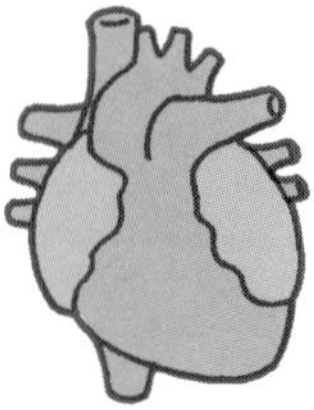

心拍出量
＝
心拍数
×
一回拍出量

・年齢の影響が大きい心拍数

心拍数は1分間に何回心臓がドクンと拍動するかを表します。年齢の影響が大きく、加齢とともに低下します。最大心拍数は220から年齢を引いた数値で表現されます。より正確に推定したい場合は、田中の式（208−0.7×年齢）を用いるとよいでしょう。トレーニングをしても最大値はほとんど変化しません。

・トレーニングで増加する一回拍出量

心臓の一回の拍動でどれだけの血液を左心室から送れるのかを表します。高強度の運動を行うと、翌日には総血液量が増え、結果的に一回拍出量が上がるなど、トレーニングによって増やすことができる因子です。

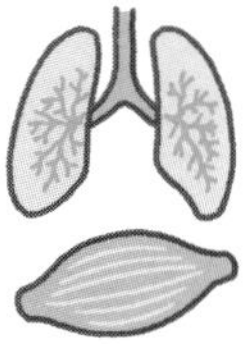

動静脈血酸素較差

・肺でのガス交換

赤血球に酸素をのせて心臓に送り、筋を含めた末梢組織から回収してきた二酸化炭素を呼気として排出するのが肺の役割。状況によっては、呼吸による酸素の取り込みもパフォーマンスに影響します。

・血液の酸素運搬能力

酸素は、主に赤血球（ヘモグロビン）によって運搬されます。そのため、より多くの酸素を血液に搭載するには、赤血球やヘモグロビンの量が重要。高地トレーニングを行うのはヘモグロビン増加のためです。

・筋や毛細血管が酸素の消費に影響

多くの酸素を運搬できても、筋で使えなければ意味がありません。筋の毛細血管網の密度やミトコンドリアの量・能力が不十分だと、酸素の消費量が増えず、酸素摂取量が上がりません。

#酸素摂取量　#フィックの式　#最大酸素摂取量

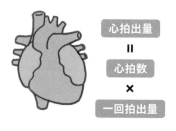

カラダのなか

「最大酸素摂取量（VO_2max）」が運動強度の基準になるのはなぜ？

運動強度が上がると、筋ではより多くのエネルギーが必要となり、より多くの酸素を使うことになります。酸素摂取量をモニターしておけば、ランナーがどれくらいの強度で走っているかがわかります。その最大値が「最大酸素摂取量」。個人差がありますが、3～10分でオールアウトするような強度が、最大酸素摂取量の強度になります。

運動強度が高くなると酸素摂取量も増加

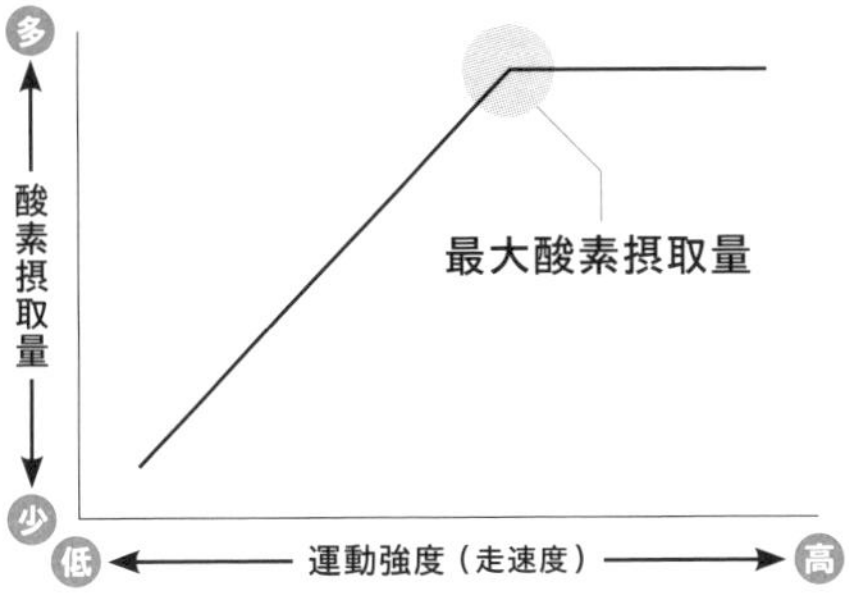

縦軸を酸素摂取量、横軸を運動強度（走速度）とした場合、運動強度が上がるにつれ、酸素摂取量はほぼ直線的に上昇します。ある一定の強度に達すると、酸素摂取量が上昇しなくなりますが、これが最大酸素摂取量。この強度は3～10分でオールアウトする運動に相当するため、1500m走や3000m走のペースに近くなりそうです。

最大酸素摂取量が大きいほど持久的パフォーマンスが高い

最大酸素摂取量は、「ml/kg/分」と表現されます。つまり、1分間に体重1kg当たり何mlの酸素を摂取したかを表します。一般男性で40～55ml/kg/分ですが、男性トップアスリートになると80～90ml/kg/分になることもあります。最大酸素摂取量が持久的パフォーマンスに関係するのは間違いありません。

最大酸素摂取量の目安

【一般健康人】
男性40～55ml/kg/分
女性30～45ml/kg/分

【持久系トップアスリート】
男性80～90ml/kg/分
女性65～75ml/kg/分

最大酸素摂取量が大きいほど健康

最大酸素摂取量が大きいということは、フィックの式から見てもわかるように、心臓の機能、肺の機能、筋や血液、血管の機能が優れており、かつこれらの連携が取れていることを意味します。それはつまり、健康面から見てもカラダのさまざまな機能が正常に保たれており、さまざまなストレスに対する耐性がある証ともいえるでしょう。

5

基礎知識

走ると息が切れるのはなぜ？ 呼吸調節のしくみ

#フィックの式　#換気閾値　#呼吸　#水素イオン

強度が上がれば、息が切れるのは必然

人間は走ると息が切れますが、これはなぜ起こるのでしょうか？　呼吸調節のしくみもフィックの式で考えると、容易に理解できます。運動の強度（走速度）が上がると、酸素摂取量も上がっていきます。このとき、酸素摂取量を上げるためには、フィックの式でいう**「動脈血酸素含量」を維持する**必要があります。心拍出量を上げるのと同時に、呼吸も上げなければ、血液に十分な酸素をのせることができず、動脈血酸素含量が低下してしまい、酸素摂取量が増えません。**「酸素摂取量を上げるため」**というのが、息が切れる理由のひとつといえます。また、LT値と似ていますが、ある程度の強度を超えると、呼吸が急激に上昇するポイントがあり、それを**「換《かん》気《き》閾《いき》値《ち》」**といいます。

そして、「呼吸を急激に上げる」主な要因のひとつは水素イオン（H^+）と思われます。

血液や筋の水素イオンが増えると、pHが低下して酸性に傾きます。すると、頸動脈小体にある化学受容器などのpH低下を感知するセンサーが刺激され、**「呼吸を上げろ」という指令が出る**のです。さらに、突き詰めて考えると、「なぜ血中の水素イオンが増えるのか」という疑問に突き当たります。

血液や筋の水素イオンが増える要因は主に3つ。**三大栄養素の代謝、解糖系における乳酸の生成、ＡＴＰの分解**です。これらすべてが運動強度を上げれば活発になるので、高強度運動で水素イオンが増えて息が切れるのも当然といえます。

ちなみに、運動不足の人が軽い運動で息が切れてしまう理由は、低強度運動にもかかわらず解糖系が動員され、血中の水素イオンが急激に増えてしまうことが考えられます。

カラダのなか

酸素摂取量を増やすには呼吸を上げなくてはいけない！

運動強度が上がれば、筋が必要とする酸素の量も増えるため、必然的に酸素摂取量も上がっていきます。酸素摂取量を上げるためには、呼吸を上げて動脈血酸素含量を維持することが重要。呼吸の深さと回数を上げて、動脈血に十分な酸素をのせて、全身の筋に届けるのです。

動脈血酸素含量を高いレベルに維持する必要がある！

酸素摂取量 ＝ 心拍出量 × （動脈血酸素含量 － 静脈血酸素含量）

フィックの式のうちココ ⇧ を呼吸で維持する

・呼吸によって酸素を全身へ供給する

肺から取り込んだ酸素を血液にのせて心臓（左心房）に送ります。心臓（左心室）から全身の筋へ酸素をたくさんのせた血液が届けられ、筋が酸素を消費。筋から静脈へ二酸化炭素が移動、それが心臓（右心房・右心室）を通過して肺から呼気として排出されます。

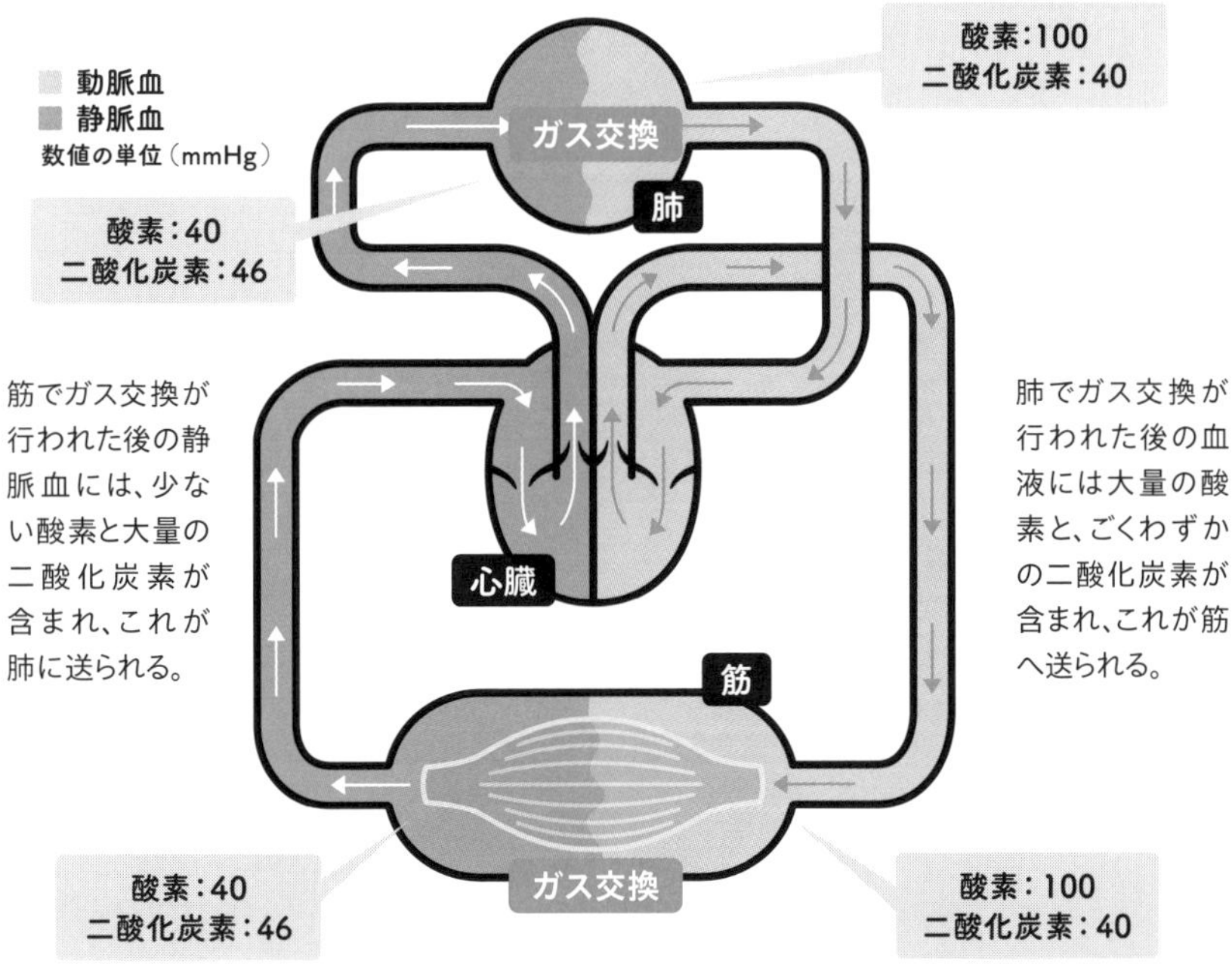

カラダのなか

水素イオン（H^+）が運動によって増えると、呼吸が上がる！

高強度運動時に息が切れる要因のひとつとして、血液や筋の水素イオン（H^+）増加が挙げられます。水素イオンが増えるとpHが低下し、「呼吸を上げろ」という指令が出されます。水素イオンが増える要因が運動です。解糖系や有酸素系のエネルギー代謝によって水素イオンが増えるため、強度が上がるほど水素イオンが増え、呼吸が上がると考えられます。

呼吸が急上昇する「換気閾値」って？

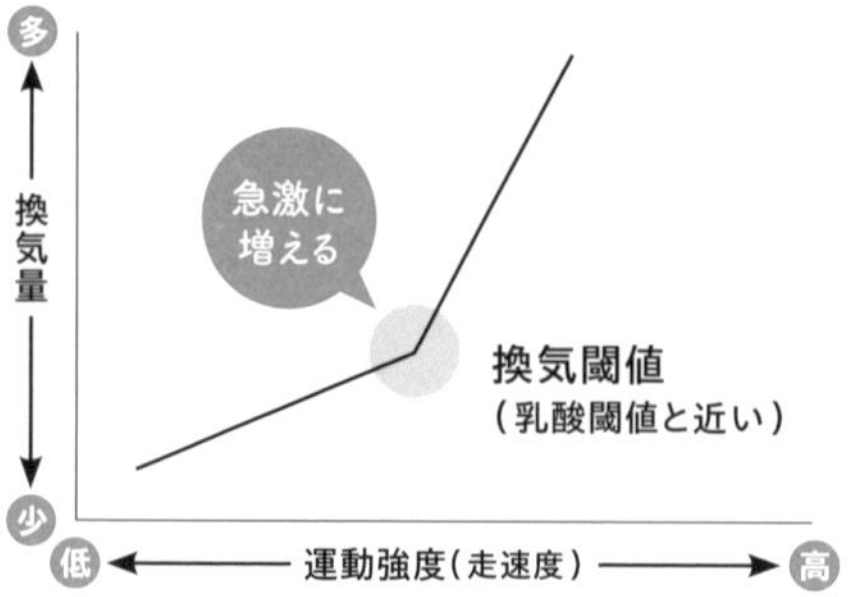

左の図は、縦軸が換気量、横軸が運動強度（走速度）を示しています。強度の上昇とともに換気量もゆるやかに上昇していきますが、ある強度を境に急激に上昇しています。この換気量が急激に増えるポイントを「換気閾値」といい、おおよそ乳酸閾値（LT）強度と近くなります。

水素イオン（H^+）が換気量を上げる！

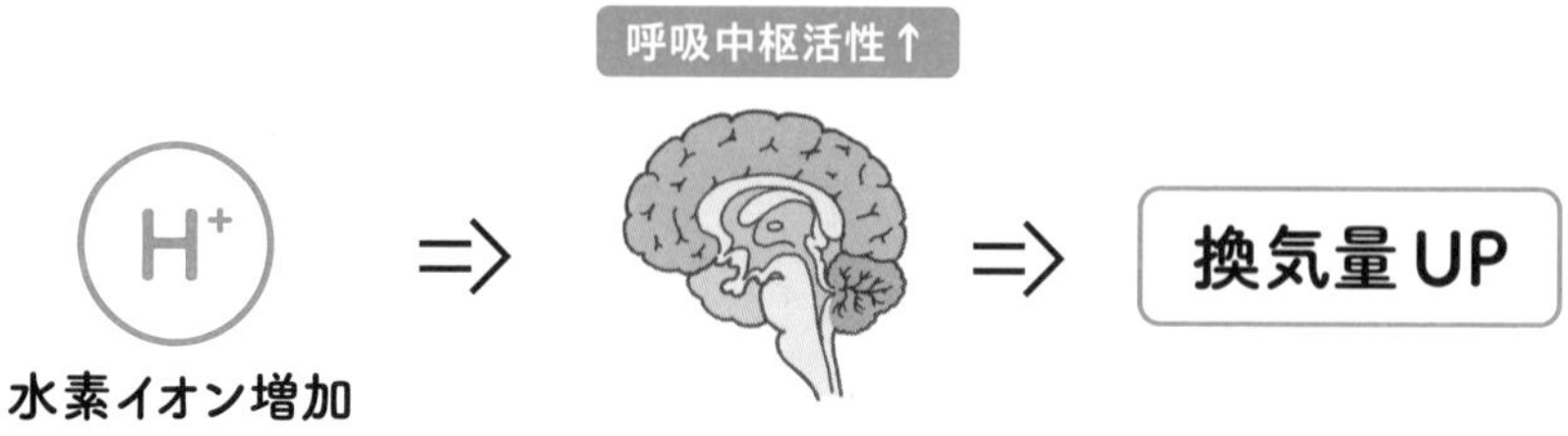

頸動脈小体や筋にある
pHに反応するセンサーを刺激

血液や筋の水素イオン増加は、pHの低下を意味します。すると、頸動脈小体などにある「化学受容器」が刺激され、「呼吸を上げろ」という指令が出されます。つまり、水素イオンの増加は呼吸を上げる要因になるのです。

#呼吸　#換気閾値　#水素イオン　#二酸化炭素

水素イオンが増える3つの要因

❶ 三大栄養素の代謝で二酸化炭素が増加

$$CO_2 + H_2O \rightarrow HCO_3 + H^+$$

三大栄養素が代謝されると、二酸化炭素と水が出るが、
そこから重炭酸イオンと水素イオンが発生する。

❷ 解糖系による乳酸の生成

乳酸 —(変換)→ 乳酸イオン ＋ H^+

乳酸がイオン化するときに、水素イオンが発生する。

❸ ATPの分解

$$ATP + H_2O \rightarrow ADP + Pi + H^+$$

ATP が、エネルギー代謝で ADP と無機リン酸（Pi）に
加水分解されるときに、水素イオンが発生する。

運動時に水素イオンが増える要因は、主に 3 つあります。三大栄養素の代謝で二酸化炭素が増えること、解糖系による乳酸の生成、ATP の分解。これらはすべて、運動すると必然的に起こるエネルギー代謝によるもの。運動で息が切れるのは当然といえます。

水素イオンを除去する方法が「呼吸」

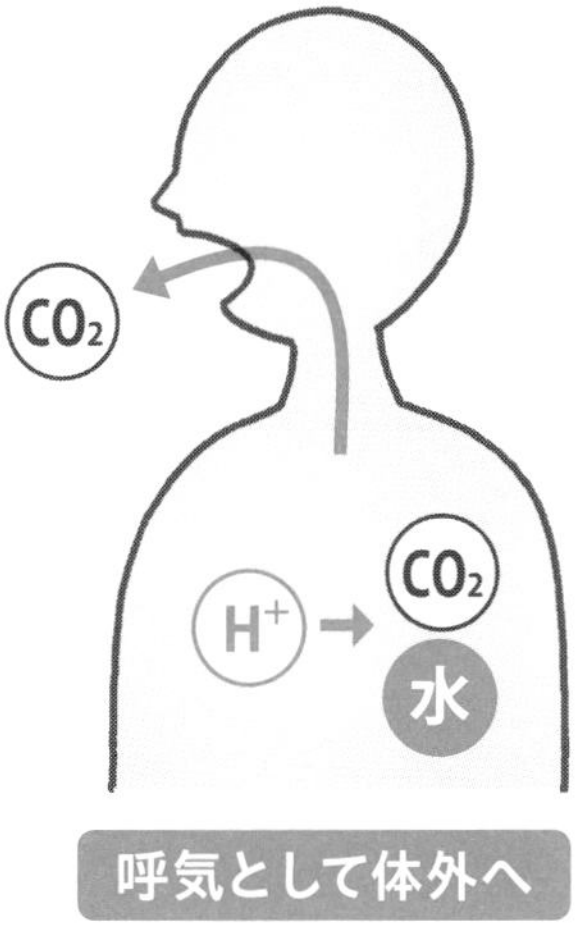

水素イオンが極端に増えると、筋収縮ができなくなるなど、カラダのさまざまな機能に悪影響を及ぼす可能性があるため、体外へ排出しないといけません。その方法が呼気として肺から吐き出すこと。水素イオンの大部分は重炭酸イオンとくっついて炭酸を形成し、炭酸は二酸化炭素と水に解離します。二酸化炭素は呼吸により除去されます（H^+＋重炭酸イオン→炭酸→水+CO_2）。

基礎知識

6 走ると心拍数が上がるのはなぜ？ 心肺機能の本当のところ

#心肺機能　#心拍数　#フィックの式　#心拍出量

血液をどれだけ送ることができるか？

走るスピードを上げていくごとに、心臓の拍動は速くなっていきます。**1分間に心臓が拍動する回数を「心拍数」**といいますが、運動すれば心拍数が上がるのは当然すぎて、あまり深く考えることがなかった人もいるかもしれません。なぜ走ると、心拍数は上がるのでしょうか？　これも酸素摂取量を示すフィックの式で考えてみましょう。

　酸素摂取量は、運動強度に比例して上昇していくので、強度を上げて走れば酸素摂取量も上げていかなければいけません。フィックの式で心拍数が関係するのは、式の左側**「心拍出量」**です。心拍出量とは、**「1分間にどれだけの血液を送れるか」**を示しています。そして、**心拍出量は1分間に拍動する回数（心拍数）と、一回に心臓（左心室）から出てくる血液の量（一回拍出量）の掛け算**で決まります。そのため、心拍出量を増やして酸素摂取量を上げるためには、単純に心拍数を増やせば達成されるので、走ると自然に心拍数が上がるわけです。

　また、**心臓の拍動は自律神経に調節されています**。運動時の１００拍程度までの心拍数の上昇は主に副交感神経活動の低下により、それ以上の心拍数の上昇は主に交感神経活動の増強によります。

　トレーニングで有酸素能力を向上させる場合、心拍出量を増やすことが有効ですが、残念ながら、トレーニングを実施しても最大心拍数は大きく上昇しません。**トレーニングの効果が出るのは、一回拍出量**です。トレーニングで一回拍出量が増加すると、心拍数を下げても、同じ心拍出量を維持することが可能になり、安静時心拍数も徐々に低くなります。

カラダのなか

酸素摂取量を増加させる手段のひとつ「心拍出量」を増やす

酸素摂取量を増加させるための手段のひとつが「心拍出量」を増やすこと。1分間に心臓が拍動する回数（心拍数）と、一回の拍動で心臓（左心室）から出る血液量（一回拍出量）のいずれかを増やせば、心拍出量は増加します。拍出する血液量が増えれば、それだけ活動筋へ供給する酸素の量が増えるため、持久運動パフォーマンスが向上します。

「心拍出量」＝1分間に心臓からどれくらい血液を出せるか？

心拍出量は、心臓が1分間に拍出する血液の量、つまり拍動回数（心拍数）と、一回の拍動で左心室から出る血液量（一回拍出量）の掛け算で求められます。

酸素摂取量 ＝ 心拍出量 ×（動脈血酸素含量 − 静脈血酸素含量）

フィックの式のうちココ↑を増やす

心拍出量 ＝ 心拍数 × 一回拍出量

心拍出量：1分間に心臓から出る血液量

心拍数：1分間の拍動回数

一回拍出量：一回の拍動で心臓から出る血液量

心拍数は強度が高くなるほど増加

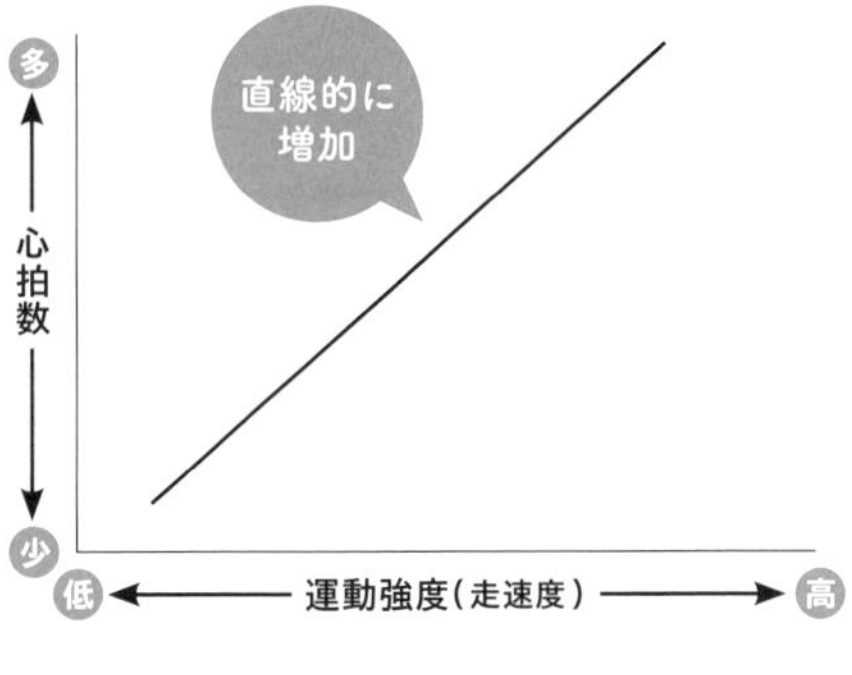

左の図は、運動強度と心拍数の関係を示し、心拍数は運動強度の上昇に伴い、ほぼ直線的に増加していきます。したがって、心拍数による強度管理なども一般的です。

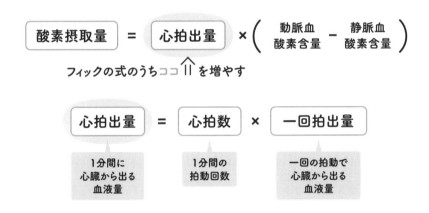

カラダのなか

限界ありの「心拍数」と、伸びしろありの「一回拍出量」

トレーニングで心臓から押し出す血液の総量（心拍出量）を強化したいと考えた場合、心拍数と一回拍出量を増やしていきたいわけですが、心拍数は加齢による影響（衰え）があり、最大心拍数の低下には抗い切れない側面があります。一方、一回拍出量はトレーニングを行うと、明確に向上します。伸びしろは一回拍出量にあり、です。

自律神経による運動時の心拍調節

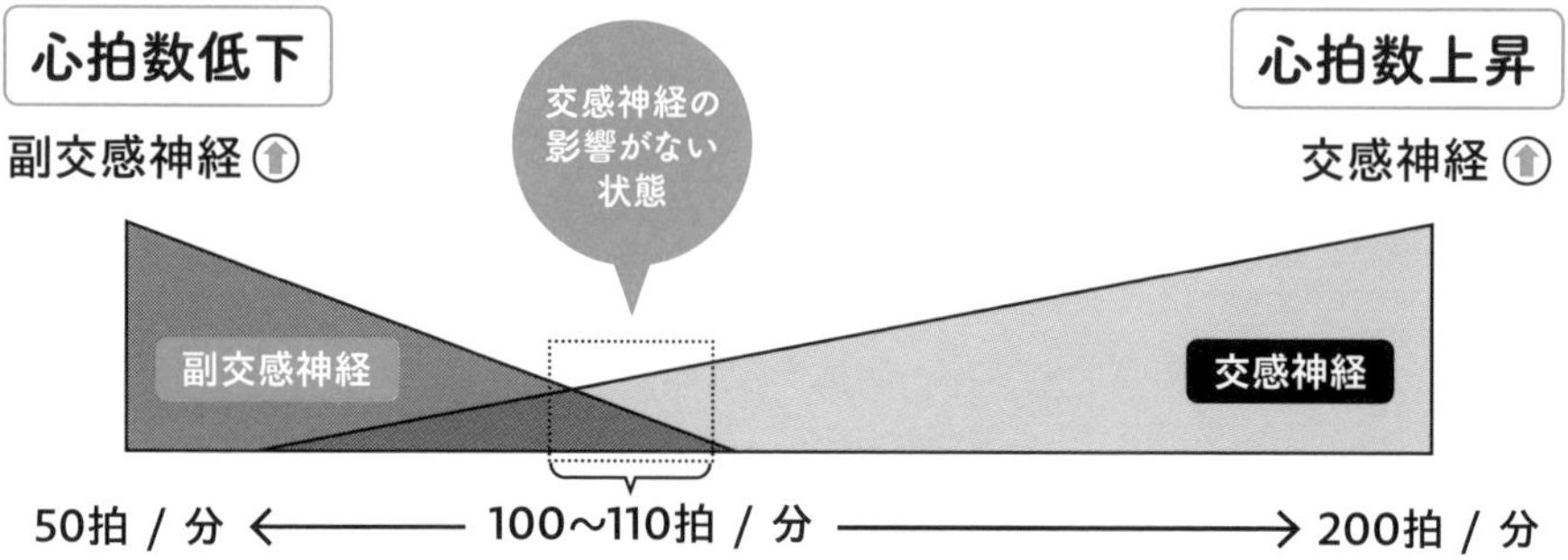

心拍数は自律神経を介して調節され、交感神経と副交感神経が綱引きのようにバランスをとりながら心拍数を調節しています。運動時には心拍数が上昇しますが、100拍／分程度までの上昇は、主に副交感神経の活動低下により、それ以上の心拍数の上昇は、主に交感神経活動の亢進によるとされています。

「最大心拍数」は加齢で落ちる運命

最大心拍数 ＝ 220 − 年齢

ex. 30歳 → 190 ／ 60歳 → 160　加齢の流れには逆らえない

最大心拍数は「220−年齢」という式で求められ、年齢の影響が大きいといえます。年をとればとるほど、運動時に心拍数を上げづらくなるため、心拍出量も低下し、最大酸素摂取量も低下します。しかし、一回拍出量などのほかの要因を鍛えることで、有酸素能力を高めることは可能です。より正確な最大心拍数の推定式としては、テキサス大学の田中弘文教授が考案した、田中の式が有名です（208 - 0.7×年齢）。しかしそれでも誤差があるので、一番よいのは、きついトレーニング時や試合時に心拍を測定して、実測の最大心拍数を得ることです。

#心拍出量　#心拍数　#一回拍出量　#心拍管理

持久トレーニングによって一回拍出量が増える！

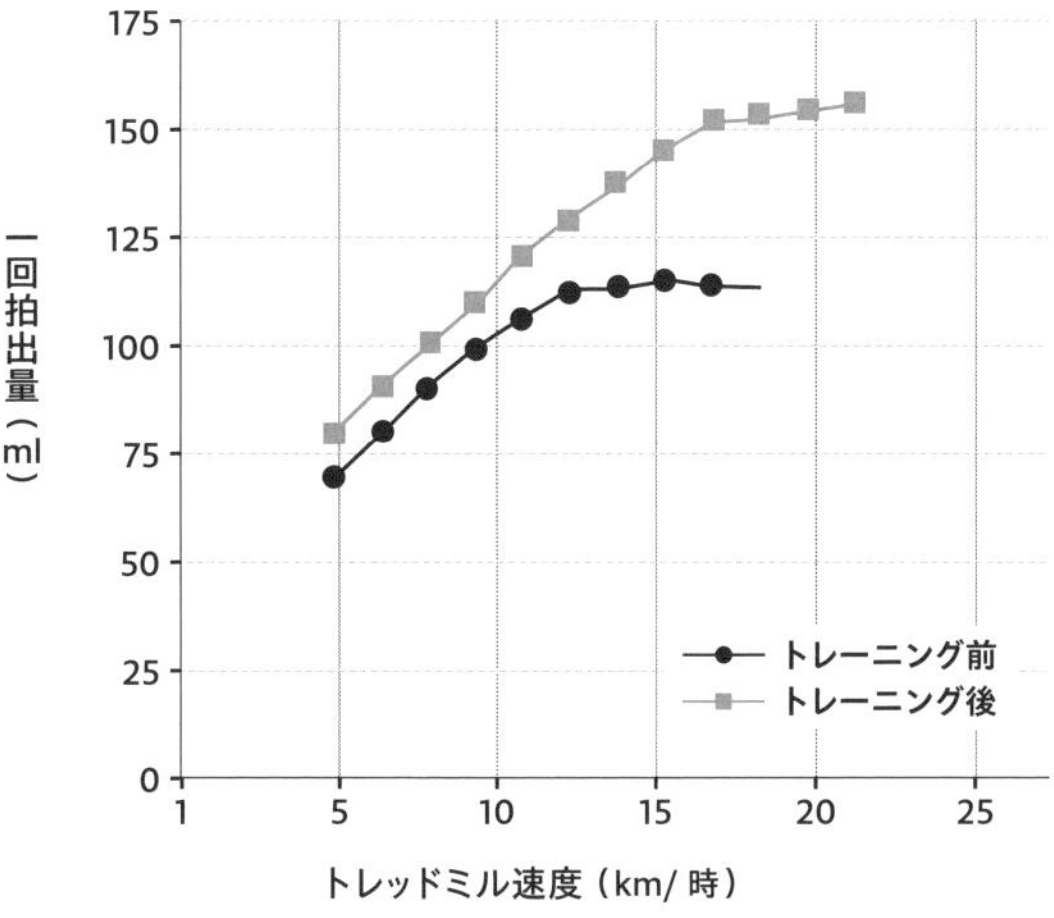

左の図は、縦軸が一回拍出量、横軸が運動強度（トレッドミル速度）を表しています。トレーニング後に一回拍出量が大きく増えていることがわかります。加齢による最大心拍数の低下には抗えないものの、一回拍出量はトレーニングで大幅に向上します。

心拍数は運動強度や体調管理の目安に！

・目標心拍数の計算式

（最大心拍数 − 安静時心拍数）
× 目標運動強度（%）+ 安静時心拍数

ex. 40歳で安静時心拍数70、目標運動強度80%の場合

$$(180-70)\times 0.8+70=158$$

心拍数は運動強度とリンクしているため、強度管理に利用しているランナーが多いと思います。一般的に知られているのは、上記のカルボーネン法という計算式。心拍計を活用することで、適切な運動強度を推定できる可能性があります。しかし最近では、心拍数や最大酸素摂取量をもとに設定した強度よりも、クリティカルスピードを基準にした強度設定がより適切である可能性が指摘されています。

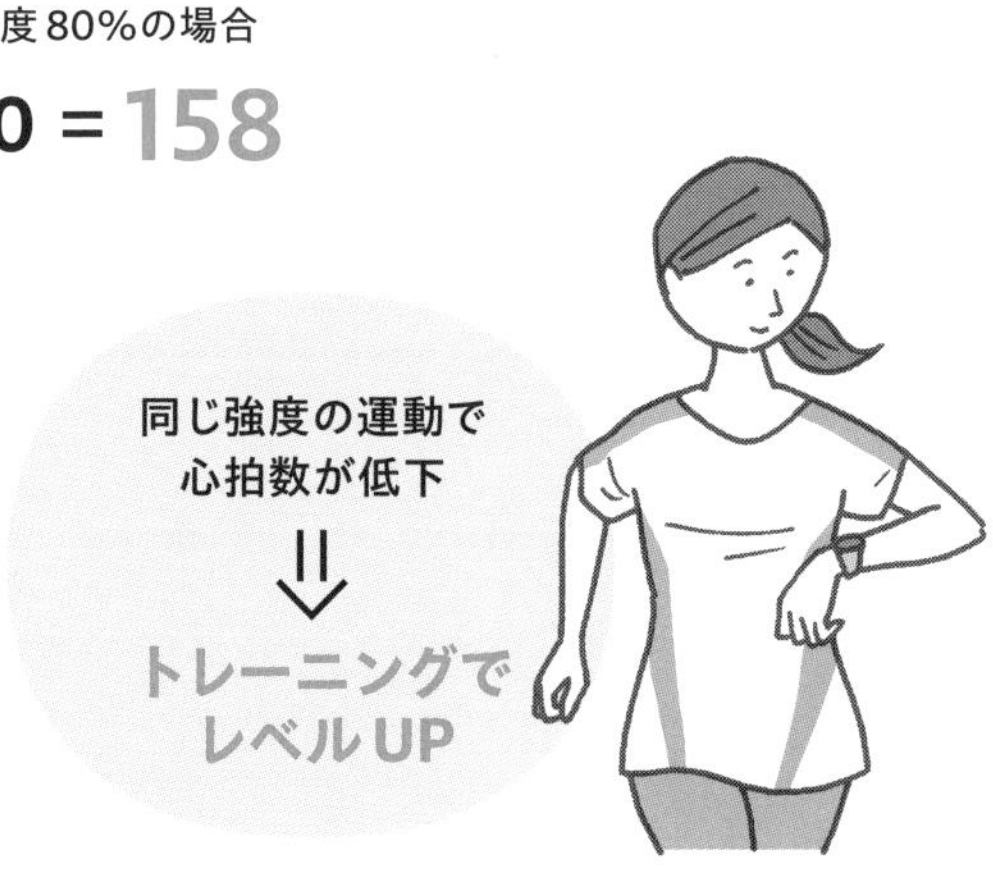

Wilmore and Costill., Physiology of Sport and Exercise, 2004

7

基礎知識

パフォーマンスを左右するランニングエコノミーってなに?

#ランニングエコノミー　#最大酸素摂取量

パフォーマンスに影響する運動効率

身体の総合的な有酸素能力を反映するのが、最大酸素摂取量です。しかし、最大酸素摂取量に優れたランナーが、一番マラソンのタイムが速いのかといえば、そうともいえません。トップアスリートにおけるマラソンのタイムと、最大酸素摂取量を比較したデータによると、総じて最大酸素摂取量は高い数値を示していましたが、最大酸素摂取量が高い順に、タイムが速いわけではありませんでした。このことは、**「持久運動パフォーマンスは、最大酸素摂取量だけで決定されるものではない」**ことを示しています（P27）。

このようなランナーの持久運動パフォーマンスの差を埋めるものとして考えられるのが、**「ランニングエコノミー」**です。ランニングエコノミーとは、直訳すると「ランニングの経済性」となりますが、いわゆる**運動効率**のこと。では、効率がよい走り方とはどういうことなのでしょう?

運動生理学の世界では、**「最大下運動時のエネルギー消費量（酸素摂取量）が少ない」**ほどエコノミーがよいことになります。つまり、**「1km走るのにどれだけ酸素を使っているのか?」**という場合に、**「より少ない酸素量で走れる」**ランナーが、**「ランニングエコノミーの高い」**ランナーであり、**「運動効率がよい走り方をしている」**ランナーと評価されます。

酸素摂取量は体重（筋量など）の影響を受けやすいため、「1分間に体重1kg当たり何mℓの酸素を使っているか（mℓ／kg／分）」で表現されたりします。

最大酸素摂取量がほぼ同じであるふたりのランナーの10kmタイムは、ランニングエコノミーの高いランナーのほうがよかったそうです。

カラダのなか

あるスピードにおいて、どれくらい酸素を使って走っているか？

ランニングエコノミーとは、運動効率のこと。運動生理学の世界では、それを最大下運動時の酸素摂取量で評価します。一定のスピードで走る場合、どれくらいの酸素を使っているのか？ つまり、そのスピードを維持するために必要な酸素摂取量が低いほど、効率のよい走り方となります。

走行に必要な酸素摂取量が低いほどよい

走行時の酸素摂取量が低い

⇓

ランニングエコノミーが高い

⇓

いわゆる効率のよい走り

同じスピードで走ったとき、酸素の使用量が少ないほうが効率のよい走り方、「ランニングエコノミーが高い走り方」と評価されます。酸素を多く使うということは、体内のエネルギー代謝系への負担、グルコースをはじめとするエネルギー源の消費が多くなることを意味し、運動が長時間になるほど、パフォーマンスへの悪影響が大きくなります。

最大酸素摂取量がすべてではない！

右の図は、最大酸素摂取量がほぼ同じAとBという2名のランナーの運動強度（走速度）ごとの酸素摂取量を比較したもの。10kmのタイムはAがBよりも1分速い記録を持っています。AとBの最大酸素摂取量はほぼ同じですが、最大下の強度ではAの酸素摂取量が低くなっています。これはランニングエコノミーの高さが記録に大きく影響することを示唆します。

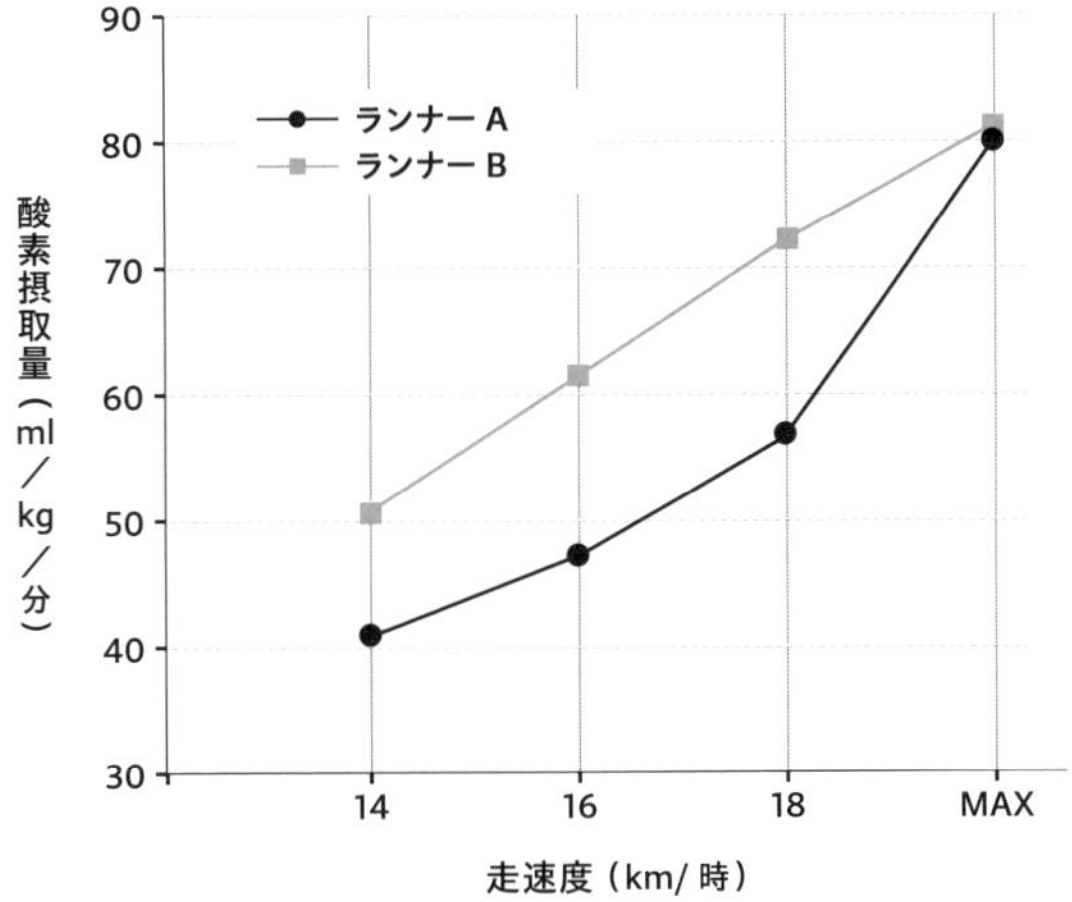

Saunders et al., Sports Med, 2004

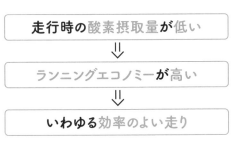

基礎知識 8

走ると汗をかくのはなぜ？ 体温調節のしくみ

#発汗　#体温調節　#熱放散　#ATP

運動を続けるために体温を下げる！

　人間は、運動をすると汗をかきます。多くの人は、当たり前すぎてあまり意識したことがないかもしれませんが、**「発汗」**には人間の正常な生命活動を営むうえで欠かすことができない**「体温調節」**の役割があります。

　運動する（＝骨格筋を動かす）ためのエネルギーは、くり返しになりますが、ATPを分解する「エネルギー代謝」によって生み出されます。

　実は、**このATP分解によって生じるエネルギー。約2割は筋収縮に使用されますが、残りの8割ほどは熱エネルギーになります**。

　つまり、走るためにATPを合成しながらエネルギーをガンガンに出しているときは、必然的に**活動筋から大量の熱が発生している**のです。放っておけば、深部体温はどんどん上昇し、やがて**限界に近づくとオーバーヒートのため運動が続けられなくなります**。

　これを避けるために働いているのが、**「熱放散反応」**です。運動によって「体温が上がった」という情報は、脳の視《し》床《しょう》下《か》部《ぶ》の視《し》索《さく》前《ぜん》野《や》の**「体温調節中枢」**に伝えられます。そこから**交感神経を介して、「体温を下げろ」という指令が出されます**。

　その指令によって**発汗が起こったり、皮膚表面の血管が拡張して血流が増えたり**します。

　皮膚血流量の増加でカラダの奥の温かい血液が体表面に送り出され、さらに吹き出た汗が蒸発することで熱が奪われる**「気化熱」**を利用しながら、汗と皮膚血流の連携で体温を下げていきます。

カラダのなか

ATP分解で放出されるエネルギーの約80%は「熱」になる!

運動すると、なぜ体温が上がるのか? という疑問。実は運動に不可欠なエネルギー代謝が関係しています。骨格筋を動かすためのエネルギーは、ATPの分解により生み出されますが、そのエネルギーの約2割が筋活動(収縮)に使われます。残りの約8割は熱になり、体温が上がるのです。

走ると活動筋から大量の熱が発生する

ATPからリン酸基の1つが解離したときに、エネルギーが発生。この発生したエネルギーの約8割は熱になるため、運動すると、活動筋から大量の熱が産生されます。このまま放置した状態で運動を続けると、オーバーヒートを起こし、運動の継続が困難になります。

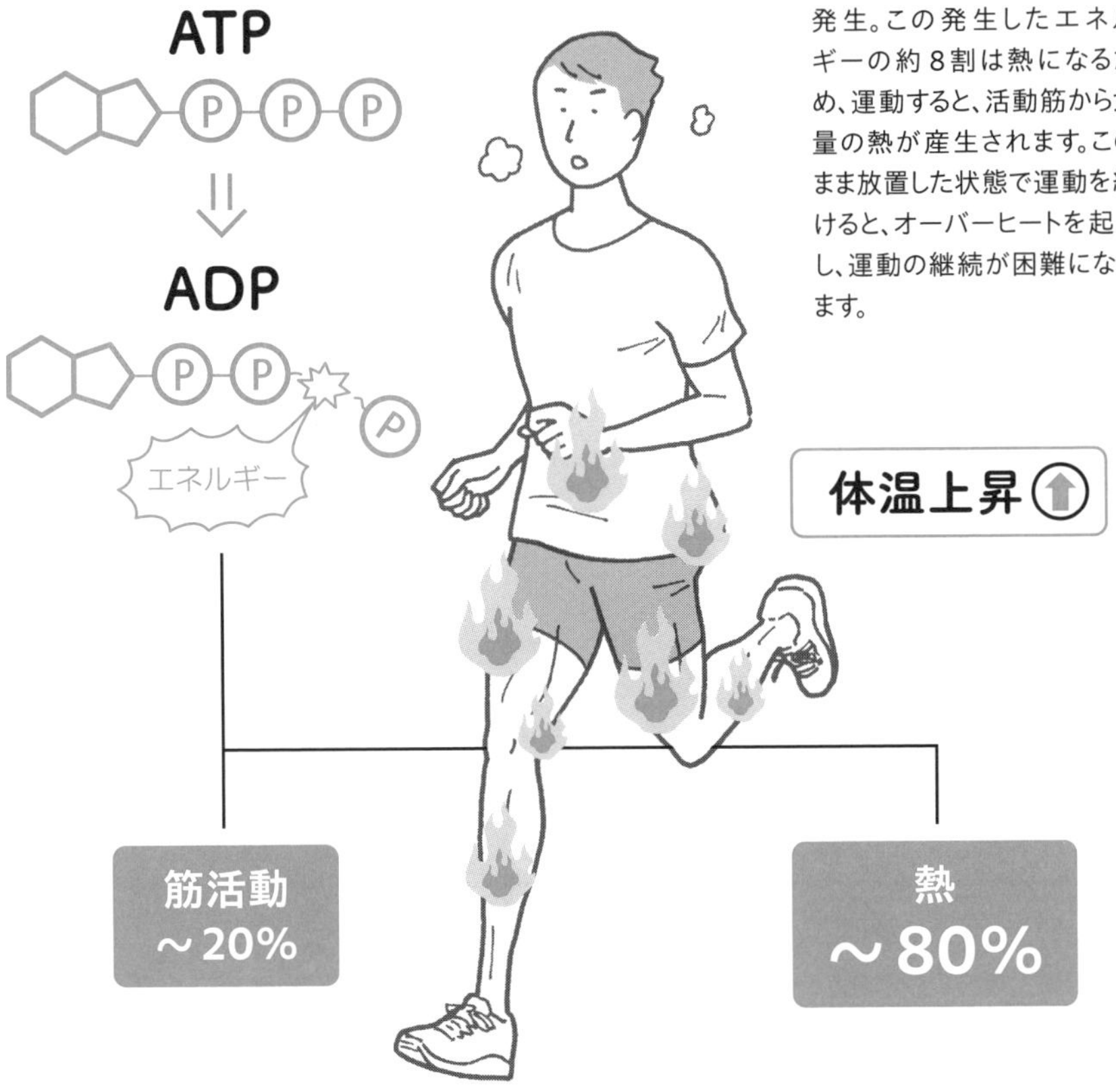

活動筋で「産熱」が起こり、放置するとオーバーヒート!

カラダのなか

熱放散反応が起こり、汗と皮膚血流で熱を放散する

エネルギー代謝による「産熱」で体温が上昇すると、これを抑えるために「熱放散反応」が起こります。体温を下げる手段は、発汗と皮膚血流量増加の促進。体表面にカラダの奥の温かい血液を送り、汗が蒸発するときの気化熱で体温を奪っています。体内の熱を体外に放散することで、オーバーヒートせずに運動を続けることができます。

脳から「体温を下げろ」の命令が下される

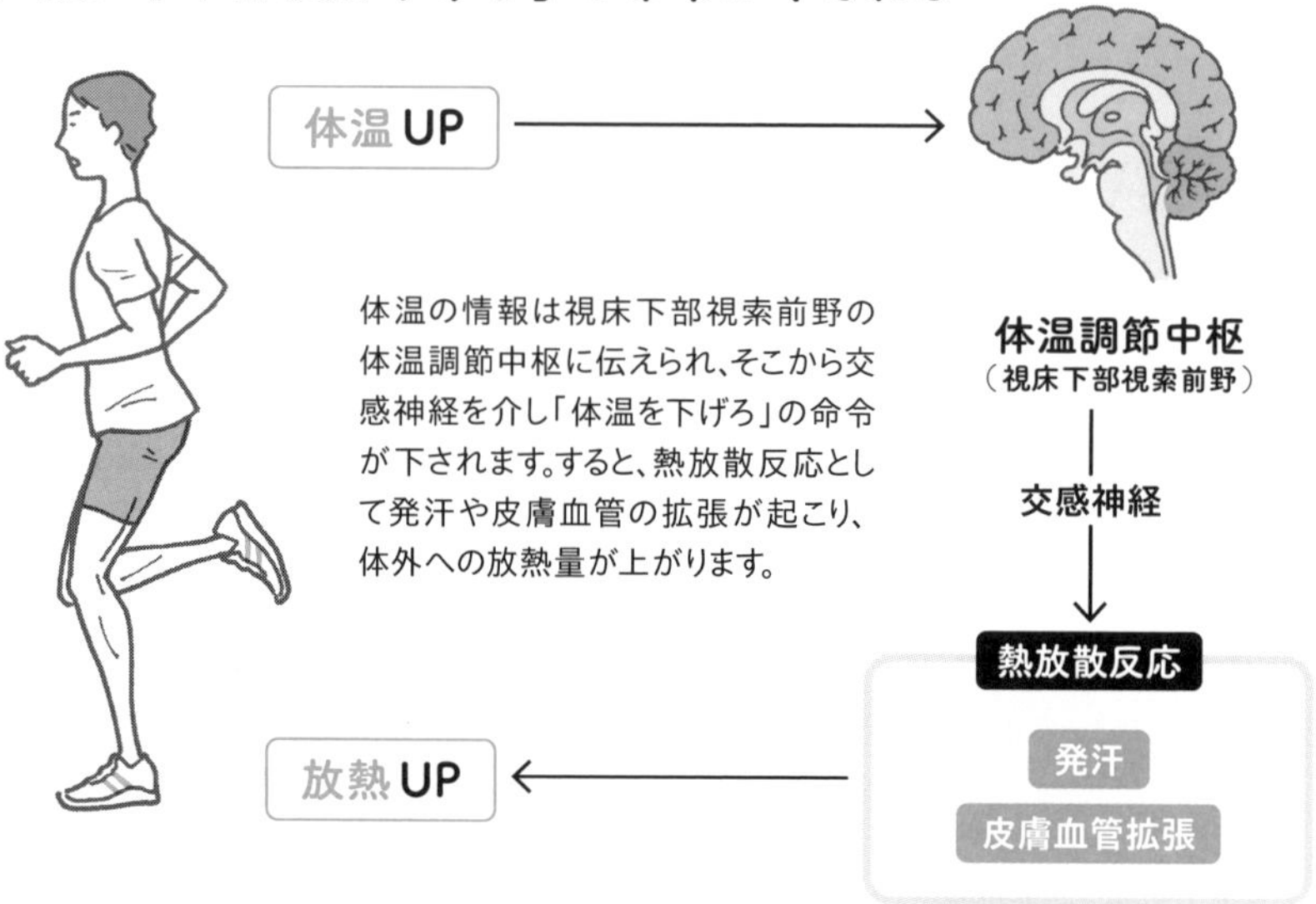

体温の情報は視床下部視索前野の体温調節中枢に伝えられ、そこから交感神経を介し「体温を下げろ」の命令が下されます。すると、熱放散反応として発汗や皮膚血管の拡張が起こり、体外への放熱量が上がります。

暑熱下では発汗がメイン

放熱の手段は、発汗と皮膚血流量増加です。熱は高いほうから低いほうへ移動する特性があるため、温度差が大きいほど熱移動が大きくなります。そのため寒冷下では皮膚温に比べて環境温が圧倒的に低く、皮膚から環境への熱移動が起こりやすくなります。逆に暑熱下ではこの熱移動が小さくなります。しかし、気温が高くなると蒸発が促進されるため、汗による気化熱利用が多くなります。

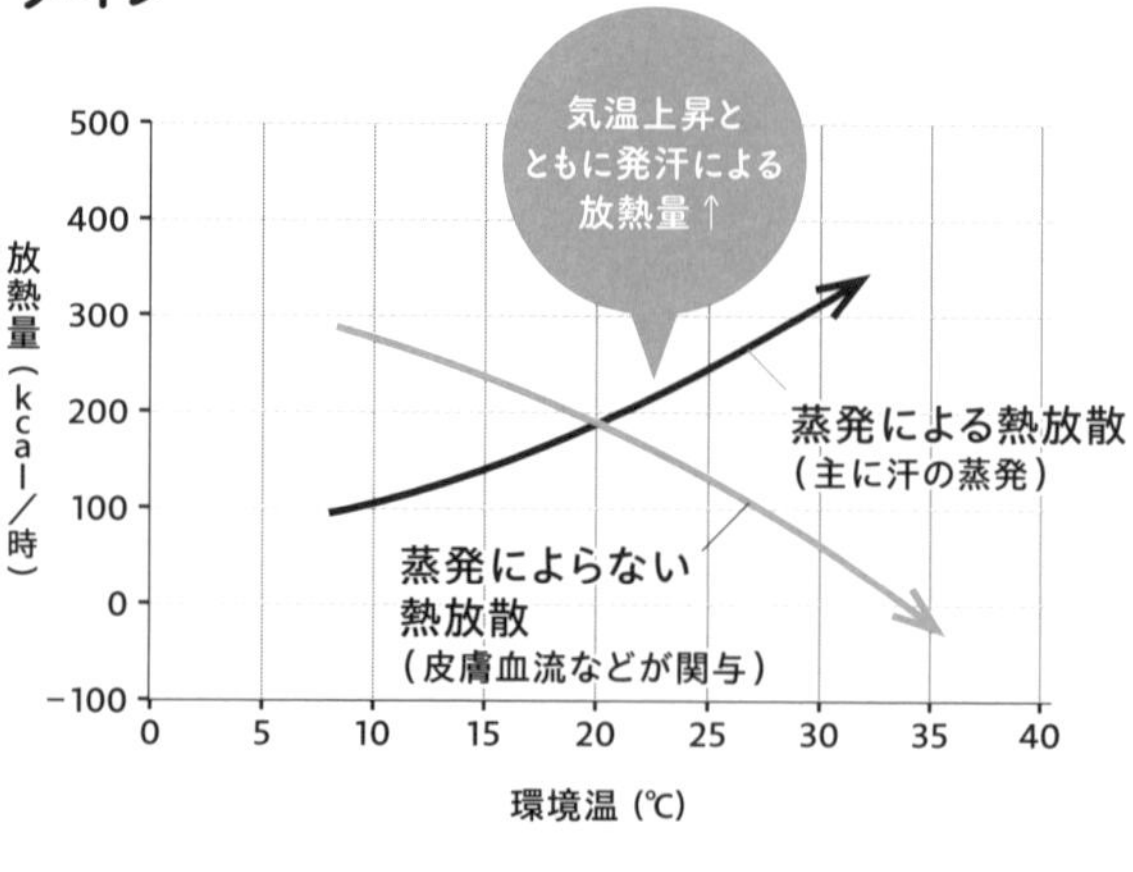

Nielsen., Skand. Arch. Physiol, 1938

#発汗　#体温調節　#熱放散　#皮膚血流

第2章

ラントレの効果に関する疑問

ラントレの効果 1

【悲報】毎日ジョギングするだけでは速くなりません

#ジョグ　#有酸素能力　#最大酸素摂取量　#運動強度

有酸素能力のレベルアップに必要なもの

フルマラソンのレースに出場し、自己ベストを更新したいと考えたとき、どうすればレベルアップできるのでしょうか？　ある程度の目標を持ちながらも、延々と**低強度のジョグをくり返したり、長い距離を走るだけのトレーニングを続けたりしてしまう**ランナーも少なくありません。

趣味で楽しく走るだけなら、ジョグだけでも十分でしょう。なんら問題はありません。しかし、ある程度のスピードで走り、継続して記録を伸ばしたい場合は別です。**ジョグだけでは、長距離走の記録を継続して伸ばすことはできません。**

運動生理学の世界では、持久運動パフォーマンスに関連するさまざまな実験が行われています。そして、最大酸素摂取量に代表される有酸素能力を決定づけるさまざまな因子。これらを伸ばすために必要とされる条件として、ほとんどのケースで共通する要素があります。それが**「運動強度」**です。左ページの図に、最大酸素摂取量をはじめ、有酸素能力に必要なさまざまな要素が並んでいますが、トレーニングによって大きくレベルアップしたのは、**「高強度トレーニング」**を実施した場合です。

インターバルトレーニングなど、高い強度でトレーニングした場合に、ほとんどの要素がアップしています。つまり、有酸素能力を高めたい場合は、「高強度運動」をうまく入れ込むことが必須といっても過言ではありません。低強度のジョグをダラダラ続けるよりも、短時間の高強度トレーニングをやったほうが効果は高いと思います。ジョグも重要ですが、レベルアップにはケガやオーバートレーニングなどに配慮しつつ、高強度でのトレーニングが必要になります。

カラダのなか

持久系トレーニングにおいては「強度」こそが正義！

マラソンは、低強度の長時間運動ですが、ゆっくり長く走る練習だけで速くなるわけではありません。そのパフォーマンスを支える有酸素能力の要素のほとんどは、実は高強度のトレーニングで伸ばすことができます。「ゼーハー」と息が切れるくらいの高い運動強度で負荷をかけることが、レベルアップのカギを握ります。

有酸素能力の要素のほとんどは高強度運動でUP

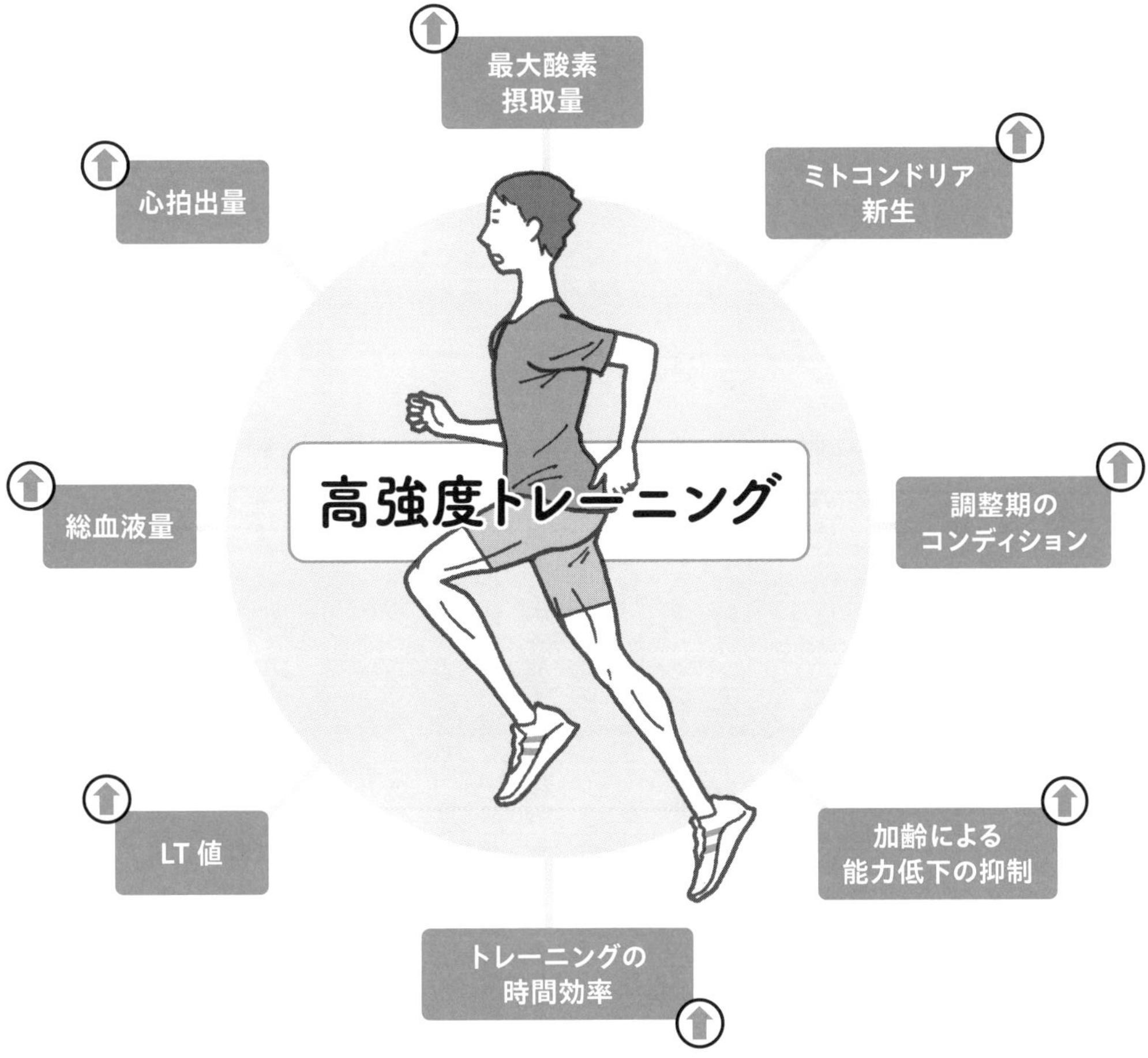

ラントレの効果 2

総合的な有酸素能力の指標！最大酸素摂取量を向上させるには？

#最大酸素摂取量　#フィックの式　#心拍出量

練習の具体的な目的や狙いを定める

持久運動パフォーマンスをトレーニングで伸ばしたいと考えたとき、漠然としたイメージでメニューをこなすよりも、運動生理学の知識があったほうが、目的や効果に対する意識がより明確になります。

有酸素能力をイメージしたとき、その総合的な指標となるのが**「最大酸素摂取量」**です。では、その最大酸素摂取量を向上させるために必要な要素とはなんでしょう？　それを知る手がかりとなるのが、第1章でも紹介した**「フィックの式」**です。

酸素摂取量の内訳を**「心拍出量×動静脈血酸素較差(動脈血酸素含量－静脈血酸素含量)」**と表現したものがフィックの式。第1章では、そこから**心臓や肺、筋、血管、血液の機能などが酸素摂取量を決定づける因子になる**と解説しました。

最大酸素摂取量を伸ばす方法も、同じように**各要素を分解していくと、鍛えるべき要素が具体的に見えてきます。**

たとえば、心拍出量。高強度トレーニングにより血液量が増えますが、その分、心臓から出せる血液の量も多くなります（心拍出量の増加）。

また、心筋の収縮特性が変化することで、心臓の中の血液をより多く絞り出せるようになる可能性も。心臓を強くして心拍出量を増やそうとした場合、心臓も筋肉であるため、筋トレのように、激しく収縮と拡張をくり返すような高い負荷を与える必要があると予想されます。

こうした**明確な狙いを定めて各要素を鍛えていけば、酸素摂取量を高めるアプローチやバリエーションも増え、伸びしろが増していく**と考えます。

カラダのなか

フィックの式を目安にして トレーニングの目的を明確にする！

最大酸素摂取量を向上させるため、フィックの式をもとに内訳を分解して考えると、鍛えるべきターゲットが明確になります。心臓や肺の能力、血液の酸素運搬能力、筋の酸素消費能力（ミトコンドリアの能力）など、カテゴリーに分けることで、どこにどのような強度で負荷を与えるべきなのか、トレーニングの目的がより具体性を帯びてきます。

酸素摂取量のうち、どの要素を強化するのか？

・フィックの式

酸素摂取量 ＝ 心拍出量 × （動脈血酸素含量 － 静脈血酸素含量）

酸素摂取量 ⇓ 最大酸素摂取量↑

心拍出量 ⇓ 心臓や血管の能力↑ 血液量↑

動脈血酸素含量 ⇓ 肺の能力↑ 血液の運搬能力↑

静脈血酸素含量 ⇓ ミトコンドリアの能力↑

心臓の拍出能力

1分間にどれくらいの血液量を全身へ送れるか？ という心臓の能力。トレーニングにより血液量が増えたり、心筋の収縮特性が向上したりすると、一回拍出量が向上し、心拍出量も向上。

血液の酸素運搬力

血液により多くの酸素をのせて筋細胞に送り込むことができるか？ という血液の能力で、主にヘモグロビン濃度の影響を受ける。高地トレーニングなどで赤血球やヘモグロビンを増やしたり、食事によって鉄吸収を増やしたりすると効果的。

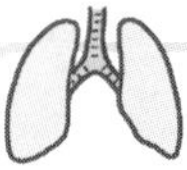

肺の能力

酸素や二酸化炭素といったガス交換を働かせる能力。高強度運動時に、必要な換気量が確保できるかどうかも、酸素摂取量に影響する。

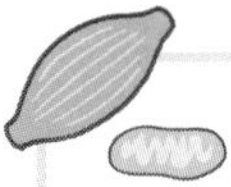

酸素消費力

酸素を抜き取って消費できるか？ という筋や毛細血管の能力。筋細胞に血液を隅々まで行き渡らせる毛細血管網の密度、ミトコンドリアの量・質を向上させることで酸素摂取量が向上する。

カラダのなか

トレーニングでなにが変わるのか？

トレーニングによって、体内でどのような変化が起こるのか？ トレーニング効果を具体的にイメージできると、より精度の高いトレーニングを行うことができます。心臓から送り出す血液量を増やし、筋に酸素を運び、酸素を使う力がいかに伸びていくのかを実験データとともに見ていきましょう。

一回拍出量の増加によって最大酸素摂取量が向上

トレーニングと心拍出量

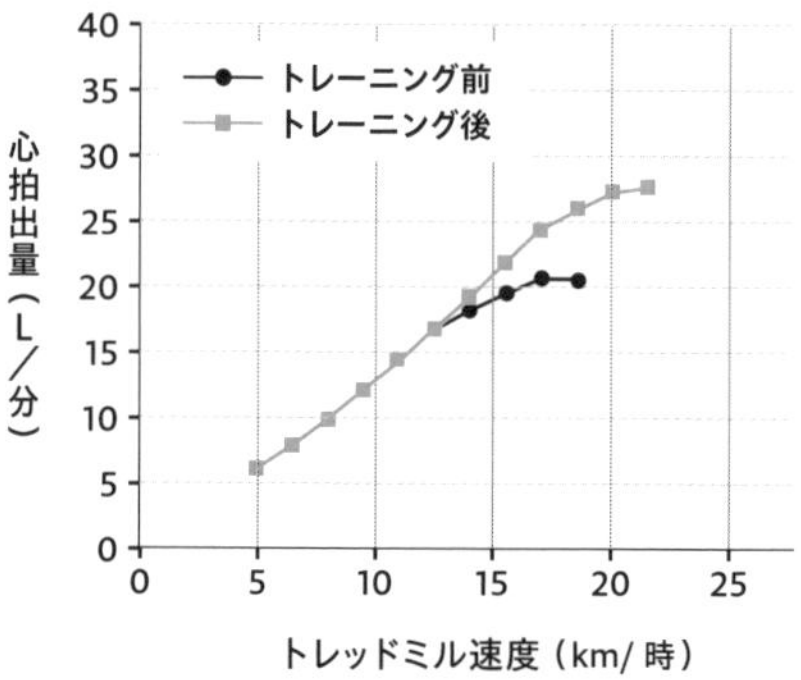

トレーニングと一回拍出量

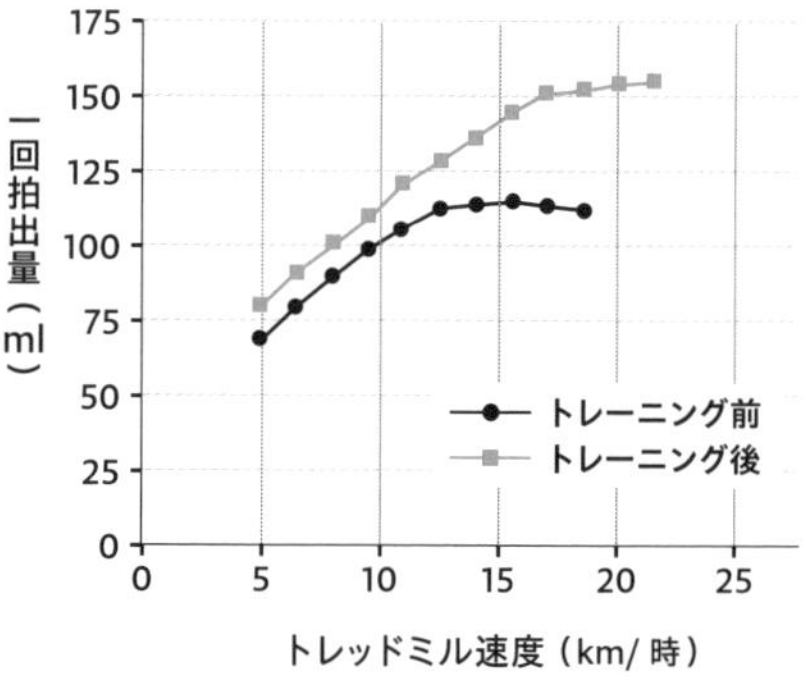

左上の図は心拍出量の、右上の図は一回拍出量の、トレーニング前後での変化をそれぞれ示しています。トレーニング後に最大一回拍出量が増加し、最大心拍出量も増えていることがわかります。これにより最大酸素摂取量も向上します。

酸素をたくさん運んで、たくさん使う能力

高強度トレーニングで総血液量、高地トレーニングで赤血球やヘモグロビンが増加します。持久トレーニングで毛細血管網の密度が増えると、末梢組織（筋など）でのガス交換の効率が上がり、さらに高強度トレーニングによるミトコンドリアの増加で酸素をより多く使う能力も向上します。

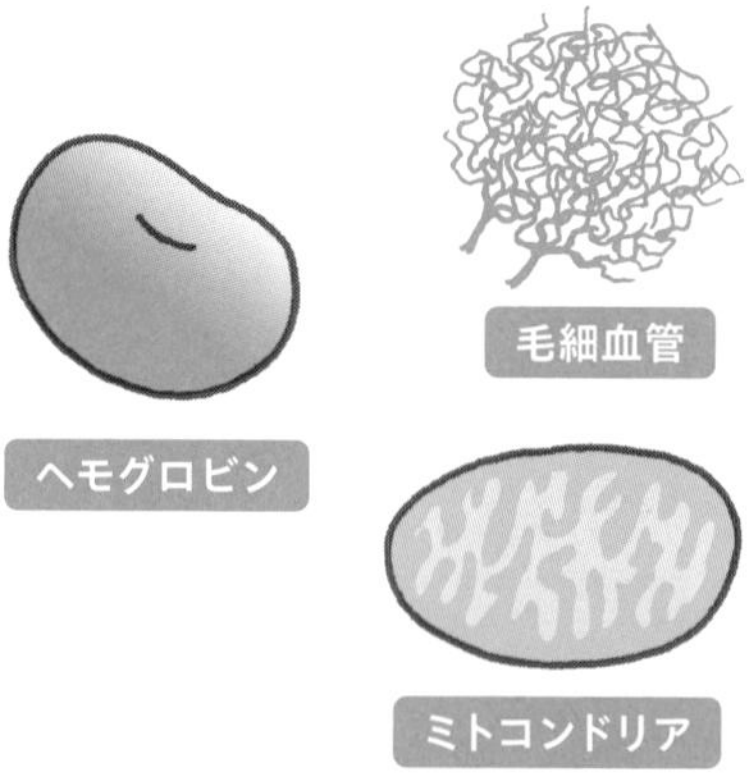

Wilmore and Costill., Physiology of Sport and Exercise, 2004

カラダのなか

最大酸素摂取量を向上させるには「強度」と「頻度」を意識する!

最大酸素摂取量の向上には運動強度がキーとなりますが、高強度運動だけではカラダへの負担が大きくなり、ケガなどのリスクも高まる可能性があります。強度の低さをトレーニング時間の長さでカバーするなど、強度や時間、頻度の組み合わせを考慮した、個人に合ったトレーニングの実施が重要です。

強度が一番大事!

右図は、異なる強度(%VO₂max)でトレーニングを行った際の最大酸素摂取量の変化量を示したもの。運動強度が高いほうが最大酸素摂取量は向上し、90～100%VO₂maxの強度でトレーニングすることが最もよいようです。Wenger and Bellは、最大酸素摂取量を向上させるには、強度が最も重要な要因であると述べています。

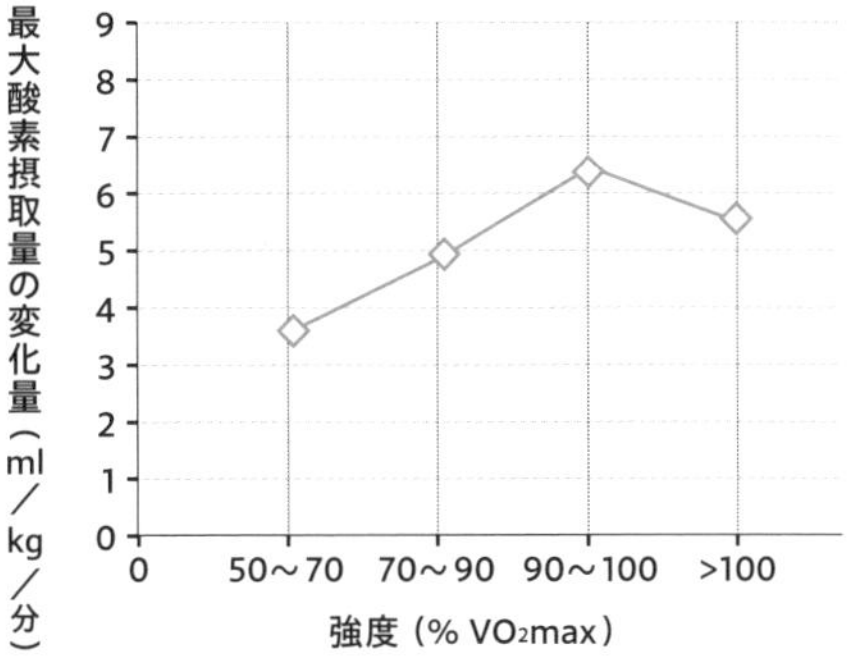

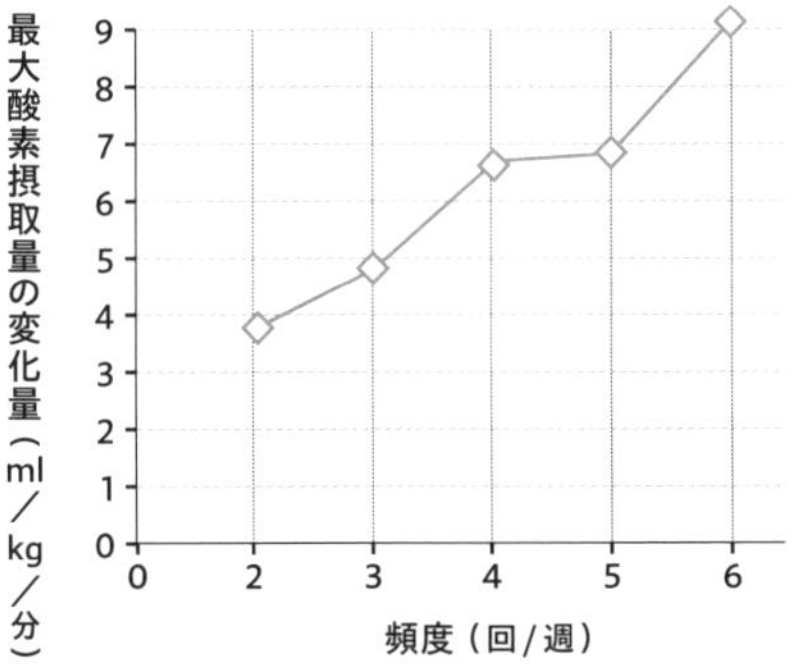

頻度もまた重要!

最大酸素摂取量を上げるには、トレーニング頻度も重要です。左図では、トレーニング頻度が高いほど最大酸素摂取量の向上が大きくなることが示されています。

強度の低さは運動時間でカバーできる!

毎日、高強度で追い込むのは現実的ではありません。右図は一回の運動時間を長くすることで、最大酸素摂取量の増加が上がることが示されています。

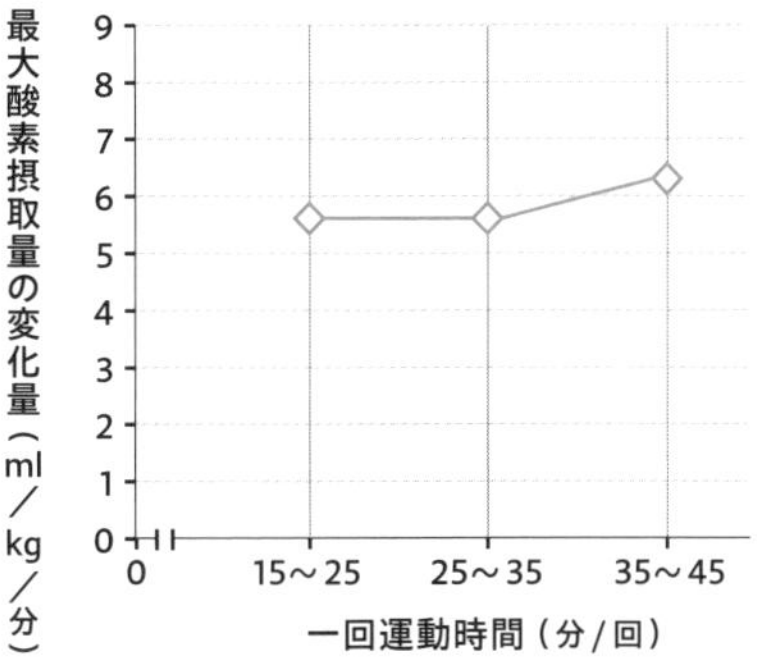

Wenger and Bell., Sports Med, 1986

3 ラントレの効果

トレーニングにより血液が増える!?

#心拍出量　#最大酸素摂取量　#アルブミン

血管内に水分を引き込むアルブミン

最大酸素摂取量をトレーニングで向上させたいとき、心臓から送り出す血液**「心拍出量」を増やす**ことがアプローチのひとつであると述べました（P46）。

高強度のトレーニングを行うと心拍出量が増加するわけですが、その要因として**タンパク質の一種であるアルブミンが血液で増える**ことがあります。アルブミンは、肝臓でつくられるのですが、**水分を引き寄せる性質**を持っています。

高強度インターバル運動を終えた翌日には、アルブミンの合成率が高まることが報告されています。また、毛細血管と細胞（正確には細胞間の間質液《かんしつえき》）は、浸透圧を利用して水分をやりとり（水は濃度が高いほうへ流れる）しているのですが、運動をすると、血管外（間質液）のアルブミンがリンパ管を通じて血管内に戻ると考えられています。これらの作用によって、**血中のアルブミン濃度が上がり、水が血管内にとどまりやすくなって、結果的に血漿《けっしょう》（血液に含まれる血球以外の水分）量が増加する**のです。左ページの図は、高強度インターバル運動後の血漿量と、血漿アルブミンの量を表したもの。運動直後から翌日にかけてアルブミンの量が増え、血漿量は運動直後の脱水や発汗などで一時的に減少していますが、翌日には5～6％ほど増加しています。

このように、**高強度でトレーニングをすると、血漿量の増加に伴い総血液量が増えます。それが心拍出量の増加に寄与**しているのです。血液の量は、運動などで増減しやすく、最大酸素摂取量にも影響しやすい因子。レース当日の最大酸素摂取量を上げておきたい場合は、前日に短時間でも高強度運動をして、血液量を増やすのもありかもしれません。

カラダのなか

トレーニングの翌日にはアルブミンの効果によって血液量が増える！

カラダの水分を引き寄せるアルブミン

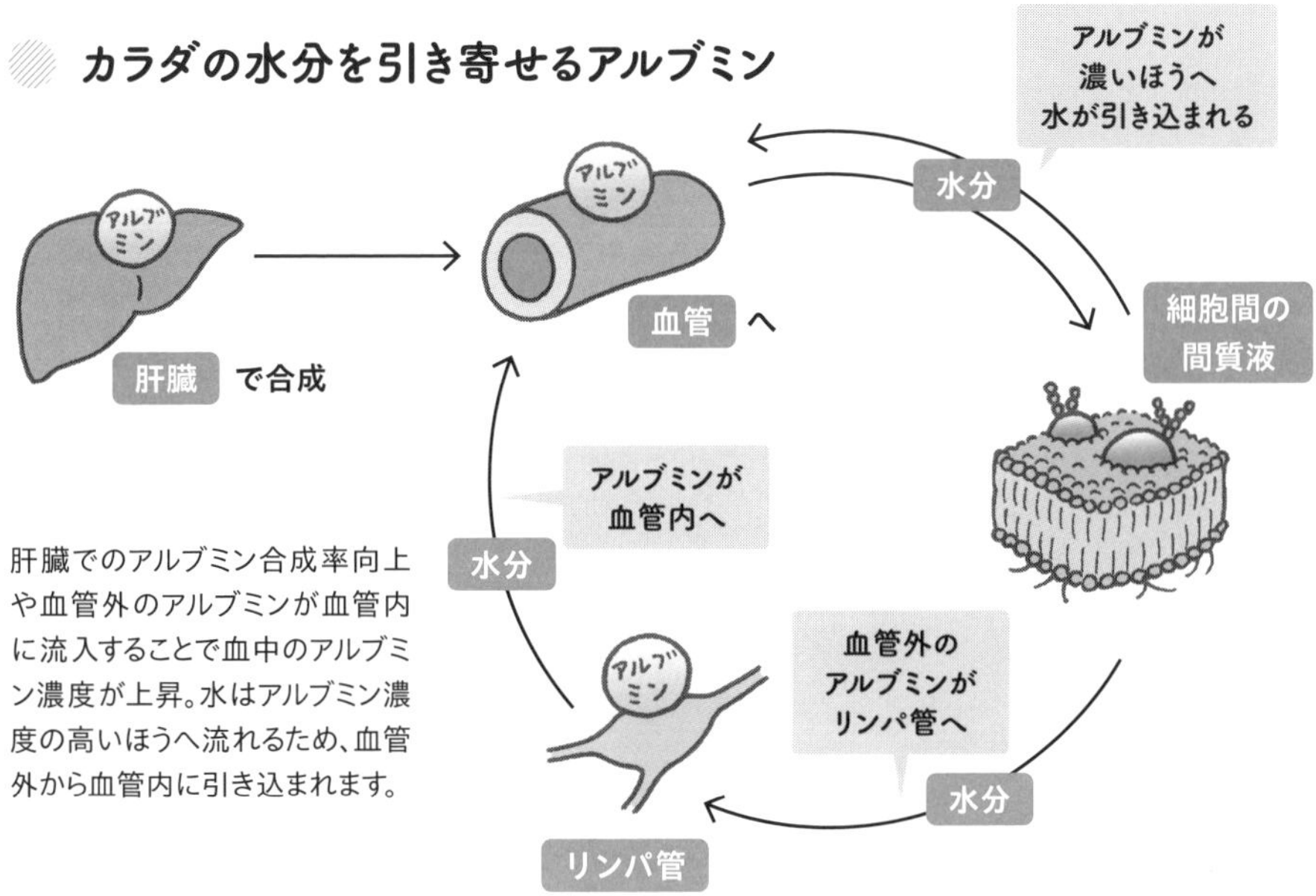

肝臓でのアルブミン合成率向上や血管外のアルブミンが血管内に流入することで血中のアルブミン濃度が上昇。水はアルブミン濃度の高いほうへ流れるため、血管外から血管内に引き込まれます。

高強度インターバル運動後の血液量と血管内のアルブミン量

運動後の血漿量の変化

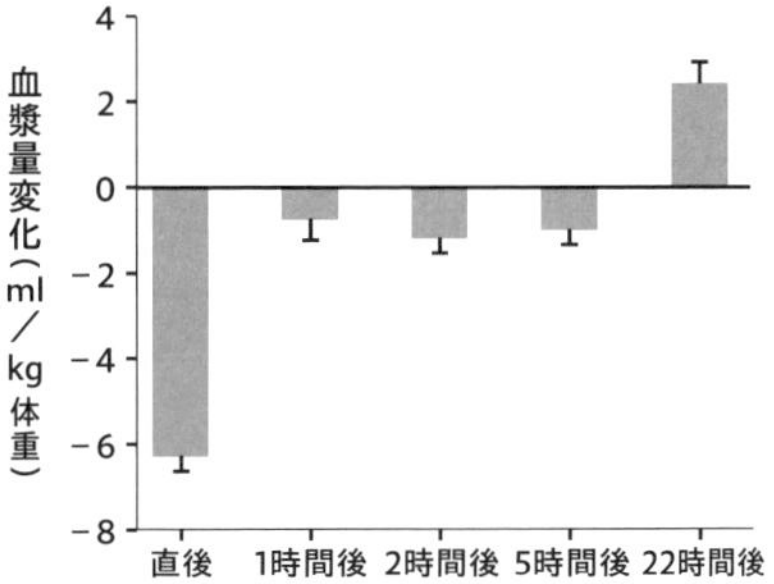

運動後の血漿アルブミン量の変化

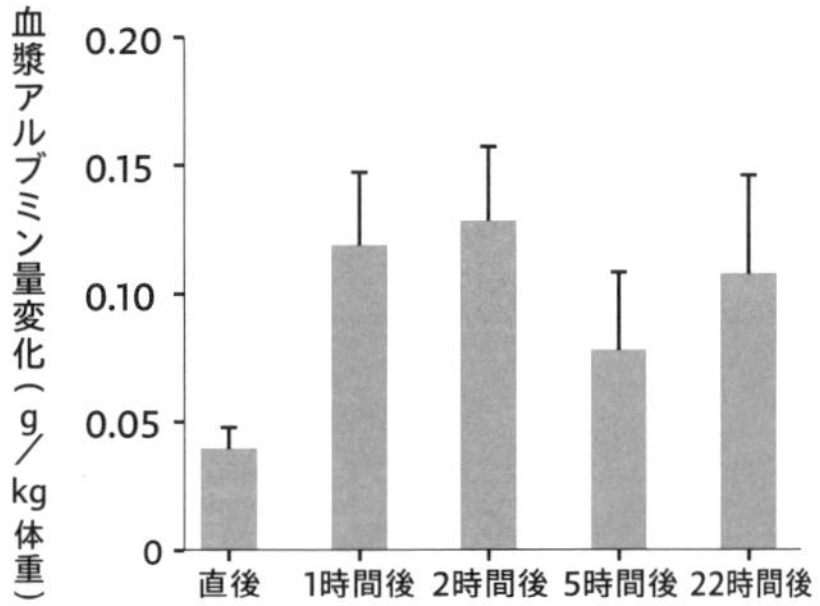

左上が運動後の血漿量の変化、右上が運動後の血漿アルブミン量の変化を表した図。運動直後は発汗などの影響で一時的に血漿量は減少しますが、右図のようにアルブミンがずっと増えた状態のため、翌日の血漿量は５～６％増加しています。

Nagashima et al., J Appl Physiol, 1999

ランントレの効果 4

ミトコンドリアの能力は強度を上げないと頭打ちになる!?

#ミトコンドリア　#有酸素系　#ATP

酸素を消費する能力も強度が大事！

有酸素系のエネルギー代謝の舞台となるのが、細胞内に共生する**ミトコンドリア**です。

フィックの式でいえば、ミトコンドリアによる酸素の消費が多くなると、静脈血酸素含量が低下し、酸素摂取量が増えます。つまり、**ミトコンドリアの数を増やしたり、ミトコンドリアの質（酸化能力）を上げたりすることで、より多くの酸素を消費できるようになります。**

「ミトコンドリアの能力を上げる」ためのアプローチとして、一般的によくいわれているのは、長時間の低強度ジョグや、LSD（ロングスローディスタンス＝ゆっくり長く走る）の実施です。これらの効果の可能性もありますが（P60）、実際に効果があるのかは不明。効果が報告されているのは、やはり**「高強度の運動」**なのです。最大酸素摂取量80％の強度で60分のトレーニングを実施した場合、ミトコンドリアの酸化能力がどのように変化するかを調べた実験では、**同じ強度でトレーニングをくり返していると、わずか2〜3日後には頭打ちになる**と報告されています。同じ強度の運動に慣れてくると、ミトコンドリアもすぐに慣れて適応が起こりにくくなるということ。一方で運動強度を少しずつ上げていけば、ミトコンドリア量の右肩上がりの状態が数週間続くそうです。

また、中強度の長めのトレーニングと、短時間の高強度インターバルトレーニングを実施した後の、それぞれのミトコンドリアの酸化能力の変化を比較した実験では、**短時間の高強度運動のほうが、能力が向上した**という結果が報告されています。ミトコンドリアへのアプローチも、やはり運動強度が重要だということですね。

カラダのなか

有酸素系の“発電所”ミトコンドリアの能力も運動強度が大事！

グルコースから変換されたピルビン酸や遊離脂肪酸を材料に、多くのATPを生み出すミトコンドリア。最大酸素摂取量を向上させるには、ミトコンドリアの酸化能力を引き上げたり、数を増やしたりすることが重要。そのための手段となるのが、高強度トレーニングです。

有酸素系のATPはミトコンドリアで合成される！

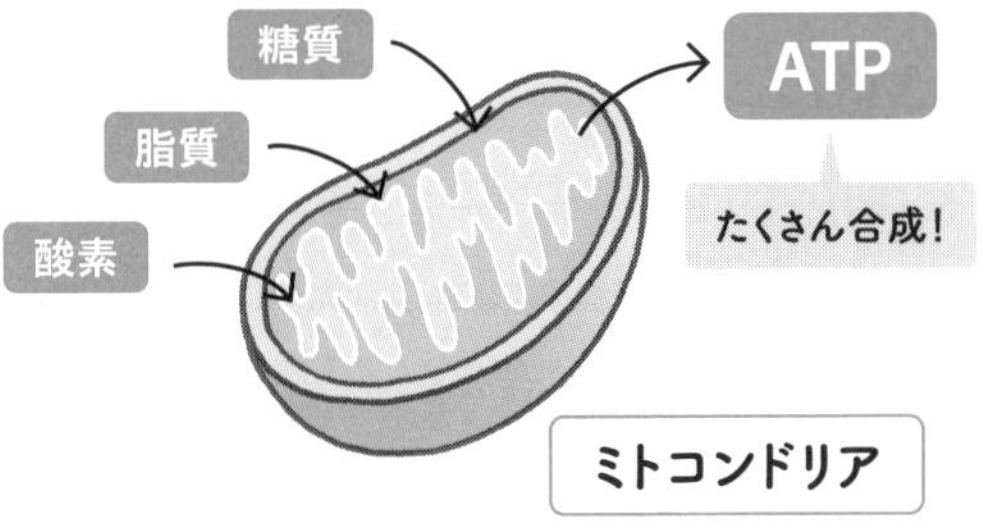

有酸素系のATPはミトコンドリアの内部で合成されます。糖質（ピルビン酸）や脂質（遊離脂肪酸）に酸素を加え、クエン酸（TCA）回路と、電子伝達系によって大量のATPが合成されます。人体における最大のエネルギー発電所といえます。

「強度」が最も大事！

同じ強度（80% VO_2max）のトレーニングを続けた場合

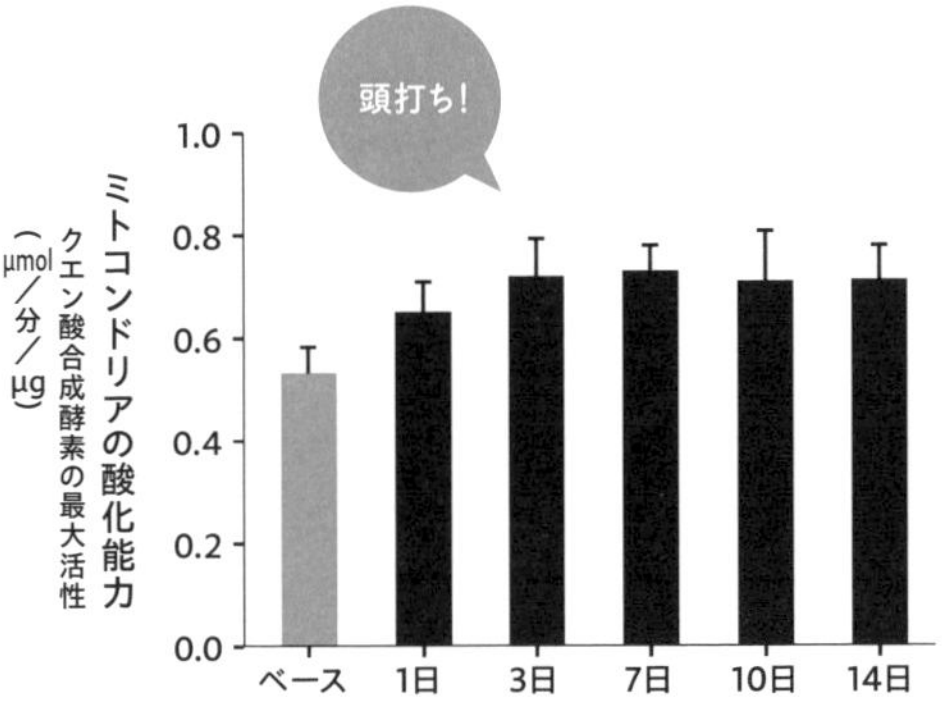

トレーニング強度で効果を比較した場合

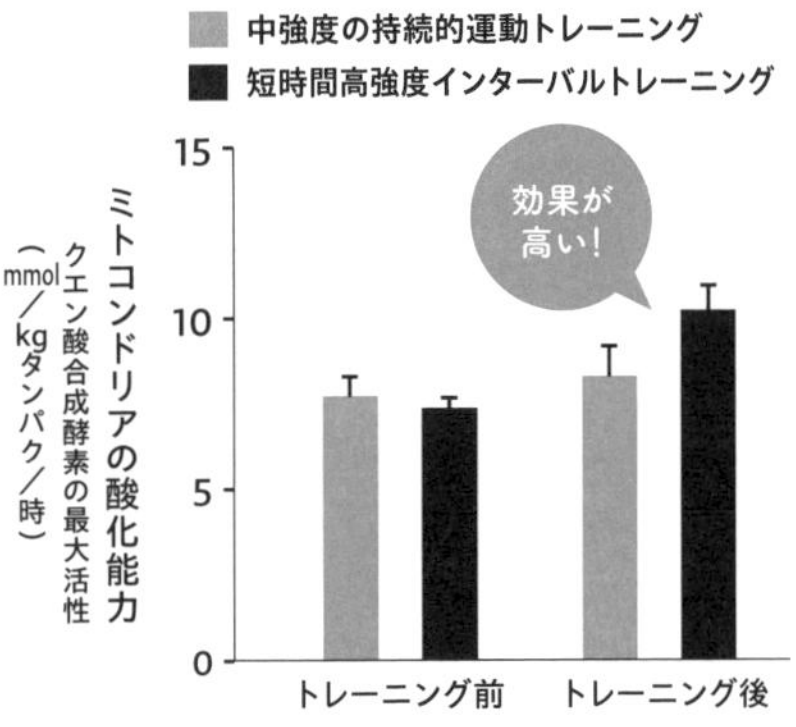

左上が同じ強度の運動を継続したときの、右上が異なるトレーニング前後のミトコンドリアの酸化能力の変化を表したもの。どちらも運動強度の重要性を示しています。一方、運動量（走行距離）もミトコンドリアの適応に大きく影響する可能性も指摘されています（P60）。

Egan et al., PLoS One, 2013
MacInnis et al., J Physiol, 2017

5

ラントレの効果

ビルドアップやインターバル走などは生理学的に違うしくみなの？

#高強度トレーニング　#インターバル　#ビルドアップ

酸素摂取量を上げるならインターバル

インターバルトレーニングは、ランニングにおける高強度の負荷を与えるポピュラーな練習法です。**高強度ゾーン**と、低強度の**ジョグゾーン**を、**交互にくり返します**。走行距離もショートからロングまで、さまざまなバリエーションがあります。

一方、**ビルドアップトレーニング**は、**比較的ゆっくりのペースからスタート**し、**徐々にペースを上げていき、ラストはキツいペースでフィニッシュする**といったもの。走行距離や強度、ペースアップのタイミングは、トレーニングの目的によって設定します。

トレーニングの考え方はいろいろあるかと思いますが、運動生理学の観点から見れば、これまで解説してきたように、**より強度の高い運動を行うほど、トレーニング効果が高い**といえます。

その点から考えると、**ビルドアップは低強度で走る時間が長くなりがちですので、持久力に関係するさまざまな能力を向上させるには、やはり高強度の区間を長くする必要がある**と思います。

特に最大酸素摂取量を向上させるのが目的であれば、インターバルトレーニングのほうが、効果を上げやすいわけです。

また、**インターバルトレーニングは、左ページ下の図のように心臓の適応をよりうながしている可能性も考えられます**。

もし、高強度インターバルトレーニングで、心臓に大きな負荷がかかれば、スポーツ心臓（心容積増加）や、心臓の収縮特性が高まるなどして、一回拍出量の大幅な増加が見込めます（P48）。

カラダのなか

インターバルトレーニングのほうが高強度の運動時間が長い！

インターバルとビルドアップ。どちらも高強度ゾーンがありますが、注目すべきは、高強度で持続する時間の違い。最大酸素摂取量の向上を狙う場合、インターバルトレーニングのほうが高強度の運動時間が長いため、効果が高くなる可能性があります。また、同様に心臓への大きな負荷が、心臓の適応をうながし、一回拍出量の増加も期待できるかもしれません。

生理学的に重要なのは運動の強度と時間

インターバルトレーニングとビルドアップの運動強度イメージ

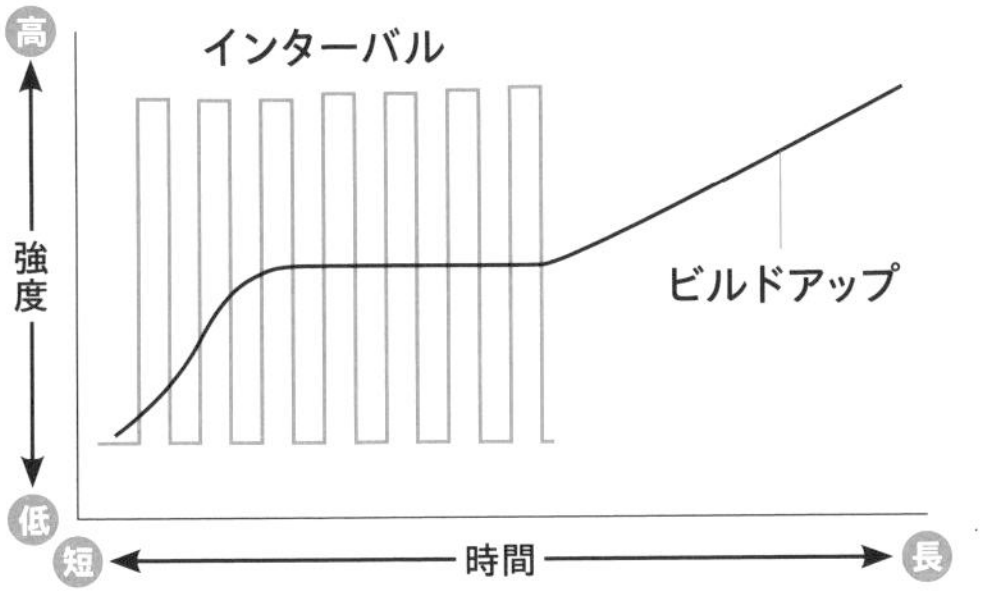

左図は、インターバルトレーニングと、ビルドアップトレーニングの運動強度と時間経過のイメージ。インターバルのほうが高強度で持続する時間が長いことがわかります。最大酸素摂取量の向上には、運動時間の割に強度が足りないビルドアップは非効率ともいえるかもしれません。

インターバルトレーニングは心臓が強くなる？

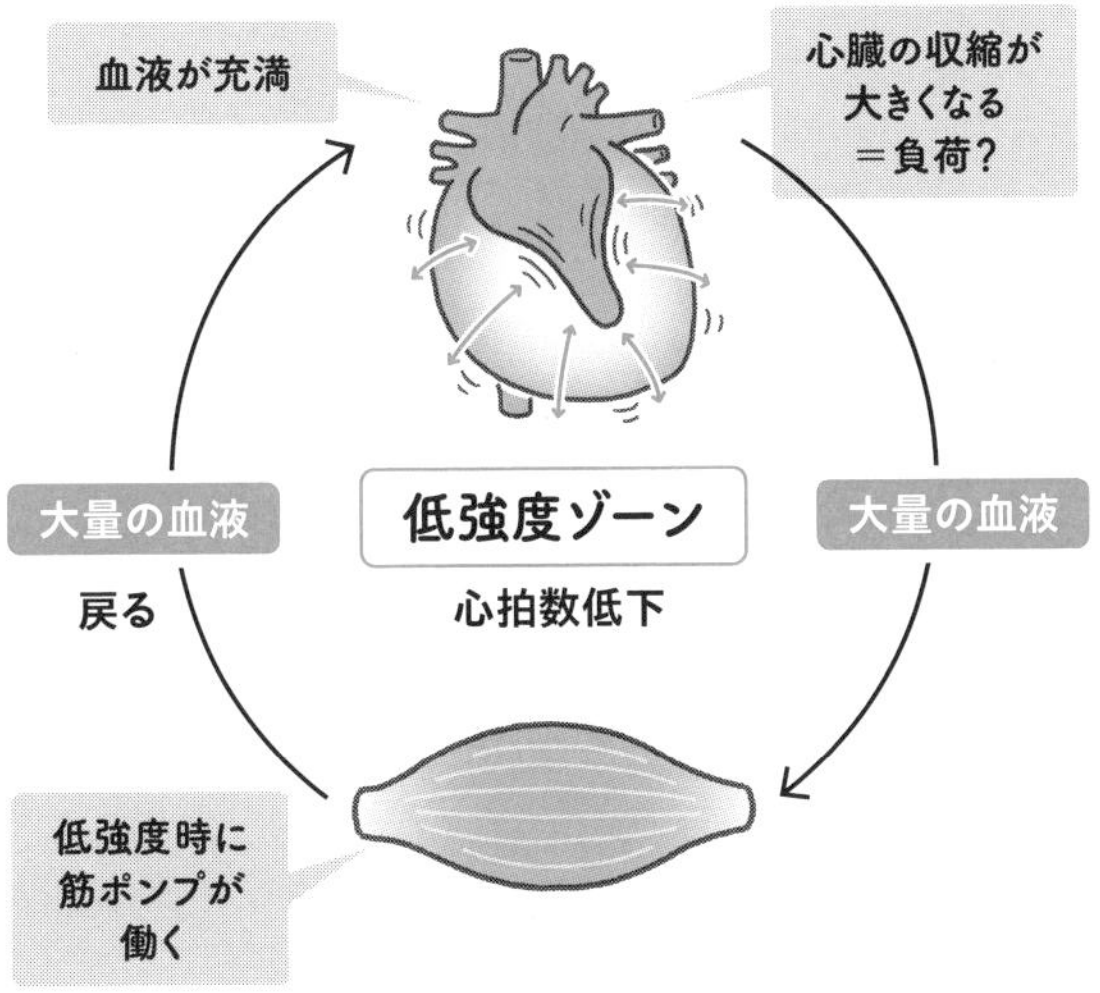

インターバルは高強度と低強度の反復。高強度ゾーンで心臓は心拍数を上げて大量の血液を筋に送りますが、低強度ゾーンでは心拍は低下します。このとき、筋ポンプを働かせ、心臓に大量の血液を戻すと、心臓により血液が充満された状態で拍動が起こり、これが心臓へのトレーニング刺激になるのかもしれません。しかし、高強度インターバルトレーニングにより、心臓の適応が起こるメカニズムは、いまだよくわかっていません。

ラントレの効果

6

高強度の長時間運動で呼吸の筋肉も疲れてしまう!?

#呼吸　#横隔膜　#疲労　#呼吸筋トレーニング

呼吸筋疲労でパフォーマンスが低下！

肺は、心臓のように自発的に収縮したりすることができません。では、どうやって肺をふくらませているのかというと、横隔膜《おうかくまく》や肋骨に囲まれた空間（胸郭《きょうかく》）周辺についている筋の力を使っています。

このような**外肋間筋《がいろっかんきん》や横隔膜をはじめとする呼吸運動に関わる筋群のことを「呼吸筋」**といいます。

安静時の呼吸に重要となる横隔膜は、生命維持に欠かせない呼吸運動を支えるため、止まることなく動き続ける、とても強くてタフな筋肉です。しかし、そんな横隔膜を含む**呼吸筋も実は、高強度運動で「ゼーハー」と激しい呼吸が続くと、疲労してくる**のです。

呼吸筋が疲れてくると、「疲れた」という情報は中枢に送られ、「対処せよ」という指令が下されます。すると、交感神経が活性化し、活動している筋（活動筋）の血管が収縮。血管が収縮するということは、血液量の減少をもたらすため、酸素の供給が不十分になります。

こうして、**酸素摂取量の低下を招き、パフォーマンスが低下してしまう**のです（Ｐ58）。

実際に、運動時に呼吸筋の仕事量を増やしてやると、活動部位の血流が大幅に減少したことが報告されています。

パフォーマンスを落とさないためにも、呼吸筋を鍛えたいところですが、そのひとつの手段は、高強度運動で呼吸筋を動員すること。基本的に筋なので、激しい**呼吸運動による呼吸筋への負荷**は有効であると考えられます。また、呼吸負荷に特化した（吸うときに抵抗がかかる）**呼吸筋（吸息筋）トレーニングの有効性**も報告されています（Ｐ59）。

カラダのなか

呼吸は肺の力ではなく筋（呼吸筋）の力で行っている！

呼吸は、肺の自発的な伸縮によるものではなく、呼吸運動に関連する筋のグループ「呼吸筋」の収縮・弛緩に伴い起こります。「吸息筋」の収縮（特に横隔膜）で息を吸い、通常の息を吐く場合は、横隔膜の弛緩を利用します。ただし、高強度運動時などに息を強く吐き出す場合は「呼息筋」という筋群の力を利用します。

そもそも呼吸筋って？

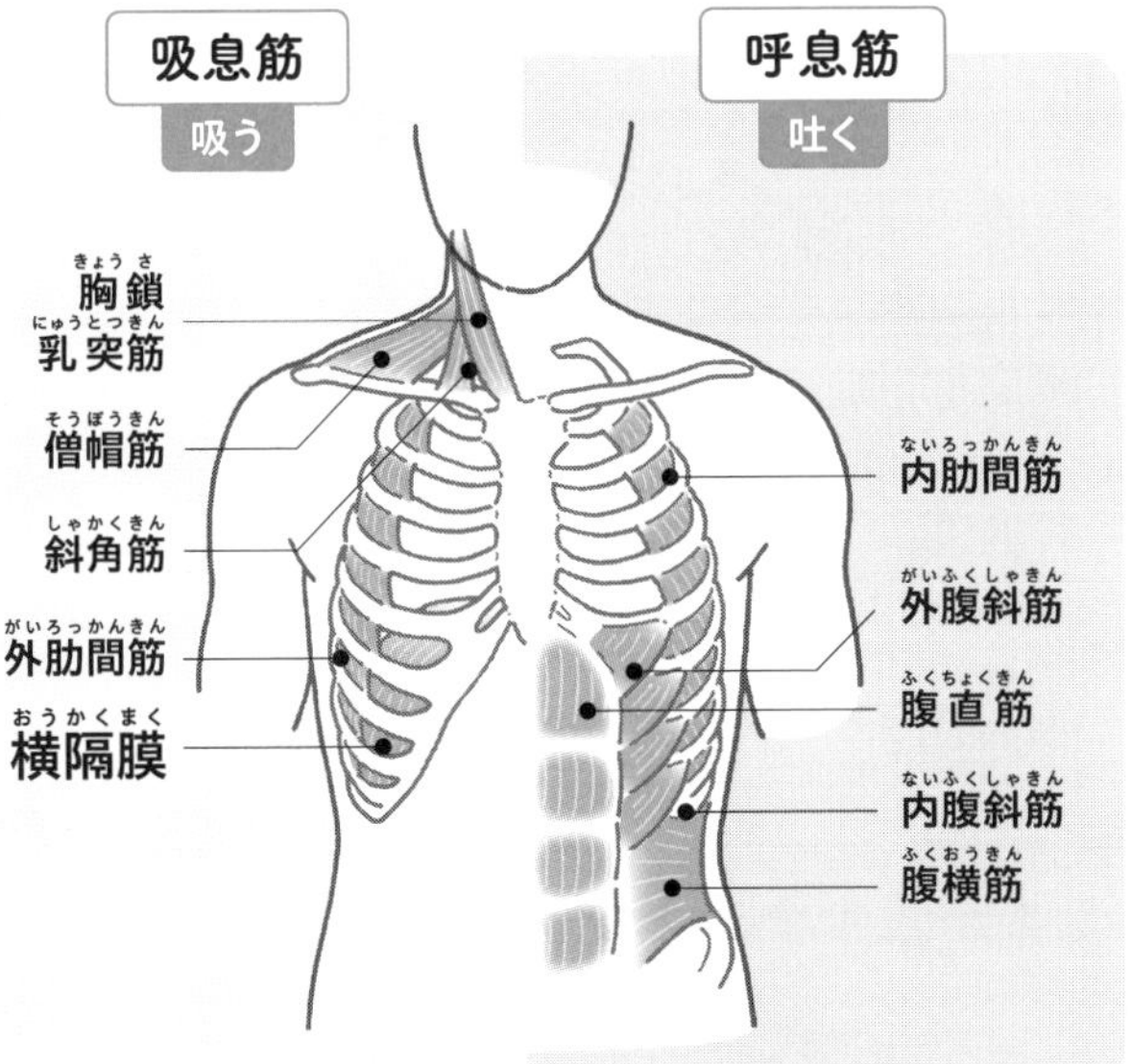

左図の右半身が息を吸うための吸息筋、左半身が息を吐くための呼息筋を示します。吸息筋が収縮（主に横隔膜）することで胸郭が広がり、空気が肺に入ってきます。呼息筋は高強度運動時などにお腹を収縮させ、息を強く吐かせる機能があります。

横隔膜が収縮すると、胸郭が拡大。その結果、肺に空気が流入します。逆に横隔膜がゆるむと、胸郭が小さくなり、肺から空気が押し出されます。運動時の激しい呼吸のときは、体幹の胸筋や腹筋も収縮して、大きく速い呼吸を可能にします。

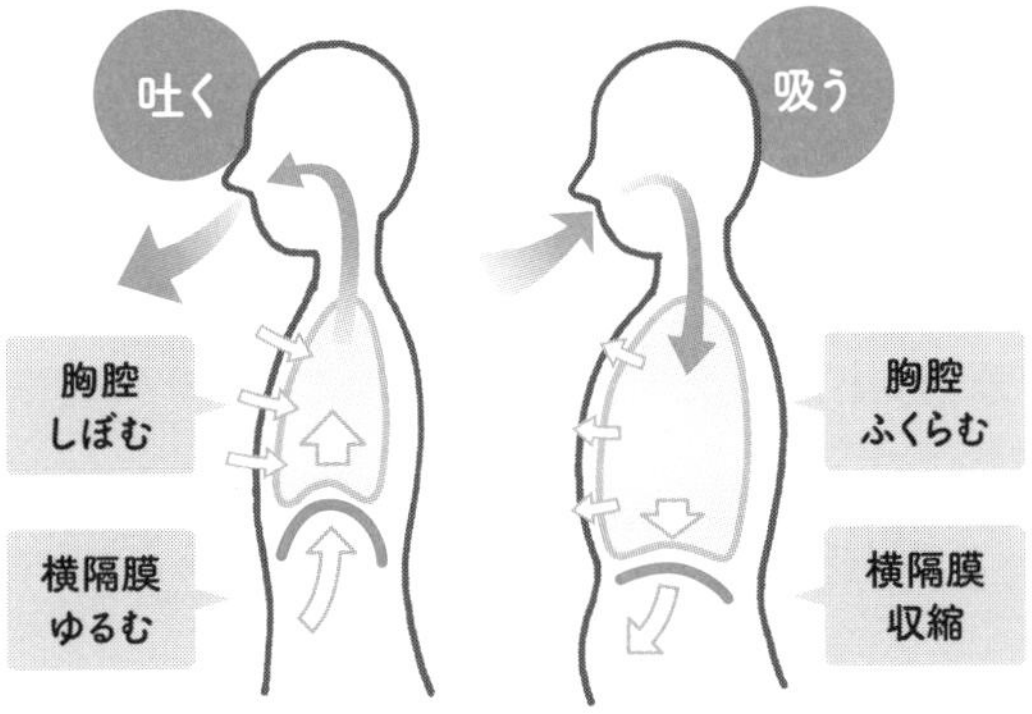

カラダのなか

呼吸筋が疲れてしまうと、運動パフォーマンスが低下する！

高強度の運動によって、実際に呼吸筋が疲れてしまうという現象は、本当に起こっているのでしょうか？ また、呼吸筋の疲労は、運動パフォーマンスの低下をもたらすのでしょうか？ 呼吸筋とパフォーマンスの関係を裏づけるさまざまな実験や、呼吸筋（吸息筋）トレーニングの有効性について見ていきましょう。

長時間の高強度運動で横隔膜が疲労する

横隔膜筋発揮力の指標

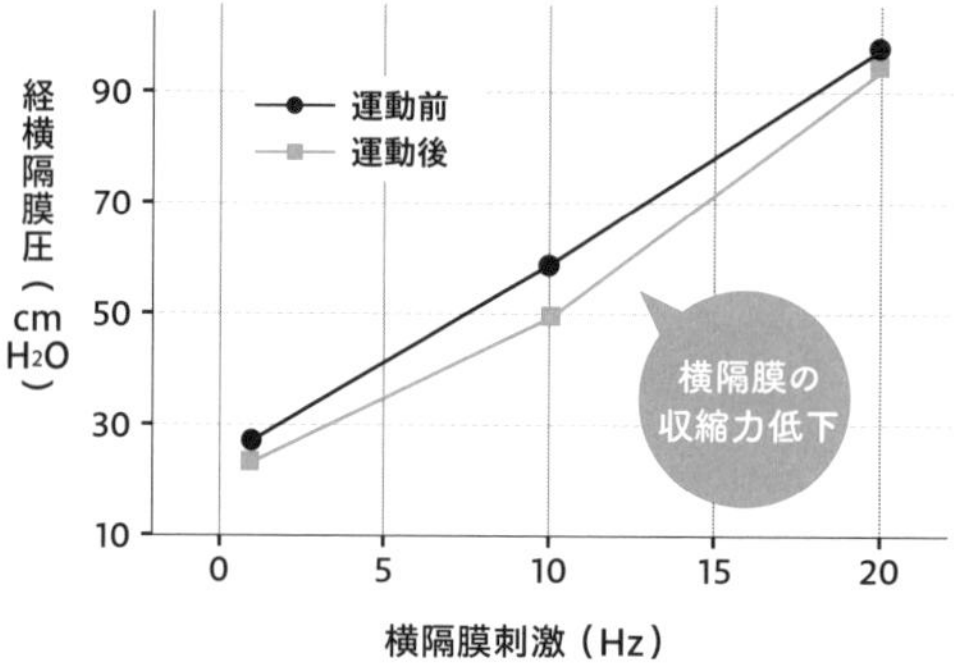

左の図は、電極刺激を与えたときの横隔膜の収縮力の指標（経横隔膜圧）を、最大酸素摂取量85％強度の運動前後で比較したもの。これを見ると、運動後に横隔膜の収縮力が低下しています。つまり、高強度の長時間運動によって、呼吸筋（横隔膜）は疲労し得ることがわかります。

#呼吸筋　#横隔膜　#呼吸筋トレーニング

活動筋への血流量が減少する！

呼吸筋が疲労すると、活動筋への血流が低下。これは、呼吸筋での代謝変化「疲れた！」の情報が中枢に送られ、交感神経の活動が上昇し、活動部位の血管が収縮することで起こります。

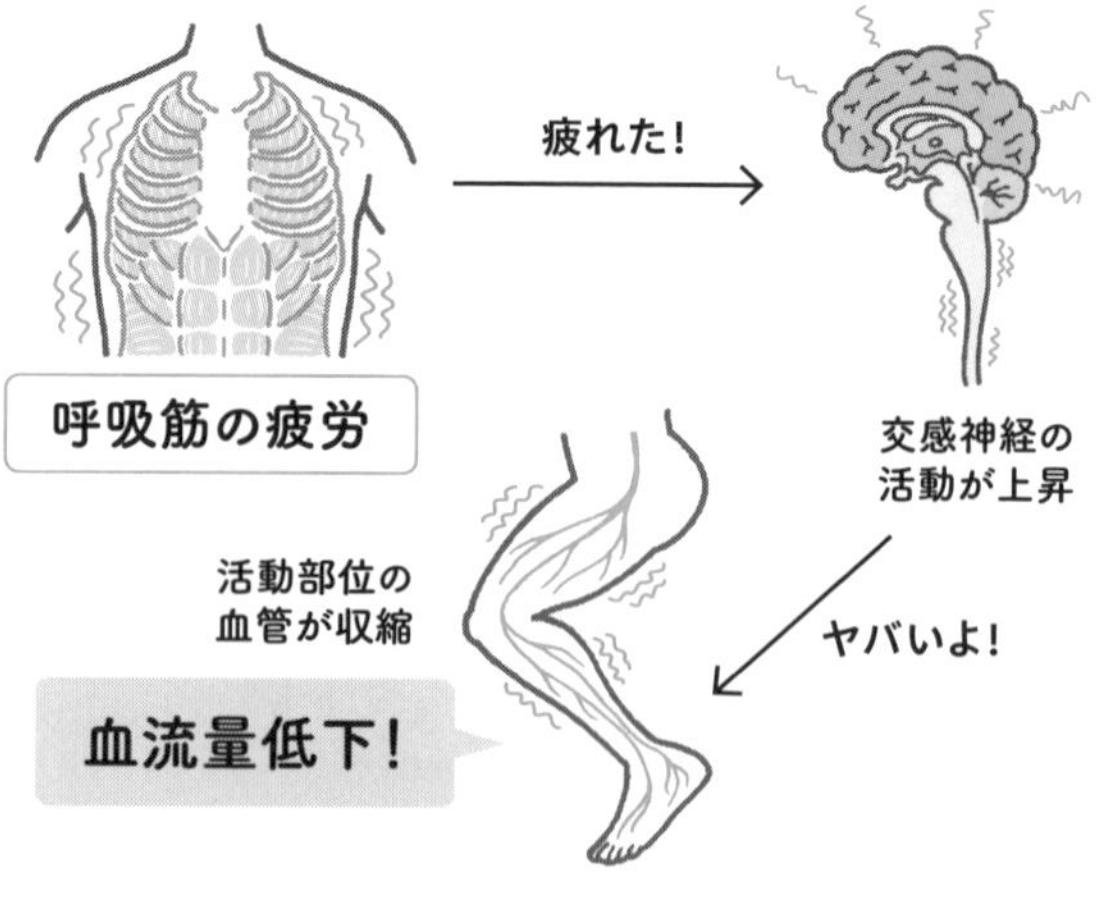

Johnson et al., J Physiol, 1993
Romer and Polkey., J Appl Physiol, 2008

呼吸筋への負担が大きいほどパフォーマンスが低下！

呼吸筋への負担が増加すると？

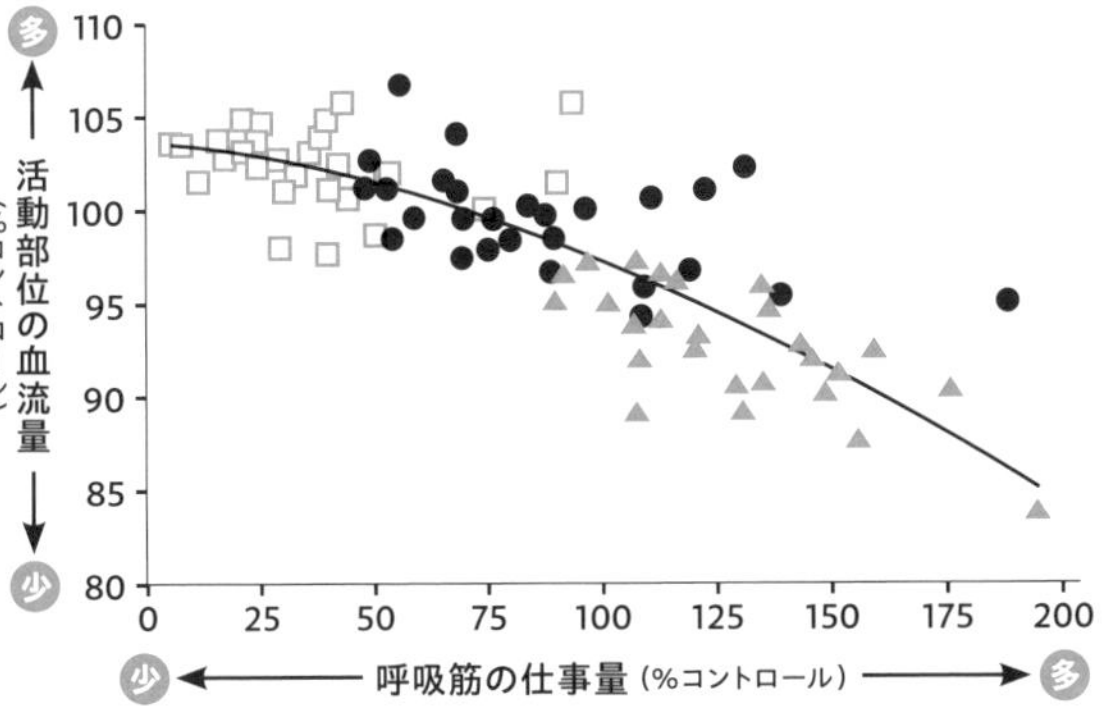

上の図は、呼吸筋の仕事量と活動筋の血液量の関係を表したもの。呼吸筋の仕事量（負担）が増えるほど、活動筋の血液量が減少しています。その結果、活動筋への酸素供給量が低下し、持久運動パフォーマンスが低下し得るということです。

呼吸筋トレーニングの有効性は？

呼吸筋（吸息筋）トレーニングと自転車のタイム

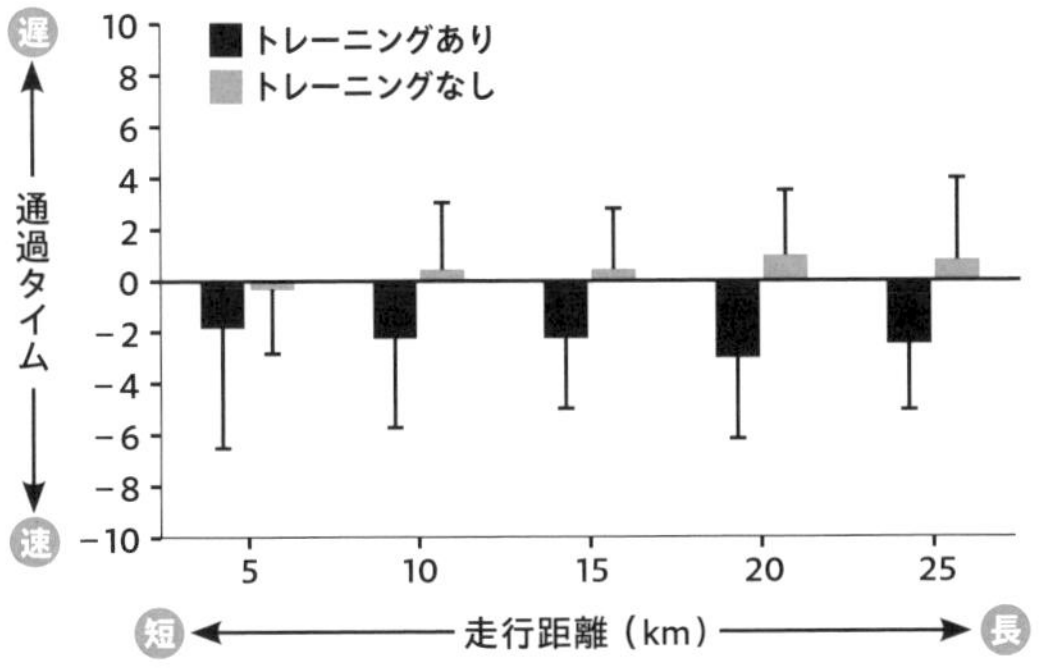

ex. 負荷をかけた吸気運動を
30回×1日2セット

上の図は、器具を使って息を吸い込むときにストレス（抵抗）をかけ、それを中強度（最大吸気圧50％程度）で30回1日2セットを6週間継続した実験結果を示しています。呼吸筋（吸息筋）トレーニングを実施したグループのほうが、25kmの自転車タイムトライアルのタイムが速くなりました。

Harms et al., J Appl Physiol, 1997
Johnson et al., Eur J Appl Physiol, 2007

ラントレの効果

7

LSDトレーニングのようなゆっくり長時間の走り込みは必要か？

#LSD　#毛細血管　#最大酸素摂取量

キプチョゲもジョグ中心だが……？

運動生理学の世界でも、**「有酸素能力を上げるのは、強度か？　量か？」**みたいな論争がくり広げられることがあります。

運動生理学の専門家の多くは、強度が重要であると主張しています。実際、実験によって最大酸素摂取量をはじめとする**有酸素パフォーマンスの向上には高強度トレーニングが有効である**ことが示されています（P46）。

一方で、LSDやロングジョグのような低強度の長時間運動の効果の有効性については、ヒトでのエビデンスが十分にあるわけではありません。

男子マラソンの世界記録保持者であるキプチョゲ選手も練習の約8割は高強度ではないトレーニングが占めているといわれています。また、脂質代謝能力などを高めるために前日から糖質制限をして、翌朝にそれほど強度の高くないトレーニングを行うことで、持久運動パフォーマンスが高まったという報告があるのは事実です。

このように、**特定の目的を持って高強度でない持久トレーニングを行う**例もありますが、運動生理学的には強度を上げたほうが効果は得やすいと考えます。

低強度の持久トレーニングにより、**ミトコンドリアの酸化能力が向上するという主張もあります**が、**運動時間を要するので高強度でカバーしたほうが時間効率はよい**と考えます。

ただし、トレーニング時間がたっぷり確保できるトップアスリートの場合は、高強度トレーニングをうまく組み入れながら、トレーニング量を十分に確保することで、トレーニング強度と量のダブルで効果を狙うのもよいかもしれません。

カラダのなか

効果がないとはいえないが、強度を求めたほうが効率はよい

低強度の長時間トレーニング。たしかに強度の不足を運動時間で代替できる可能性はありますが、実際、運動生理学的な根拠は極めて少ないのが事実。ミトコンドリアや心拍出量の増進目的なら、高強度トレーニングのほうが効率は高いです。ただ、高強度トレーニングだけを毎日続けるわけにはいかないので、トレーニング効果の維持や、次の高強度トレーニングに向けてのコンディショニング、といった目的で実施する意味はあると思います。

毛細血管の数は多くなるというが……

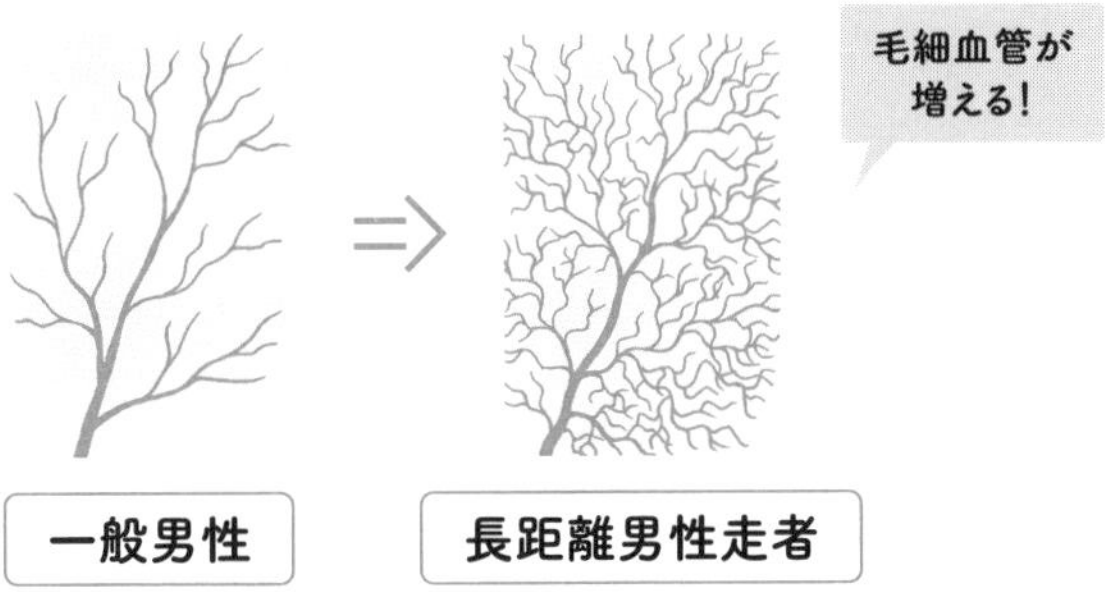

持久トレーニングにより毛細血管が発達して、筋への酸素供給がよくなります。しかし、毛細血管に対するトレーニング効果は早期に頭打ちになり、それ以上トレーニングしても大きく向上しないという主張もあります。

長期的には運動の量（距離）も大事?

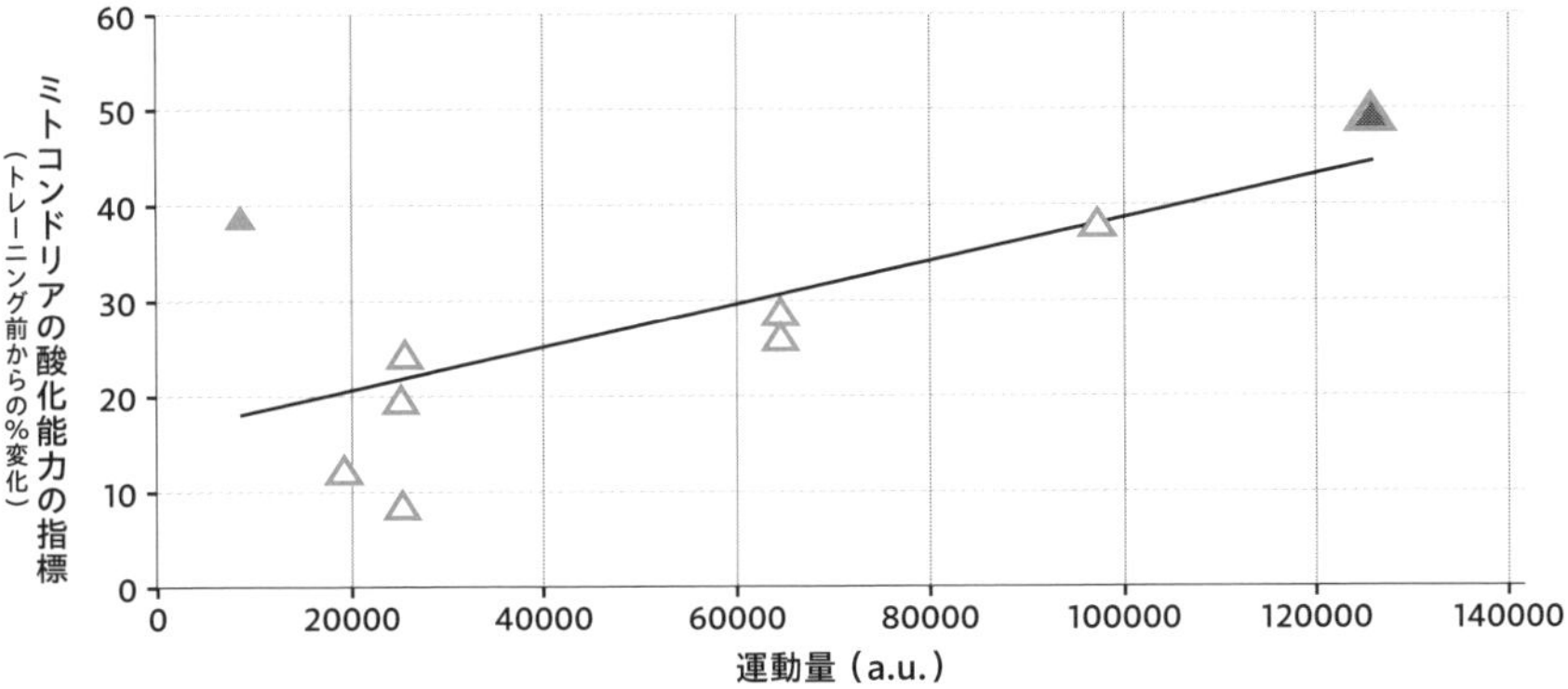

ミトコンドリアの機能（酸化能力）向上には、強度が重要であるとするデータが多いのですが、長期的には運動量（走行距離）を確保することで、ミトコンドリアの機能が向上するという見方もあります。上の図は複数の研究データを総合して、運動量とミトコンドリアの酸化能力の関係を表したもの。運動量の長さに比例してミトコンドリアの酸化能力が上がっています。より高みを目指すランナーであれば、高強度トレーニングをしっかり行うことに加えて、長期的にトレーニング量を確保することで、よりミトコンドリアの酸化能力が上がるのかもしれません。

Bishop et al., J Physiol, 2019

ラントレの効果 8

トレーニングによって逆に低下する機能がある!?

#感覚の鈍化　#メンタル　#血圧

長距離ランナーは感覚が鈍くなる!?

高強度トレーニングで追い込みすぎることで、逆に鈍くなったり、低下したりする能力があります。

長距離種目のアスリートは、**慢性的に苦しいトレーニングに耐え続ける環境下にあり、運動のキツさを含めたさまざまな感覚が鈍くなっている**傾向があります。

たとえば、痛みの感覚。持久系アスリートは**痛みを感じにくい**という結果が出ています。運動時の痛みやつらさの感覚が、運動パフォーマンスを制限することを示すデータがいくつかあります。これらから考えるに、運動時に痛みなどの感覚が鈍いほうが、よりパフォーマンス発揮に有利になると考えられます。

長距離選手の感覚の鈍化は、運動パフォーマンスを発揮するうえで、合理的な適応なのかもしれません。

また、**暑さに対する感覚も鈍化**している可能性があります。たとえば、深部体温が39℃付近に達すると通常はかなりきついはずなのに、40℃に達しても意欲的に運動しているアスリートも見られます。

さらに、**血圧調節の機能も低下**します。持久競技者は、**起立ストレス時に一回拍出量がより大きく低下する**という特徴があるようです。一方で、血圧を感知する圧受容器の働きにより、たとえば血圧が低下したときには、それを戻そうと、血管収縮や心拍数の増加が起こりますが、これらの反応が持久トレーニングを行っていると低下するようです。

そのほか、持久トレーニングで**呼吸応答が鈍る**というデータもあります。低酸素吸入時には通常、呼吸が上がりますが、この応答は、有酸素能力が高いほど鈍化するようです。

カラダのなか

高強度トレーニングで追い込むほど痛みや熱さを感じにくくなる

有酸素パフォーマンスを向上させるには、基本的に高強度の運動を実施することが重要です。つまり、アスリートはキツい練習を日常的にこなしている環境下にあり、そのせいか苦しさや痛みの感覚が鈍くなる傾向にあります。また、持久運動トレーニングの継続によって、血圧や呼吸の調節機能が低下してしまうこともあります。

高強度トレーニングで低下する機能

メンタルストレスの感受性

高強度運動で追い込むことで痛みや苦しさの感覚が低下することから、メンタルストレスに対する感受性が低下する可能性も推測されます。

痛みの感覚

長距離選手に痛みのテストを実施したところ、痛みの感受性が低いという報告が。

血圧調節機能

持久競技者では、起立ストレス時に一回拍出量が低下しやすくなったり、圧受容器の働きが鈍ったりするようです。その結果、立ちくらみが起こりやすくなるといった傾向があります。

体温の感覚

痛みと同じく、体温の感覚も鈍くなっている可能性があります。たとえば、深部体温が39℃付近まで上がると、普通はかなりきつくなりますが、40℃を超えても高強度で運動可能なアスリートも。

呼吸の機能

低酸素状態になると、通常は呼吸が上がりますが、有酸素能力の高い人や持久運動トレーニングで、この応答が鈍化するという報告も。高山病などにつながりやすくなります。

強いランナーほど
ストレスに鈍感！

Tesars et al., PAIN, 2012
Levine et al., Circulation, 1991　Ogoh et al., J Physiol, 2003

9 ラントレの効果

体重増加が気になる？ ランナーの筋トレは有効なのか？

#筋トレ　#筋肥大　#コンカレントトレーニング

ランナーの筋トレはメリットしかない！

長距離ランナーにとって、レジスタンストレーニング（重力を用いるウェイトトレーニングも含まれる。俗に「筋トレ」といったりもする）は有効なのでしょうか？

人によっては、筋肉が増えすぎると体重増加によってパフォーマンスが落ちるのではないか？　と気にしてしまうケースもあるかと思います。

ランナーの筋トレ。結論からいうと、メリットしかありません。

まず、筋トレによる体重増加への懸念について。**長距離ランナーが筋トレによって筋が大きくなりすぎる可能性は、極めて低い**といえます。なぜなら、持久トレーニングにより、筋肥大を含めた筋トレの効果が阻害されてしまうためです。

いわゆるコンカレントトレーニング（持久トレーニングと筋力トレーニングを同時に行う）を行う場合、筋トレをした後の筋肥大やストレングス向上効果が低下することは、多くの研究から実証されています。

一方で、筋トレをすると持久力が低下するのでは、と考える人がいるかもしれませんが、筋トレのタイミングややり方を工夫し、筋痛などの影響をマネジメントできれば、**筋トレにより持久トレーニングの効果が阻害されることはない**と思います。

筋トレを行うと、**ランニングエコノミーが向上**したり、**ケガの発生率を低下**させたりするなど、ランナーにとってのメリットが数多く報告されています。また、筋トレを行う場合、低負荷のトレーニングより、**高負荷のウェイトトレーニングなどを選択する**ことが、より高い効果を生むようです。

カラダのなか

高負荷のウェイトトレーニングがおすすめ！ランナーにはメリットしかない

ランナーは積極的に筋トレ、しかも高負荷のウェイトトレーニングを取り入れることをおすすめします。筋肥大による体重の大幅増加の可能性は低いうえ、ランニングエコノミーが向上し、ケガのリスクも低下するかもしれません。さらに、筋トレはうまく計画して実施する場合、持久能力を低下させることはないとされています。

筋トレでパフォーマンスが向上

ケガの発生率が低下

過去の先行研究のデータをメタ解析した結果、ストレングストレーニングによって、スポーツによるケガを1/3以下に減らす効果があるとのこと。ケガの予防にも筋トレは有効である可能性があります。

ランニングエコノミーが向上

数多くの研究データをメタ解析した結果、最大に近い負荷の筋トレを行ったほうがプライオメトリックストレーニング（ジャンプ系のトレーニングなど）より、ランニングエコノミーと持久走タイムが向上するかも、という結論に。

筋肥大しにくい

持久トレーニングは、筋トレの効果を阻害します。一方で、筋トレが持久トレーニングの効果を阻害することはないといわれています。

低負荷より高負荷

高い負荷をかけるのが効率的。可能であれば低負荷の自重トレーニングより、バーベルなどを使った高負荷のトレーニングがよさそうです。

気にせず積極的に行えばよい！

Eihara et al., Sports Med, 2022
Lauersen et al., Br J Sports Med, 2014　Coffey and Hawley., J Physiol, 2017

10 ラントレの効果

坂道トレーニングは本当に有効なのか？

#上り坂　#インターバルトレーニング　#最大酸素摂取量

坂道の有効性は現在のところ不明!?

有酸素能力や、推進力につながる筋力の向上を目的に、**坂道を利用した「ヒルトレーニング」**を実施することも少なくありません。「坂ダッシュ」「ファルトレク（勾配を利用した変化走）」「全力走」「連続走」「上り坂持久走」など、バリエーションも豊富です。

実は、このヒルトレーニング。**運動生理学的には、その有効性がハッキリとわかっていません**。

米国NCAAのディヴィジョン1のクロスカントリーランナーたちを対象に行ったアンケート調査によると、**移行期にヒルトレーニング（85〜90%努力度、30秒〜5分）を実施したチームの１００００ｍの記録は、ほかのチームよりよかった**という結果が出たそうです。あくまでアンケート調査なので、それが本当にヒルトレーニングによるパフォーマンスの向上なのかは、根拠としては弱いです。

実験的研究としては、**インターバルトレーニングを平地で行ったランナーと、坂道で行ったランナーでは、平地のほうが最大酸素摂取量での持続時間がより向上した**という結果が出ています。さらに、別の研究では、平地でのトレーニングでは最大酸素摂取量や乳酸閾値が向上したものの、同様の適応はヒルトレーニングを行った場合には見られなかったとのこと。そのため、**現時点では坂道でのトレーニングの有効性は強くサポートされない**ようです。

脚のストレングスが向上する可能性や、ケガのリスクを少なくして高強度で追い込めるなどのメリットはありますが、特に理由がなければ基本的に平地中心のトレーニングでよいのではないかと考えます。

カラダのなか

平地のほうが効果は高いかも!?

どのレベルのランナーでも、頻繁に実施している坂道トレーニング。アンケート調査でパフォーマンス向上効果が示唆されるなど、なんらかのメリットがある可能性は否定できません。しかし、最大酸素摂取量や乳酸閾値へのトレーニング効果は平地でのトレーニングのほうが大きいという報告もあり、現在のところは坂道トレーニングの有効性は支持できないようです。

上り坂と平地のトレーニング効果を比較！

最大酸素摂取量のスピードでの持続時間（秒）

Tmax	上り坂インターバル		平地インターバル	
トレ前	223.0	±56.1	224.6	±64.0
トレ後	293.1	±69.4	363.0	±116.6
%△	31.7	±16.0	61.9	±32.5

※数値は平均値±標準偏差

平地のほうが効果は大きい！

上の表は、インターバルトレーニングを平地で実施した群と、坂道で実施した群の最大酸素摂取量100%強度での持続時間を比較したもの。平地のほうが効果が大きいことがわかります。平地と坂道とでは、使用する筋肉が異なるなど、いろいろ原因が考えられますが、実際のところは不明です。

Ferley et al., J Strength Cond Res, 2013
Toyomura et al., Appl Physiol Nutr Metab, 2018

11 ラントレの効果

そもそも「疲労」ってなに？

#中枢疲労　#末梢疲労　#酸素供給量の低下

末梢疲労と中枢疲労の2つがある

速く走るとき、長い距離を走るとき、人間は誰であろうと必ず疲労します。そして、ランナーは運動をより長く続けるために、できるだけ疲れないよう、自身のカラダをマネジメントしなければいけません。

そもそも、疲労とはどういう現象なのでしょう？　運動パフォーマンス発揮における疲労は、大きく分けて2つに分類されます。**筋が疲労する「末梢疲労」**と、**脳が運動にストップをかける「中枢疲労」**です。

末梢疲労は、**筋収縮の継続が困難となり、運動や強度の維持ができなくなる**現象。運動によって、筋細胞内のpHが低下したり、イオン濃度が変わったり、無機リン酸が増えたり、活動筋血流量が低下したり、筋グリコーゲンが枯渇したり、いろいろな状況変化が起こって、筋が動かなくなります。ただし、**マラソンのような最大下強度の運動を行う場合、筋グリコーゲンが十分であっても運動強度を維持できなくなることもあります**。

この疲労の正体が、中枢疲労です。**もう動けないと思ったとき、筋はまだ収縮する（動く）のに、運動強度の維持が困難に**。つまり、筋自体の限界ではなく、脳が筋肉より先に限界を感知し、運動にストップをかけるのです。

中枢疲労には、セロトニン、ドーパミンやノルアドレナリン、グルタミン酸といった**神経伝達物質が関係している**と考えられています。

さらに、低酸素や高体温など、さまざまな原因が複雑に重なり、末梢疲労や中枢疲労を引き起こしている可能性があります。

カラダのなか

筋肉の疲れか？　脳の疲れか？ それが問題だ！

運動をすると、筋の活動やエネルギー代謝などが活発になり、体内の環境が激しく変化します。それにより、筋細胞内のpHの低下、炎症性サイトカインや無機リン酸の増加、イオンバランスの変化、グリコーゲン枯渇の影響などで筋自体が疲労する末梢疲労、神経伝達物質などの影響で脳が運動にストップをかける中枢疲労が起こり、高い運動強度を維持することが困難になります。

中枢疲労と末梢（筋）疲労って？

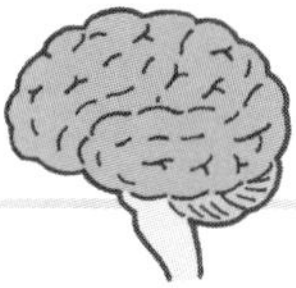

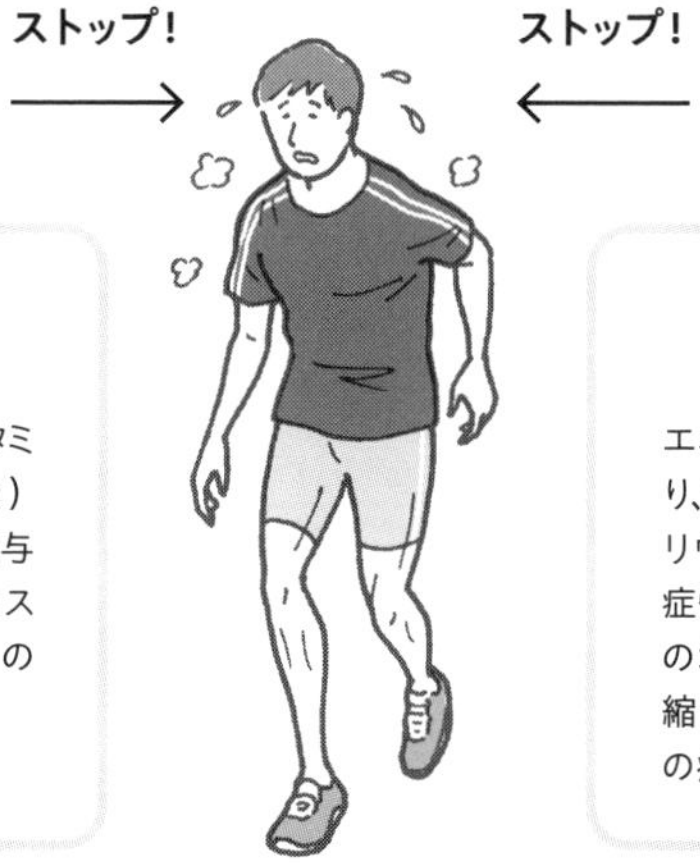

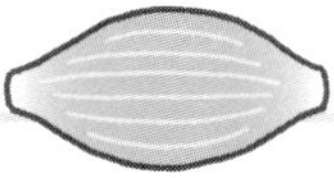

中枢疲労

セロトニン、ドーパミン、グルタミン酸、GABA（γ-アミノ酪酸）といった神経伝達物質が関与し、脳からの命令で運動にストップがかかる「脳の疲労」のこと。

末梢疲労

エネルギー代謝の活性化により、筋細胞内のpHの低下、カリウムイオン濃度の上昇、炎症性サイトカインや無機リン酸の増加などが起こり、筋の収縮が抑制されてしまう「筋肉の疲労」のこと。

さまざまな原因

非効率な筋収縮や活性酸素の蓄積、筋の神経系や出力の問題など、さまざまな体内環境の変化が、末梢・中枢疲労の原因に。また、トレーニングでミトコンドリアの機能が向上し、酸素をたくさん使えるカラダになると、活動筋への酸素供給が追いつかず、平地であっても低酸素状態となり、それが疲労の原因になる可能性も。

- 非効率な筋収縮
- 炎症性サイトカインや無機リン酸の増加
- イオンバランスの変化
- グリコーゲンの枯渇
- 高体温
- 低酸素
- 活性酸素の蓄積

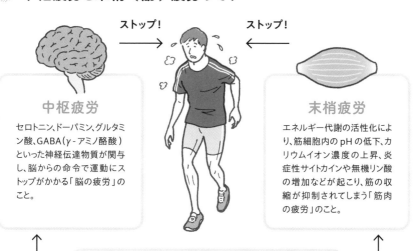

12

ラントレの効果

活性酸素は完全な悪者なのか？

#疲労物質　#活性酸素　#ミトコンドリア

活性酸素は成長に必要な要素でもある

高強度運動をすると、体内ではエネルギー代謝によって、乳酸やクレアチンなどのさまざまな代謝産物が発生します。そして、同時に**「活性酸素」も増加**します。

活性酸素とは、文字通り**「活性化された酸素」**のことであり、**ほかの物質を酸化させる作用**を持っています。一般的には「カラダのサビ」であるとか、「疲労物質」であるとか、**悪いイメージが定着している**と思います。たしかに、活性酸素は、カラダのさまざまな機能を低下させるというデータがあります。喫煙や加齢による血管機能低下が、活性酸素によって引き起こされるというデータが多数あり、活性酸素にはカラダへのネガティブな影響があることは事実です。

しかし、活性酸素が完全な悪者であるかといえば、そうではありません。ランナーにとっては、**有酸素能力を向上させるために欠かせない要素**でもあるのです。

前述したように、高強度運動によって活性酸素が増加します。活性酸素は、有酸素系に関連する酵素「アコニターゼ」を阻害したり、「リアノジン受容体（細胞内カルシウム濃度の調節を行う）」を細かく切断（断片化）したりしています。これらの**活性酸素の作用が結果的にミトコンドリアを増やすこと（新生）につながっている**可能性があるのです。

活性酸素が過剰になると、パフォーマンスやトレーニング適応が低下する可能性がありますが、練習前にビタミンCなどの抗酸化物質を摂取することで、活性酸素が適切なレベルに落ち着くという保証はありません。むしろ、逆効果になる可能性があるので、**むやみな抗酸化物質の摂取は避けたほうがよい**かもしれません。

カラダのなか

増えすぎると悪さをするが、トレーニング効果を得るには必要なもの

血管の機能を低下させるなど、一般的には、活性酸素は「取り除くべき悪者」というイメージがあります。しかし、高強度運動によって増えるということは、それなりに意味があるということ。有酸素能力の関連でいえば、ミトコンドリア新生に関与している可能性があり、トレーニングによるカラダの成長には、欠かせない要素でもあるのです。

活性酸素がないとレベルアップできない!

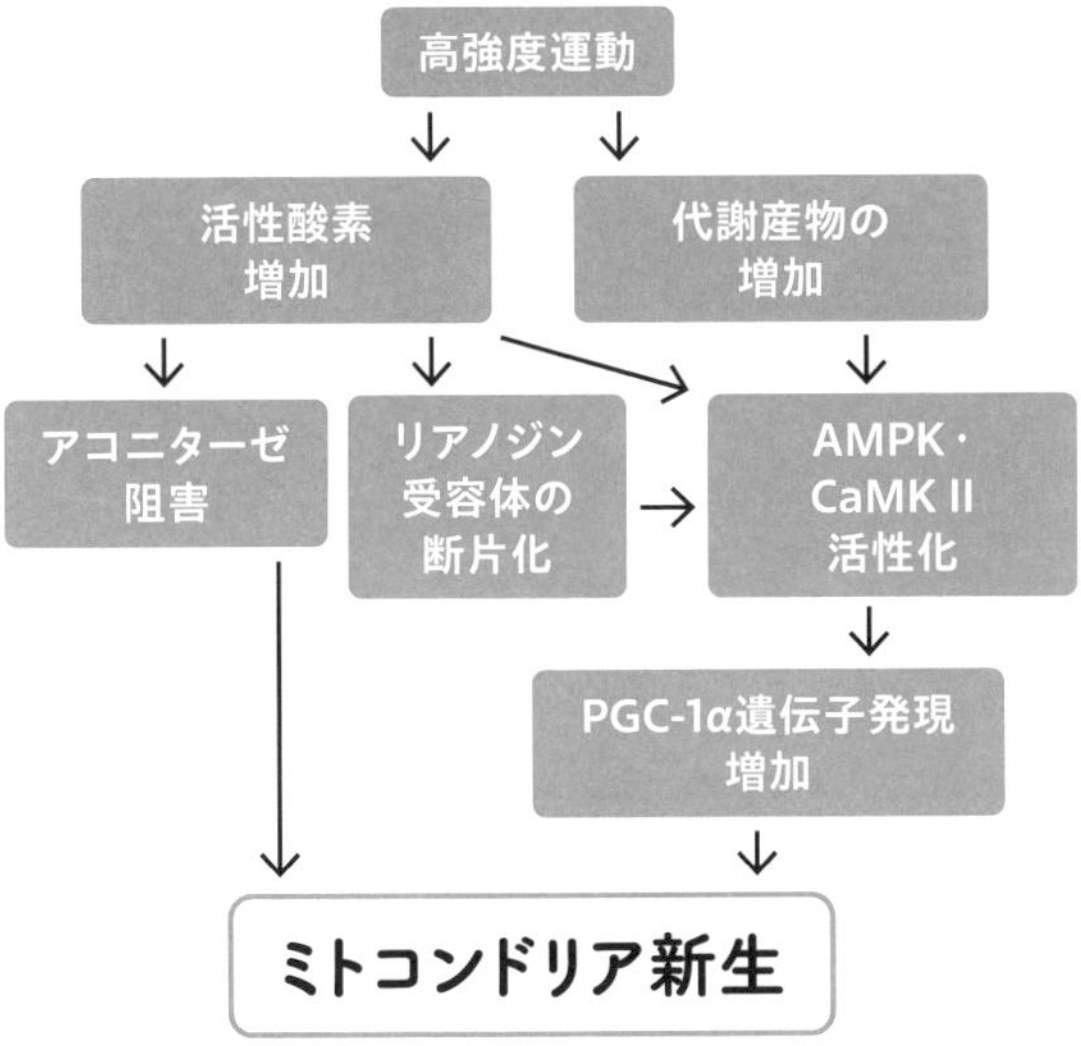

左の図は、低強度より高強度のトレーニングで、ミトコンドリア新生が大きく起こる推定上のメカニズムを示します。活性酸素は、有酸素系のクエン酸回路に関係するアコニターゼという酵素を阻害。一方、活性酸素が直接、さらにはリアノジン受容体の断片化を介して、酵素であるAMPKやCaMK IIを活性化し、PGC-1αの遺伝子発現を増加させます。これらの応答は、ミトコンドリア新生を起こします。実は、活性酸素が、結果的にミトコンドリアの数を上げることにつながっている可能性があるのです。

パフォーマンスにも活性酸素が影響する

右の図は、活性酸素・活性窒素のパフォーマンスやトレーニング適応への影響を表したもの。運動パフォーマンスやトレーニング適応は、活性酸素・活性窒素が少ない場合に向上しますが、増えすぎると低下します。活性酸素は少なすぎても多すぎてもダメということです。

活性酸素種・活性窒素種の影響

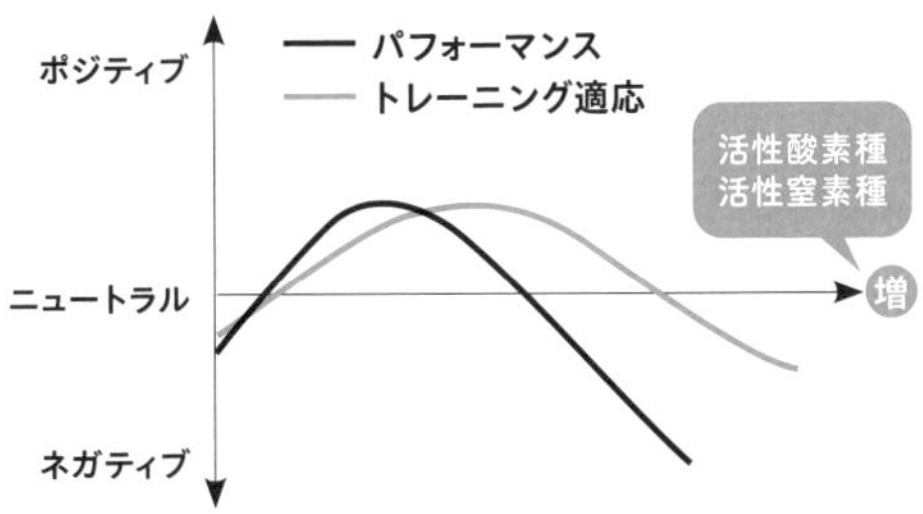

MacInnis and Gibala., J Physiol, 2017
Merry and Ristow., J Physiol, 2016

13

ラントレの効果

ランナーはなにを食べればいいの？

#栄養補給　#三大栄養素　#エネルギー代謝

トレーニングの目的や内容で調節する

ランナーは、エネルギー代謝を活性化させるためにも、三大栄養素はもちろん、ビタミンやミネラルなど、バランスよく食べることが大前提です。

そのなかで、特にランナーがよりよいトレーニングを行ううえで意識すべきことは、**炭水化物（糖質）のとり方**になってくるのではないでしょうか？

強度の高いトレーニングを長時間実施する場合は、解糖系の稼働を上げなければいけないので、そのエネルギー源となる糖質を多めに摂取する必要があります。一方、低強度のジョグだけの日などは、糖質を無理にたくさんとる必要はありません。

このように、**トレーニング強度に応じて、メリハリをつけて炭水化物の摂取量を調節する**ことで、高強度のトレーニングをしっかり行いつつ、過剰なカロリー摂取を防ぐことが可能となります。

また、**強度がそれほど高くないトレーニングの場合は、カラダに糖が十分にある状態だと、持久トレーニングの効果が低下する**という話もあります。

よりトレーニング効果を上げたい場合は、前日夕方の高強度トレーニングで筋グリコーゲンを枯渇させたうえで、夕食の糖質摂取を控え、翌日の早朝に中強度のトレーニングを行うとよいとされています。

つまり、ランナーが食事で意識すべきなのは、**トレーニングの内容と目的です。**

運動強度や時間、目的とする効果などを考慮して、メリハリをつけて糖質の摂取量を調節することが重要となります。

カラダのなか

バランスのよい食事は基本だが、目的によってメリハリをつける！

ランナーは「なにを食べるべきか？」という問題を先に考えるのではなく、「目的はなにか？」「どのような内容で行うのか？」というトレーニングの目的や強度によって、食事を調節することがポイント。高強度で追い込むラントレの場合と、低・中強度のラクなトレーニングでは、摂取すべき栄養素の割合も変わってきます。

トレーニングの目的と食事の考え方

中・高強度のキツいラントレ

糖質を多めに！

高強度のインターバルトレーニングなどを行う場合、やはり解糖系を活性化させ、有酸素系も糖質由来のエネルギー源でガンガン強度を上げていきたいところ。炭水化物の摂取目安は、中・高強度で1～3時間実施する場合は1日に体重1kg当たり6～10g、4～5時間の場合は8～12gとされています。

低・中強度のラクなトレーニング

糖質をほどほどに！

強度を上げる必要がないので、糖質はそれほど摂取する必要はありません。LSDなどの低強度トレーニングでは、1日に体重1kg当たり3～5g、60分程度の中強度トレーニングでは、5～7gでよいでしょう。夕方の高強度トレーニングで筋グリコーゲンを枯渇させ、かつ夕食で糖質制限を行い、翌朝に中強度トレーニングを実施すると、トレーニング効果が上がる可能性があるといわれています。

Thomas et al., Med Sci Sports Exerc, 2016

カラダのなか

ランナーは糖で走るべき！

運動時の有酸素系エネルギー代謝における材料は、糖質か脂質のいずれか。膨大な貯蔵量を持つ脂質を使ったほうが、グリコーゲンの枯渇を回避できるという考えから、有利ではないかと思われがちですが、実は高いスピードを維持しながら長く走るには、糖質を使って走るほうが効率やパフォーマンスがよくなるという話があります。

脂質代謝はマラソンに有利に思えるが……

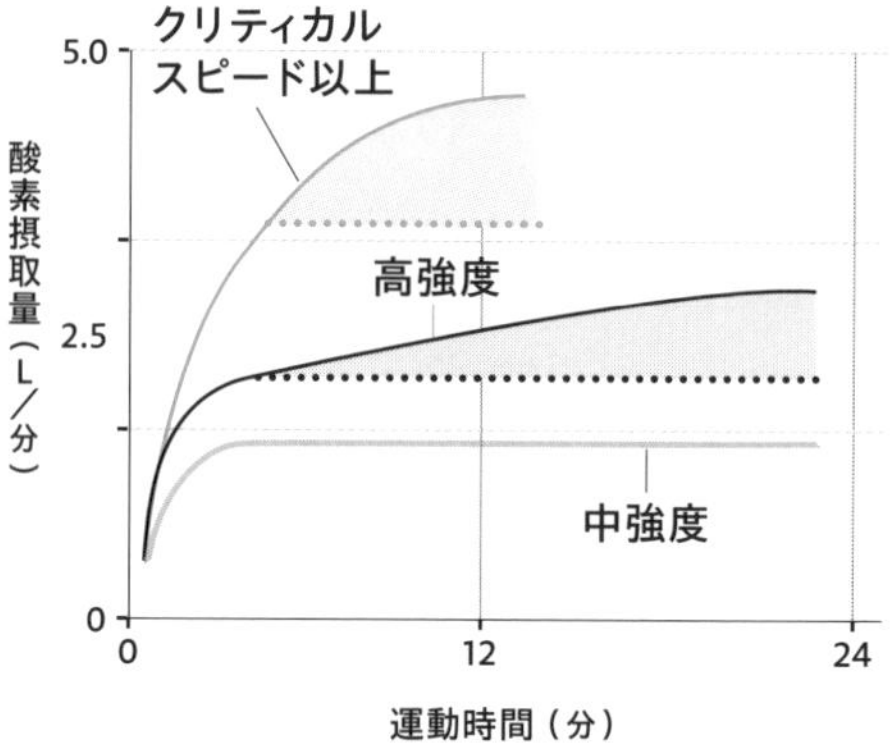

左の図は、運動時間と酸素摂取量の関係を表したもの。高強度以上の運動では、時間の経過とともに酸素摂取量が徐々に上昇します（効率が悪くなる）。疲労につながるこの現象を「酸素摂取量緩成分（ VO_2 スローコンポーネント）」といい、これをいかに抑えるかが高いパフォーマンス発揮のカギとなります。そして、酸素摂取量緩成分の原因のひとつと考えられるのが、脂質利用の増加であるとされています。

酸素1L当たりの産生エネルギーを比べると……？

より少ない酸素摂取量で走ることが持久運動パフォーマンスに重要となります。その観点でいうと、酸素1L当たりの産生エネルギーを糖質と脂質で比較した場合、糖質のほうが生み出すエネルギー量が大きいため、より少ない酸素で効率よく走ることができます。

エネルギー効率がよい！

糖質100% ⇒ 酸素1L当たりのエネルギー産生量 5.05 kcal

脂質100% ⇒ 酸素1L当たりのエネルギー産生量 4.69 kcal

#栄養補給 #VO_2スローコンポーネント #糖質 #脂質

Jones et al., Med Sci Sports Exerc, 2011

ランナーのカラダのなか・COLUMN

理論上は運動時間が長いほど 多くの糖をとったほうがよい！

強度が高い運動時に、時間経過とともに酸素摂取量が徐々に増える（非効率になる）「VO_2スローコンポーネント」という現象は、強度が高くなるほど大きくなり、最終的に酸素摂取量が最大酸素摂取量に達してしまうと、その強度での持続が極めて難しくなります。これを引き起こしている原因のひとつと考えられるのが、脂質利用の増加です。

マラソンにおいて、脂質を利用したほうが有利なように思えますが、酸素1L当たりのエネルギー産生量は糖質で大きくなるため、同じスピードで走る場合、より少ない酸素で済むことになります。実は脂質のほうが、有酸素運動においては非効率なのです。

特に高強度のスピードを維持し続けるエリートランナーなどは、いかに糖を使うかが運動効率を低下させない戦略として極めて重要です。マラソン中に糖をとって、それを酸化させてエネルギーとして使うことができれば、高い運動効率がキープできるため、パフォーマンスも上がります。運動中に摂取した糖を使ってエネルギーを生成できれば、筋グリコーゲンを温存できるため、筋グリコーゲンの節約という意味でも、糖をたくさん摂取したほうがよいです。

レベルが高いランナーほど、マラソン時の糖質摂取の効果は大きくなるといえるでしょう。

カラダのなか

話題になることが多い食事法や食品、サプリメントは有効なの？

三大栄養素をはじめとするベーシックな栄養補給とは別に、ランナーの間では特殊な効果のある食事法やサプリメントなどが話題になることも。今回はそのなかから、炭水化物の摂取を制限する食事法「ケトジェニック食」、サプリメント利用も一般的な「カフェイン」、さらに海外で話題の「硝酸塩」について解説します。

「ケトジェニック食」は持久力を低下させる

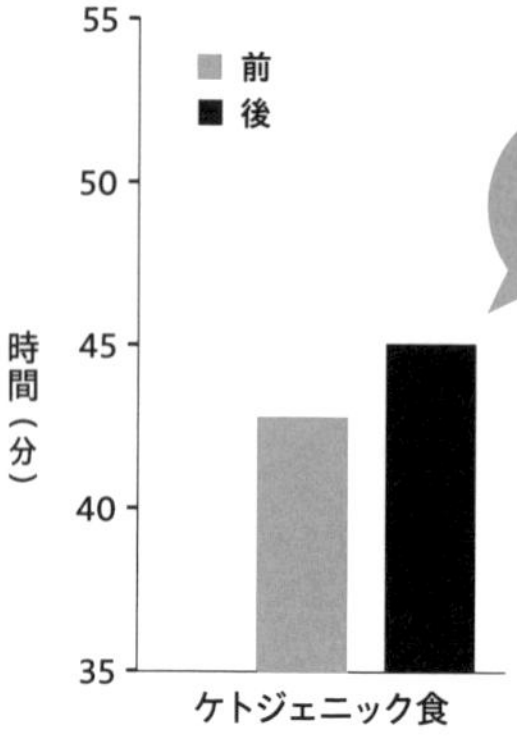

タンパク質と大量の脂質を摂取し、糖質の摂取を極端に避けるのがケトジェニック食。この食事法によって脂質代謝が活性化しますが、前述した通り、これは非効率。実際に5日間のケトジェニック食により、10000m競歩のタイムが低下したり、運動効率が悪くなったり、さらに運動をキツく感じたりするなど、ネガティブな影響が報告されています。

「カフェイン」は持久力をアップさせる

トップ選手も利用しているというカフェイン。実際、カフェインを摂取すると、持久パフォーマンスが 2～3％向上するというデータがあります。右の図は、カフェイン摂取量と運動強度85％ VO_2max での継続時間の関係を表したもの。3mg/kg 体重以上のカフェイン摂取で継続時間が延びています。そのほか、短時間高強度運動パフォーマンスが向上するという報告も。

85％ VO_2max でのランニング継続時間

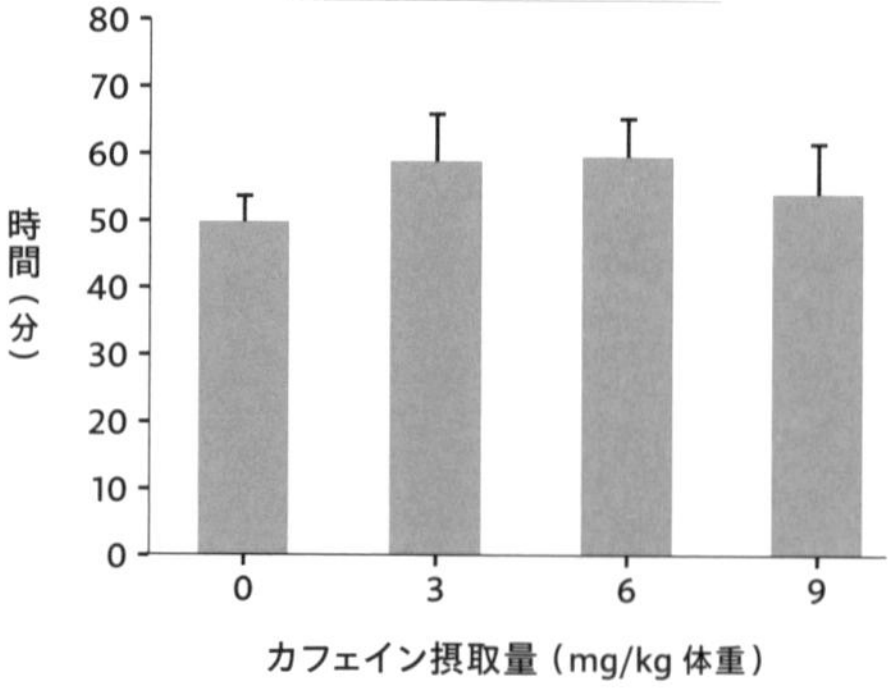

Whitfield et al., Med Sci Sports Exerc, 2021
Graham and Spriet., J Appl Physiol, 1995

持久パフォーマンスを高める「硝酸塩」

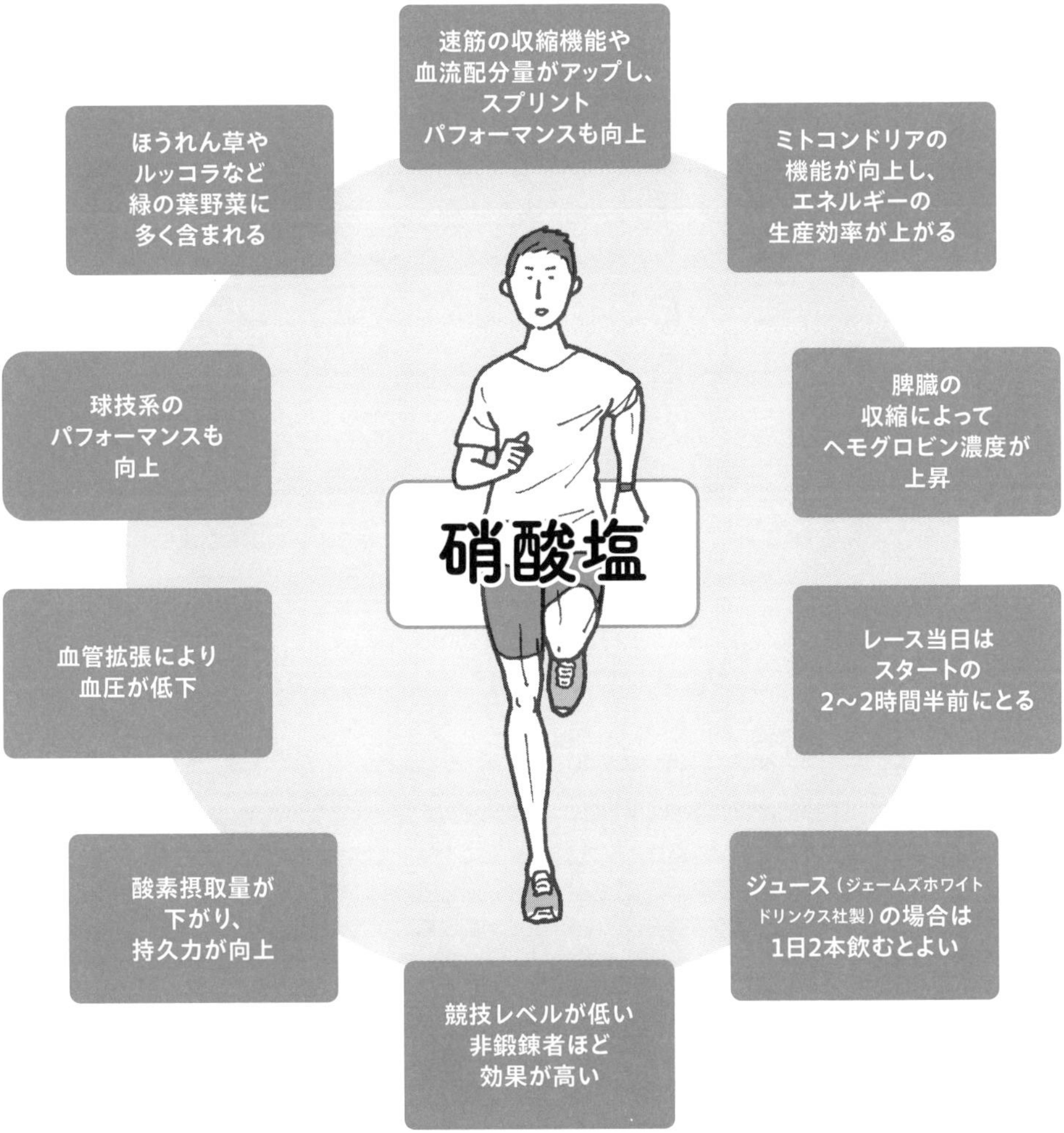
硝酸塩
速筋の収縮機能や血流配分量がアップし、スプリントパフォーマンスも向上
ミトコンドリアの機能が向上し、エネルギーの生産効率が上がる
脾臓の収縮によってヘモグロビン濃度が上昇
レース当日はスタートの2～2時間半前にとる
ジュース（ジェームズホワイトドリンクス社製）の場合は1日2本飲むとよい
競技レベルが低い非鍛錬者ほど効果が高い
酸素摂取量が下がり、持久力が向上
血管拡張により血圧が低下
球技系のパフォーマンスも向上
ほうれん草やルッコラなど緑の葉野菜に多く含まれる

健康への影響に関する議論

海外では広く利用されている硝酸塩ですが、一部では健康に関する議論も。体内で亜硝酸塩に変化すると、メトヘモグロビン血症や発がん性物質であるニトロソ化合物の生成に関与する恐れがあるという話も。しかし、硝酸塩の摂取と発がんリスクとの関連については、十分な証拠が示されていないのが現状です。

ラントレの効果

14 暑さでうまく走れない……夏のラントレの正解は？

#暑熱順化　#深部体温　#クーリング

カラダを暑さに適応させる暑熱順化《しょねつじゅんか》

マラソンのベストシーズンは、秋冬。**暑い季節になると、パフォーマンスが落ちて、質の高いトレーニングができずに悩んでしまう**ランナーも少なくありません。

暑さに対応するには、どうしたらよいのでしょう？

実は、**暑さにカラダを適応させる「暑熱順化」**というアプローチがあります。しかも**わずか1週間という短い期間でも暑熱順化が十分に起こる**ということは、あまり知られていないと思います。

暑熱順化とは、簡単にいえば、カラダが暑さに慣れて暑熱ストレスの負担が軽くなる現象のこと。人工的な環境下において自発的にカラダを適応させる**「暑熱順化」**と、季節や気候の変化で自然にカラダが適応する**「暑熱馴化《じゅんか》」**の2種類があります。

米国陸軍の研究所が実施した、49℃の環境下で１００分間行進する実験では、初日は70分過ぎに全員脱落しましたが、7日目にはひとりを除いて全員が完歩したそうです。これは、**暑熱順化（暑熱下での歩行訓練）によって運動パフォーマンスが向上**したことを示しています。

一般的に暑熱下で運動をすると、深部体温が大きく上昇し、最終的には動けなくなります。しかし、暑熱順化を行うことで、**発汗や皮膚血流などの熱放散反応が向上したり、深部体温や心拍数が低下**したりするなど、暑さに対する耐性が上がってきます。

このほかにも、**血液量の増加、汗に含まれるナトリウム量の減少、酸素摂取量の低下（運動効率の向上）**など、ランナーにとって有利な適応がいろいろと起こります。

カラダのなか

暑さにカラダを適応させる「暑熱順化」でパフォーマンスUP！

夏の暑さに弱く、パフォーマンスの低下に悩んでいるランナーには、「暑熱順化」のトレーニングがおすすめ。暑熱順化によって、比較的短期間であってもランナーにとって有利な適応がいろいろと起こります。基本的には、暑熱状態のなかにカラダを投じて、ほどよく深部体温を上げるのが基本。徐々にカラダが暑さに適応していきます。しかし、順化を目的として、体温を上げすぎると、熱中症を起こしてしまうので、決して無理をしないように。運動しながら順化を進める場合は、低～中強度で。

1週間ほどの暑熱順化で効果は表れる！

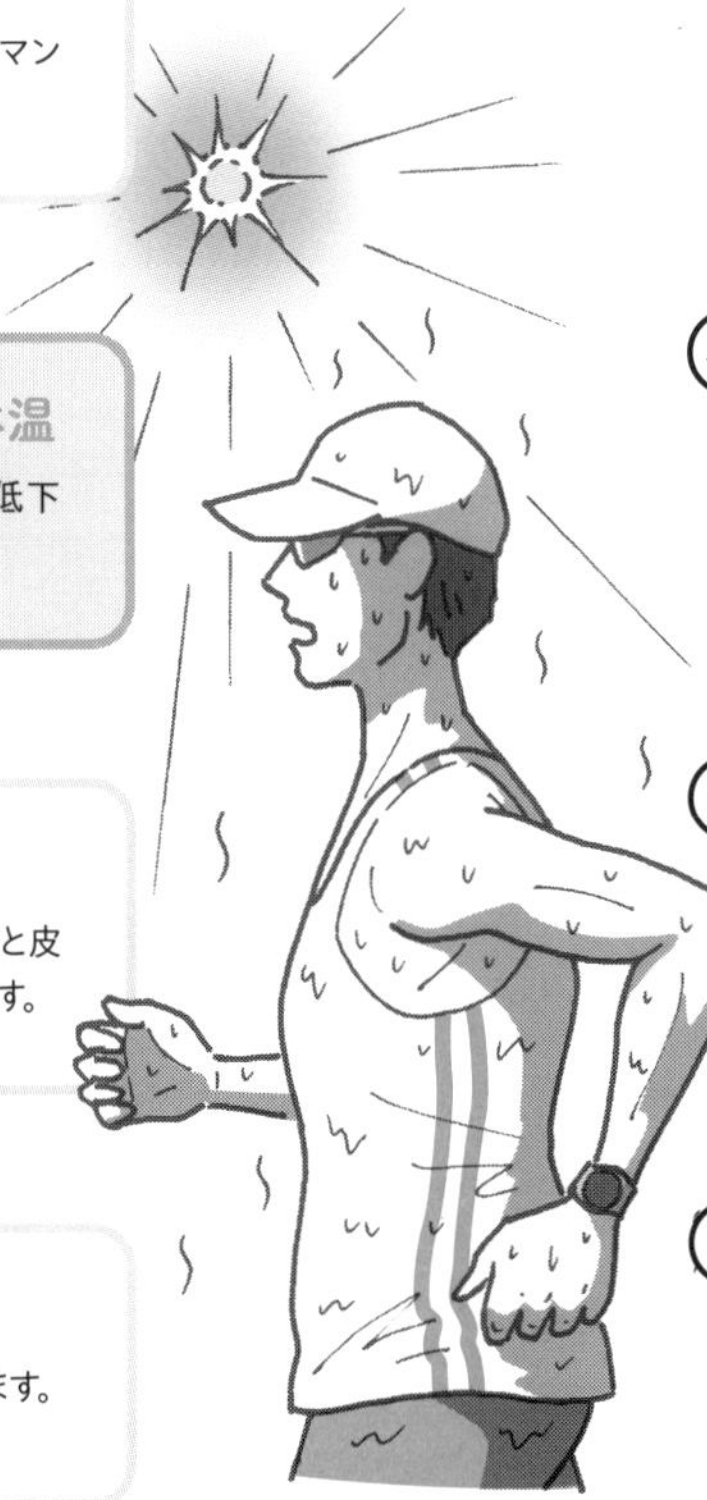

↑ **長時間運動**
長時間運動のパフォーマンスが向上します。

↓ **運動時酸素摂取量**
運動時の酸素摂取量が低下。運動効率が向上します。

↓ **心拍数・深部体温**
深部体温や心拍数が低下します。

↓ **汗のナトリウム濃度**
汗に含まれるナトリウム量が減り、体外への過剰なナトリウム放出を抑制。

↑ **熱放散**
熱放散反応である発汗と皮膚血管拡張が向上します。

↑ **脳血流量**
体温上昇時は脳血流が低下しますが、その応答が緩和されます。

↑ **血液量**
血液（血漿）量が増えます。

↑ **温度感覚**
温度感覚が修正され、必要以上に暑いと感じにくくなる可能性も。

カラダの なか

暑熱順化のトレーニングはなにをすればいい？

「暑熱順化」の適応を起こすには、具体的にどのような方法でトレーニングを行えばよいのでしょう？ 基本的には、暑熱下で運動したり、お風呂やサウナに入ったりします。いくつかの方法を紹介しますので、自分に合う（できる）方法を試してみましょう。最初は無理せず、30分くらいから始めてもOK。慣れてきたら徐々に時間を延ばしていきましょう。毎日実施しなくてもよいですが、可能であれば、連日実施するとより効果があるようです。

有効とされる主な暑熱順化トレーニング

暑熱下の運動

暑熱下の運動が最も効果のある方法です。室温をコントロールできる環境であれば、気温35～40℃、湿度40～80％、運動強度50～60％VO_2 maxで30～120分の運動を行います。目標の深部体温は38.5℃くらい。休憩を入れ、気温や湿度、強度を調節してもOK。自然環境下で行うなら、初夏の段階で暑熱順化を目的に、強度や時間を設定して無理なく走ってみましょう。

温浴法

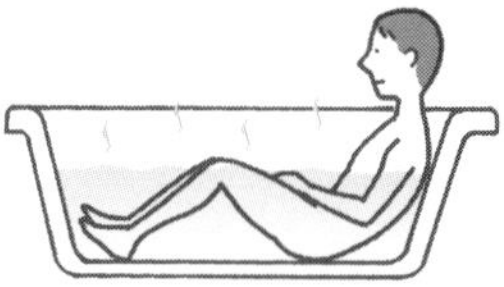

40℃くらいのお湯を浴槽に張って浸かる方法です。最初の25～30分間は肩までお湯に浸かって、深部体温を38.5℃くらいまで急速に上昇させます。その後、余裕があれば30～90分、腰までの半身浴に切り替え、深部体温を38.5℃付近で維持します。合計30～120分の温浴で暑熱順化を図ります。このほか、サウナ（休息を含む30～120分）も有効です。

運動後温浴法

温浴法に運動を加えた方法です。涼しい環境で運動やトレーニング（通常のラントレでもOK）を行い、その後できるだけ早く（深部体温が運動で上昇した状態のまま）温浴に移行します。40℃くらいのお湯を浴槽に張り、肩まで浸かって深部体温を38.5℃付近で維持。これを10～40分ほど継続します。

#暑熱順化 #深部体温 #クーリング

Brunt et al., J Physiol, 2016
Heathcote et al., Front Physiol, 2018　McIntyre et a., Am J Physiol Regul Integr Comp Physiol, 2022

カラダのなか

深部体温を下げるための「クーリング」も有効な対策！

暑熱対策として、カラダを暑さに適応させる暑熱順化のアプローチ以外に、カラダを冷やす「クーリング」という方法もあります。運動前や運動中、運動後でそれぞれできることは変わってきますが、なにも対策しないよりは、効果が期待できます。

運動の前・中・後のクーリングで対策

運動前

運動前であれば、クーリングの方法としてできることが多くなります。一番効果が高いのは「アイスバス（冷水浸水）」です。水温10～25℃の冷水に、10～30分浸かります。18℃の水に胸まで25分間浸かった場合、深部体温が0.8℃下がったという報告も。ただし、活動筋の温度が低下しすぎると、高強度短時間運動のパフォーマンスが低下します。スタートから大きな力を発揮する必要のない競技でおすすめ。

運動中

運動中にできることは限られるうえ、深部体温を下げる効果はほとんど期待できません。そのため、運動中にできることは皮膚温を下げるか、感覚を改善するかになります。皮膚温を下げるのに有効なのはネッククーラーやアイスパック。アイススラリーや冷水の摂取も、水分補給と兼ねて行うとよいでしょう。メントールの塗布も感覚改善の効果を狙っています。

運動後

運動後にアイスバス（冷水浸水）などで冷やすことで、深部体温を速やかに下げ、暑熱ストレスを素早く緩和します。また、筋肉痛や主観的運動強度（運動をキツく感じる）の低下をもたらし、炎症反応の抑制にも効果がある可能性があります。しかし、筋トレなどを行った後に水風呂に入ると、筋トレの効果が低下してしまうため、避けたほうがよいといわれています。

Bongers et al., Temperature, 2017
Tsuji et al., J Appl Physiol, 2012

15

ラントレの効果

2％の脱水でパフォーマンスが低下!? 水分補給の正解とは？

#脱水　#水分補給　#ナトリウム　#バソプレシン

カラダを素通りさせないことが大事

高強度の運動を行うと、深部体温が上昇します。深部体温の上昇を抑えるための熱放散反応として、人間は発汗し、結果として体内の水分がどんどん失われていきます。

発汗による**脱水が体重の2％以上になると、運動パフォーマンスが低下する**可能性があるとされています。それはなぜでしょうか？

大きな理由としては、運動時に脱水すると、深部体温が大きく上昇し、オーバーヒートしやすくなることが挙げられます。そこで、**暑熱下運動中の水分補給をいかに効率的に行うかが重要なテーマ**になってきます。

では、単純に水を飲めばよいのかというと、そうではありません。せっかく飲水しても、小腸から吸収した水が、尿として排泄されてしまっては、水分はカラダを素通りするだけ。それでは、水分補給の意味がありません。

飲水した水分を体内に残すために重要なのが、飲料の**ナトリウム濃度**。摂取する水分の**ナトリウム濃度が高いほど、飲水した後の血液（血漿）量が増え、尿量が減り、体内に留まる水分が多くなります**。

この応答には、**バソプレシンという抗利尿ホルモンが関係**しています。水を飲むと、小腸から吸収されて血管内に入りますが、その影響で血液が薄まり浸透圧が低下。すると、**バソプレシンの分泌が抑制され、利尿作用を抑える効果が低下**して尿量が増えます。これを回避するのがナトリウム。適度のナトリウムを含んだ飲料を摂取すると、浸透圧の低下が避けられ、尿量が増えることなく、摂取した水分が体内に留まるようになります。

カラダのなか

脱水によるパフォーマンスの低下や深部体温の上昇を抑える！

適切に水分補給をしないと、脱水が進んでパフォーマンスが低下してしまいます。脱水状態になると、体内の水分を外に逃さないよう汗が少なくなります。すると、放熱量が低下するため、深部体温がどんどん上昇。オーバーヒートを起こし、運動が継続できなくなるばかりか、熱中症を起こすリスクも高まります。

脱水が2％以上になると持久運動パフォーマンスが低下

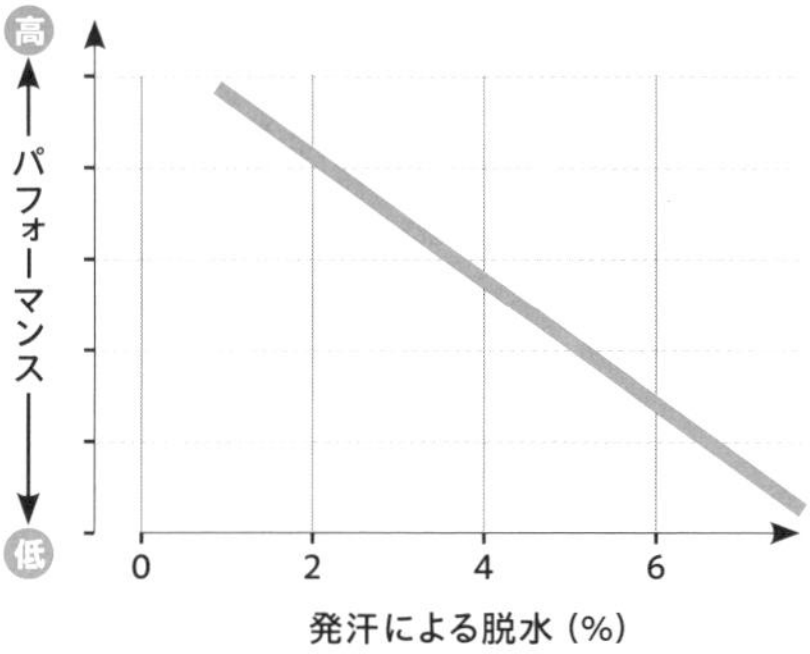

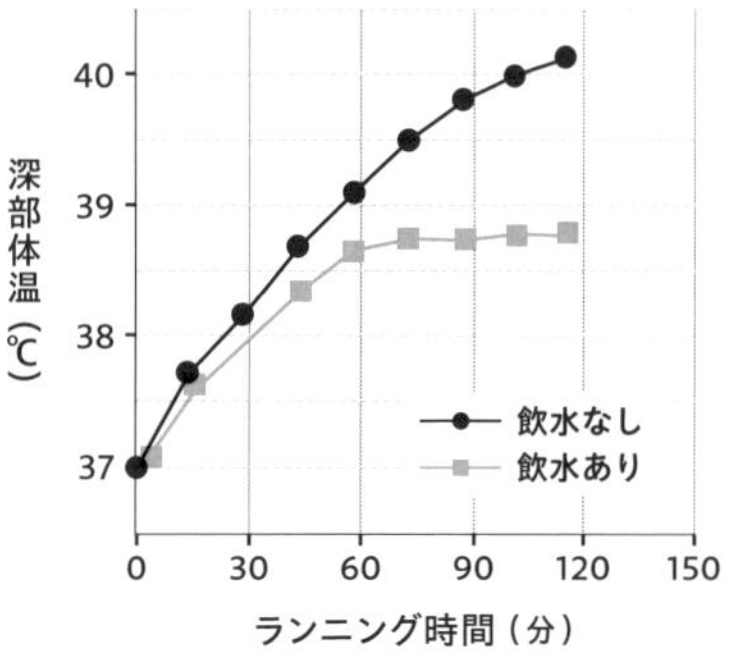

右上の図は、運動（ランニング）時間と深部体温の関係を水分補給の有無で比較したもの。水分補給した場合は、一定のレベルで深部体温が安定しますが、飲水しない場合は、深部体温が上昇し続けてしまいます。左上の図は、脱水とパフォーマンスの関係をイメージ化したものですが、脱水が２％以上になると持久運動パフォーマンスが低下し、この影響は特に暑熱下で大きくなるとされています。

脱水からの回復には失った水分の150％が必要！

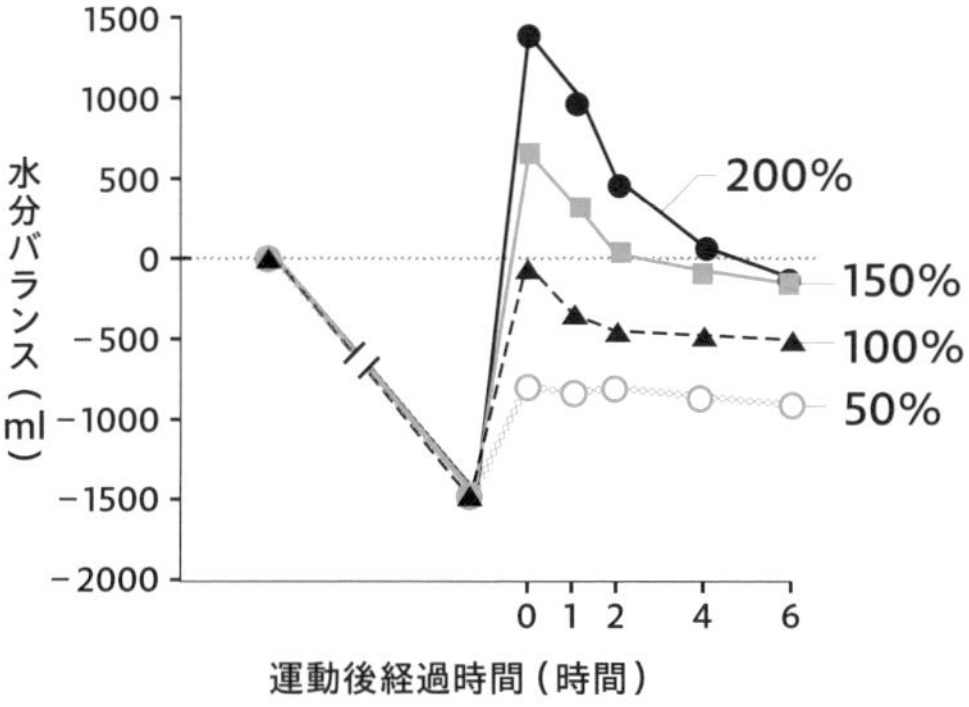

運動後の脱水から回復するために水分を補給しますが、運動前の状態まで回復するには、失った水分（体重減少）の150％以上を摂取する必要があるとされています（ナトリウム濃度23mmol/Lの場合）。左の図は、飲んだ量から汗と尿量を引いた水分バランスを示したものですが、失った量の150％以上を摂取した場合、運動前の値（左図の０）付近か、それ以上になっています。

Costill et al., Arch Environ Health, 1970
Shirreffs et al., Med Sci Sports Exerc, 1996

カラダのなか

飲んだ水分をいかに体内に残すか？ ナトリウムと糖がカギを握る！

水分を補給しても、それが体内に残らなければ、脱水を解消したことにはなりません。摂取した水分がそのまま尿として排泄されると、体内を素通りしただけ。水分を体内に吸収し、しっかりカラダの水分として留まらせるためのカギを握るのは、ナトリウムと糖の濃度です。これらが、吸収効率や尿量に大きく影響するのです。

ナトリウムが濃いほど水分はカラダに残る！

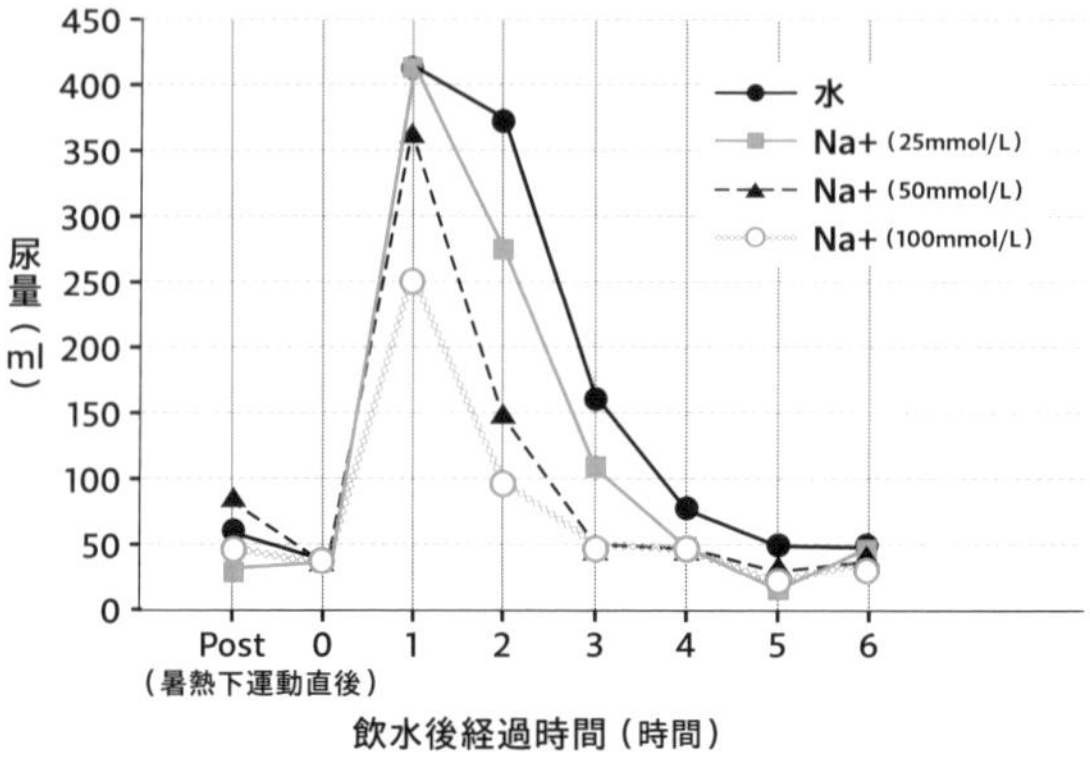

※データは中央値

左の図は、暑熱下運動後に飲水を行った場合の尿量の経時変化を表したもの。水とナトリウム濃度が異なる３種の飲料で比較しています。ナトリウム濃度が高くなるほど、飲水後の尿量が少なくなっています。尿量が減少するほど、飲んだ水がカラダに残ったということ。飲料のナトリウム濃度が保水に重要であることがわかります。

#水分補給 #ナトリウム #バソプレシン #糖濃度

「バソプレシン」が尿量を抑える！

抗利尿ホルモンであるバソプレシンは、血液の浸透圧が高くなると分泌され、尿量を抑える働きがあります。水を飲んで血液の浸透圧が低くなると、バソプレシンの血中濃度が低下し、尿量が増えます。運動後は水ではなく、ナトリウム飲料を摂取すると、血液の浸透圧が大きく低下しないため、尿量を抑えることができます。

Shirreffs and Maughan., Am J Physiol, 1998

糖が濃いほど吸収スピードは遅くなる!

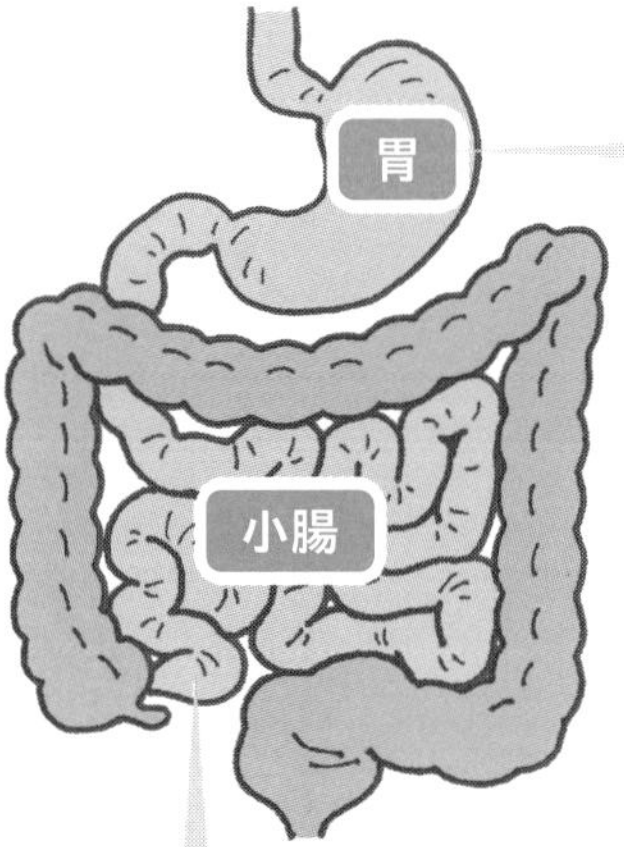

**糖濃度が高いほど
胃の通過時間が遅くなる!**

⇓

胃の滞在時間が長い = 吸収が遅い

主に小腸で吸収!

水の大部分は小腸で吸収されるため、水を素早く吸収するには、胃に滞在する時間を短くし、できるだけ早く小腸に送る必要があります。しかし、糖が含まれる飲料の場合、糖の濃度が６%くらいまでであれば、胃排出速度は水とあまり変わりませんが、それ以上は濃度依存で胃排出が遅くなるようです。

糖がナトリウムと水の吸収を促進する!

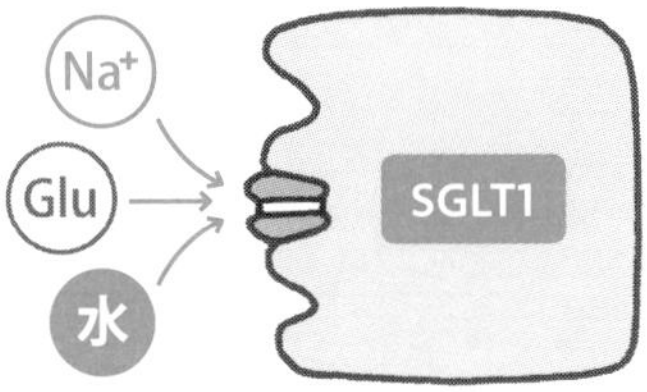

濃度が高すぎると胃の通過時間が遅くなるというデメリットはありますが、糖には小腸でのナトリウムと水の吸収を促進するメリットがあります。腸の粘膜組織にナトリウム・グルコース共輸送体（SGLT１）という通り道があり、ナトリウム飲料に糖が含まれていると、吸収速度がさらにアップします。

糖が濃いほど体内に水分が残りやすい!

ナトリウムと同様に、飲料の糖濃度が高いほど尿量が減少し、長時間の体内水分の保持に適しています。このことは、上述のように胃の排出速度が低下することで、ゆっくりとした水分の吸収につながり、急激な血液の浸透圧の低下を抑えるためであると考えられます。また、糖が腎臓でのナトリウムの再吸収をうながすことで、血漿量が維持される可能性も示唆されています。

ラントレの効果

16

スポーツドリンクが水分補給に適しているのはなぜ？

#スポーツドリンク　#水分補給　#糖濃度　#ナトリウム

素早く吸収し、体内に残りやすい

水分摂取に、スポーツドリンクを飲んでいるランナーが多いと思います。たしかに**スポーツドリンクは、水分摂取に適するように調整された飲料**です。すなわち、**「素早く吸収し、体内に残る」**ように**ナトリウムや糖の濃度が、細かく設定されている**のです。

前述したように、**ナトリウムを含む飲料を飲むことで体水分を保持**します。夜にラーメンを食べると、翌日にむくんでしまうのは、主にナトリウムの影響によるものと考えられます。それだけナトリウムの保水効果が高いといえます。

また、前述したように糖が含まれることで、小腸でのナトリウムや水の吸収が促進され、飲水後の血漿量も素早く増加するため、**糖の濃度も大切**です。

しかし、**糖濃度が6％くらいになると、胃の通過時間が遅くなる**というデメリットがあります。6％くらいから糖濃度が上がれば上がるほど、胃を通過する時間が遅くなり、それだけ小腸での吸収が遅れます。とはいえ、糖のほうがエネルギー効率が高いという観点（P75）からも、レベルの高いランナーが高強度で長時間運動する場合には、運動時の糖の補給を欠かすことはできません。

左ページの図は、糖や脂肪を含む食品における胃の滞在時間を表したもの。このデータから糖濃度5％程度であれば、水と同じくらいの時間で胃を通過することがわかります。スポーツドリンクの糖濃度は5～6％。つまり、**胃の通過時間に影響しないギリギリの濃度**を狙っており、ナトリウムも含まれ、吸収も早く、体内に水分を残しやすいベストな濃度に設定されている飲料なのです。

カラダのなか

水分を体内に残しながら、吸収スピードも速い！

水分摂取で重要なのは、カラダのなかに水分を保持すること、そして、摂取したらすぐに吸収できることです。このために必要なのは、ナトリウムと糖を含むこと。しかし、糖は、濃度が濃すぎると、胃の通過時間の影響で、吸収が遅くなります。スポーツドリンクは、このデメリットが起こらないように糖濃度が設定されています。

6％程度の糖濃度なら吸収は速い！

胃の滞在時間

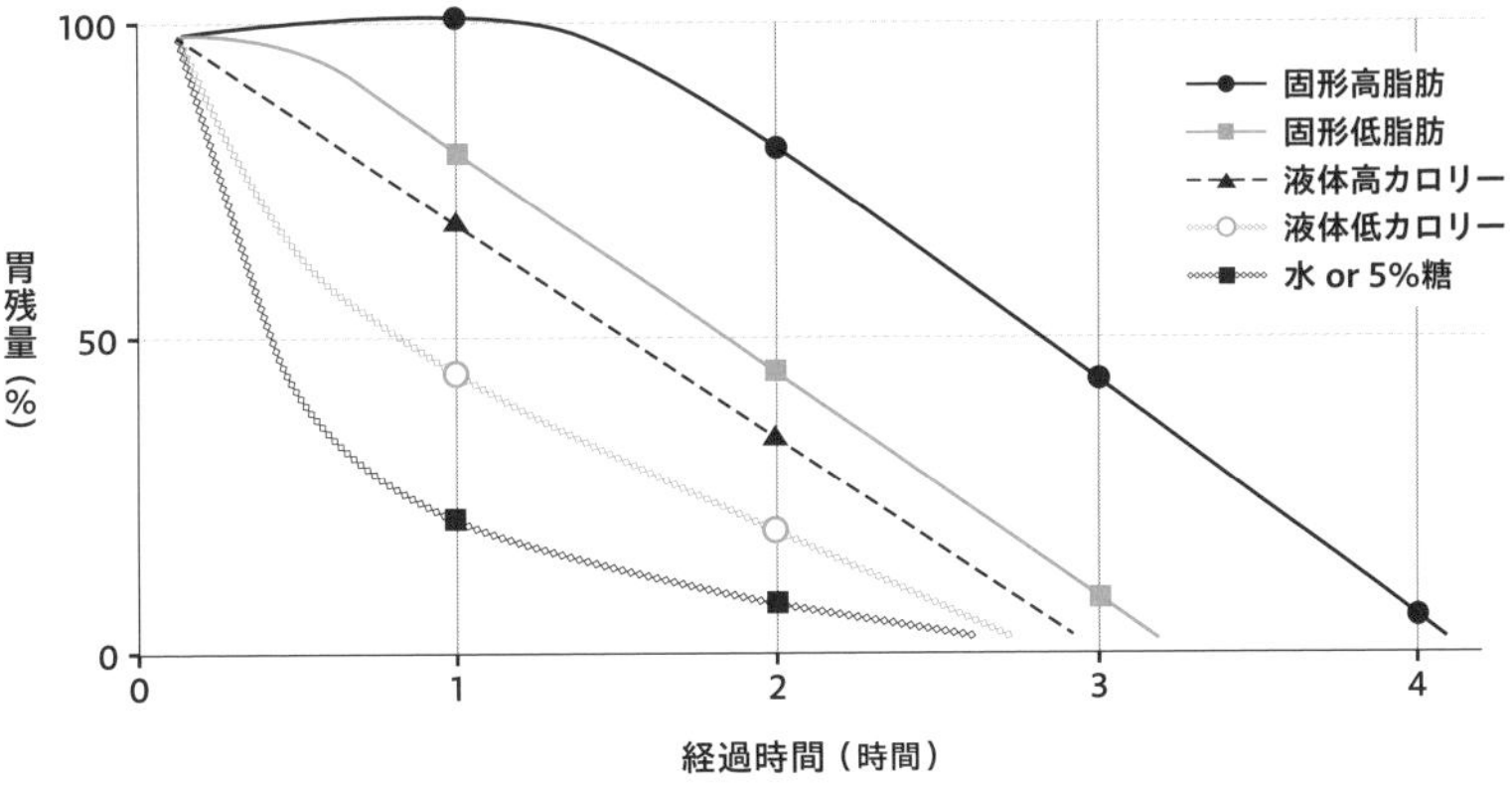

スポーツドリンク

糖濃度
5〜6%

コーラ

糖濃度
約11%

上の図は、糖や脂肪を含む液体･固形物の胃の滞在時間を表したもの。糖濃度５%の飲料なら、水と同じくらいの滞在時間になり、比較的素早く小腸に移動します。主な飲料の糖濃度を見てみると、オレンジジュースやコーラといった甘い飲料は約11%で、カロリーも高いので、胃の通過時間は遅めに。一方、スポーツドリンクは約５〜６%。水と同じくらいの速度で小腸に移動でき、吸収速度は速いといえます。

Vella and Camilleri., Diabetes, 2017
Camilleri and Shin., Dig Dis Sci, 2013

ラントレの効果

17 長すぎは禁物！ ウォーミングアップの正解は？

#ウォーミングアップ　#筋温　#パワー

筋肉は熱しやすく冷めやすい

ウォーミングアップは、どれくらいやるのが正解なのでしょうか？　見ていると、**「やりすぎではなかろうか？　逆に疲れてパフォーマンスが落ちるのでは？」**と、感じてしまうことも少なくありません。一般的にウォーミングアップは、**運動強度と時間、主運動までの休息時間**という3つの要素で決まってきます。短距離種目か中・長距離種目か、競技の内容によって、スタート時の強度（速度）が変わってくるため、これら3つの設定は微妙に変わってきます。そもそも、**ウォーミングアップの主な目的のひとつは、筋の温度（筋温）を上げること**にあります。競技前に筋温を上げることにより、**短時間高強度運動パフォーマンスの向上**が見込め、短距離種目ならスタート直後から最大のパフォーマンスが引き出せるようになります。

800m走や1500m走などは、短距離ほどではないにしろ、スタート前の筋温の上昇がパフォーマンスに影響する可能性が考えられます。一方、マラソンのような長距離種目は、スタートから全力で走ることはないので、そこまでウォーミングアップによる準備は必要ないのかもしれません。

筋は、熱しやすく冷めやすい性質を持っています。実は、**10〜20分の一定負荷運動で筋温は上昇して頭打ち**になり、**運動を停止すると、1分ごとに約0.1℃下がるといわれています**。そのため、短時間にある程度の運動強度で筋温を高め、短めの休息を挟んでスタートするのが好ましいと推測されます。**特に持久運動パフォーマンスに関しては、ウォーミングアップが長すぎると、逆にパフォーマンスの低下を招く**という報告もあります。

カラダのなか

ウォーミングアップの効果は3つの要因で決まる！

ウォーミングアップ効果は、運動強度と時間、主運動までの休息時間という3つの要素で決まり、競技の内容によって設定が変わってきます。ウォーミングアップの主な目的は筋温の上昇にあり、特に瞬発系の競技においてはパフォーマンスへの影響が大きくなります。疲れさせない程度に強度を上げて短時間のウォーミングアップで筋温を上げることが重要です。以下の、Bishopのウォーミングアップに関する記述を見てみましょう。

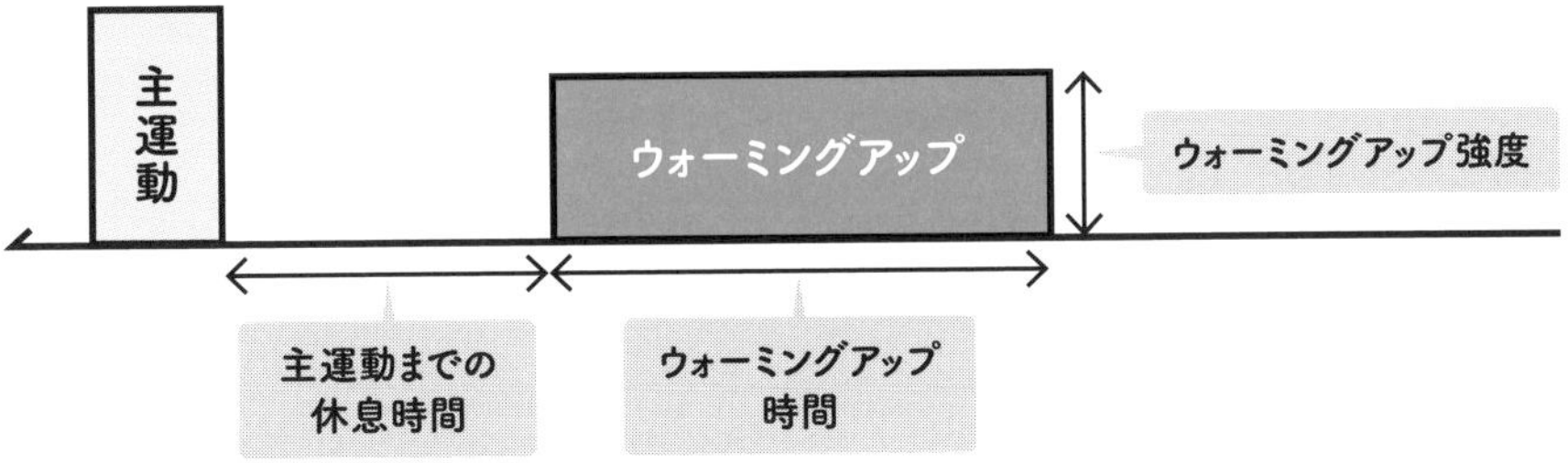

高強度短時間運動のウォーミングアップ

ウォーミングアップ強度

中強度
（40～60% VO_2max）

ウォーミングアップ時間

5～10分

主運動までの休息時間

約5分

中・長時間運動のウォーミングアップ

ウォーミングアップ強度

中・高強度
（60～70% VO_2max）

ウォーミングアップ時間

5～10分

主運動までの休息時間

5分以下

短距離走のような高強度短時間運動の場合は、40～60% VO_2max の強度で、中・長時間運動の場合は、60～70% VO_2max の強度で5～10分程度の短時間で行うことで準備が整います。ある程度の強度で呼吸循環応答を上げ、酸素摂取量を運動開始から素早く立ち上げるのが理想。中・長時間運動の場合、ウォーミングアップ後5分以内にスタートできるよう時間を調整します。

Bishop., Sports Med, 2003

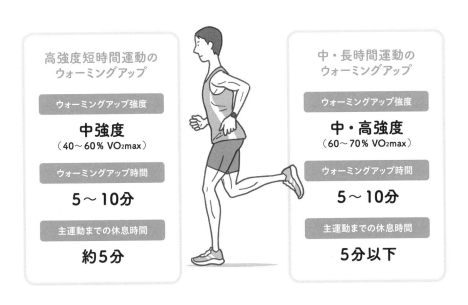

カラダのなか

大事なのは筋の温度を上げ、スタート前に下げないこと！

筋肉は熱しやすく冷めやすい性質を持っています。10〜20分の運動で筋温の上昇は頭打ちになるため、それ以上やる必要はありません。高強度短時間種目で重要なのは、上げた筋温を下げずにスタートすることです。筋温は1分ごとに約0.1℃低下するといわれ、ウォーミングアップ後、5分以内に主運動を開始しないと、筋温上昇の効果が減少してしまいます。

筋温は10分くらいで上昇するが、低下も早い！

筋温は10〜20分で一定に

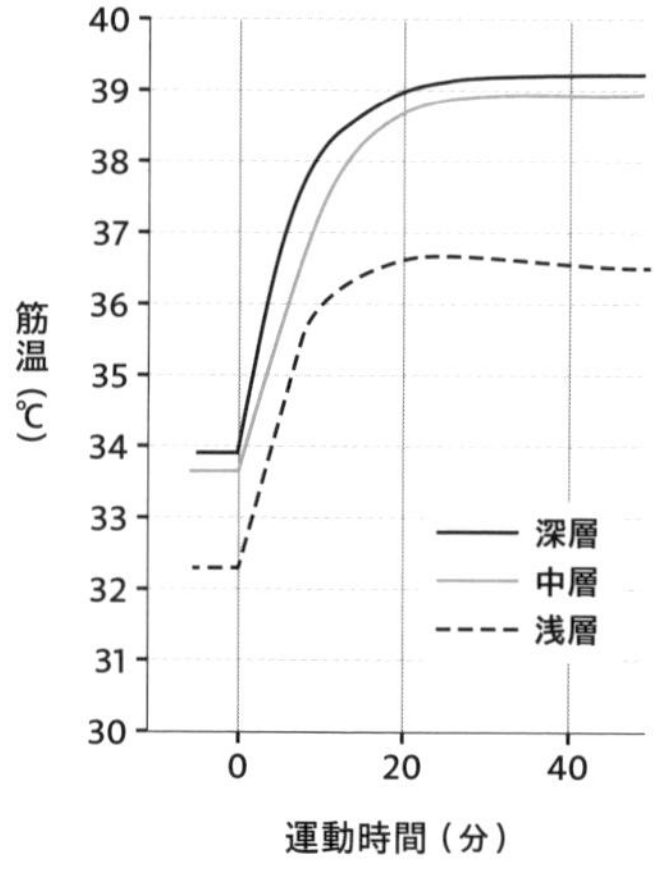

筋温は1分ごとに約0.1℃低下

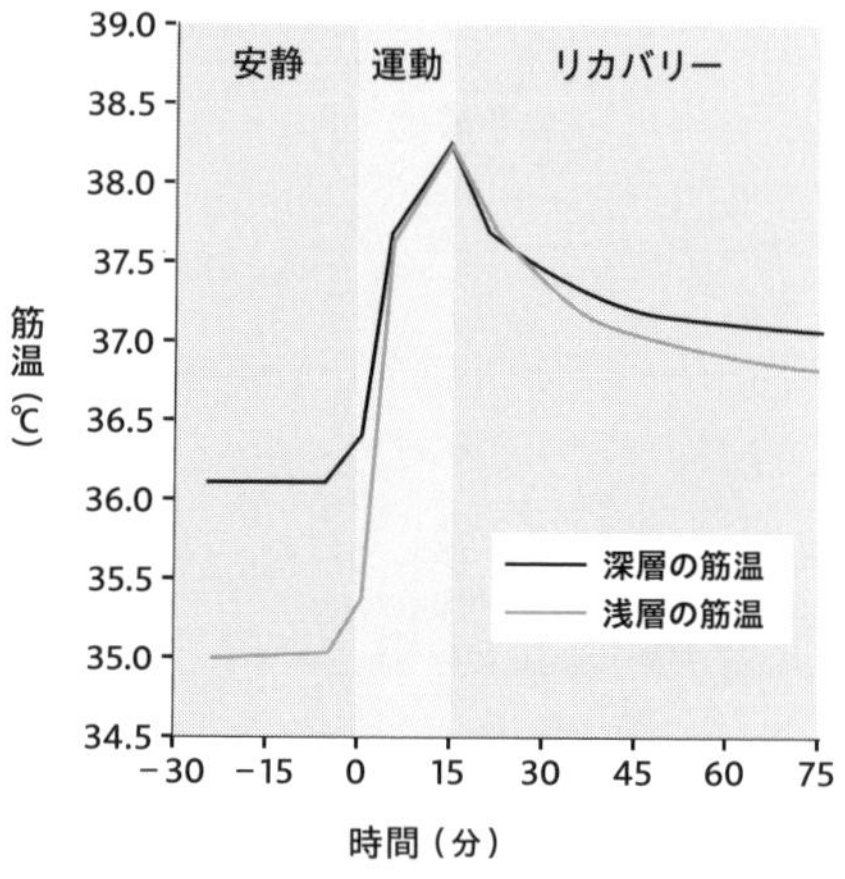

・筋温上昇による効果

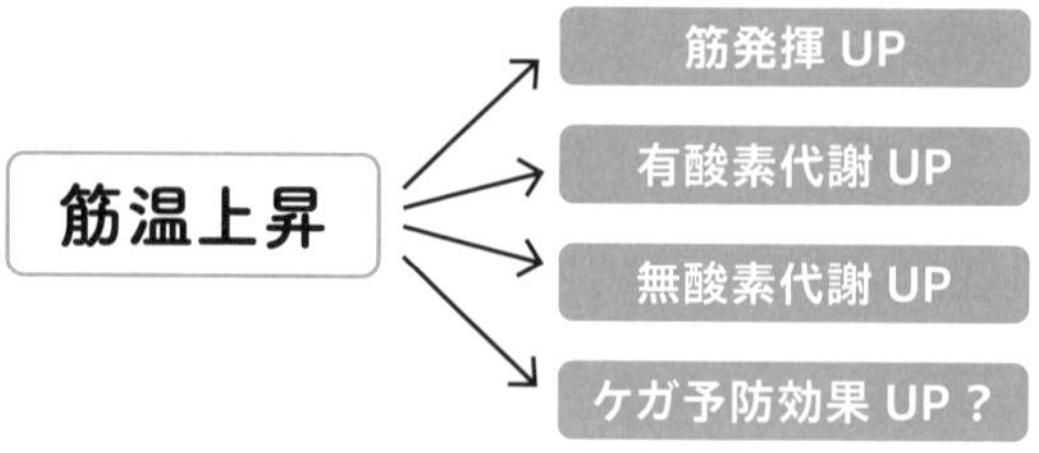

上の図は、どちらも運動による筋温上昇と時間経過を表したもの。10〜20分あれば筋温は十分に上昇し（左上の図）、運動を停止すると急速に筋温が低下することがわかります（右上の図）。筋温が上がると、筋力や有酸素・無酸素代謝などが向上します。ケガ予防にも役立つとされていますが、これについてはハッキリとしないようです。

#ウォーミングアップ　#筋温　#深部体温

Saltin et al., J Appl Physiol, 1968　Kenny et al., J Appl Physiol, 2003
Kapnia et al., Res Q Exerc Sport, 2022

ウォーミングアップでパフォーマンスが低下するリスクも!

・やりすぎがパワー低下を招く!

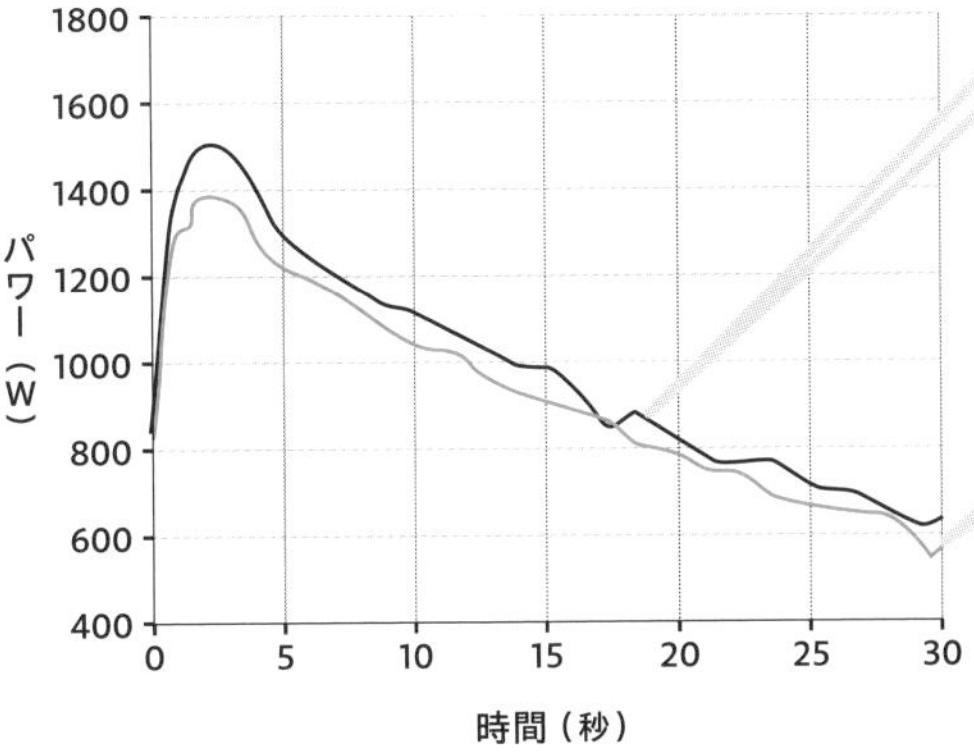

短いウォーミングアップ
(15分)

❶ 約15分の漸増負荷運動
(60～70%最大心拍数)

❷ スプリント1回

従来のウォーミングアップ
(50分以上)

❶ 20分の漸増負荷運動
(60～95%最大心拍数)

❷ スプリント4回

上の図は、30秒全力自転車運動のパワーのデータ。従来のウォーミングアップ(50分以上)と、短いウォーミングアップ(約15分)を実施した場合、明らかに従来型のウォーミングアップでパフォーマンス(パワー)が低下しています。高強度短時間の競技であっても、ウォーミングアップで追い込みすぎると、よい成績を残せないこともあります。

・深部体温の上昇でパフォーマンスが低下

※右下の図は、暑熱下での長時間運動を、運動前にカラダを温めるプレヒーティング、逆に冷却を行うプレクーリング、なにもしないコントロール条件で行った場合の深部体温の変化を示します。いずれの条件でも、深部体温が40℃付近に到達すると、運動遂行が困難になることが示されています。

ウォーミングアップのやりすぎで、深部体温が上昇した状態でスタートすると、早めに限界レベルとされる40℃付近に達してしまい、運動の継続が難しくなります。暑熱下長時間運動前のウォーミングアップは最小限にすべきでしょう。

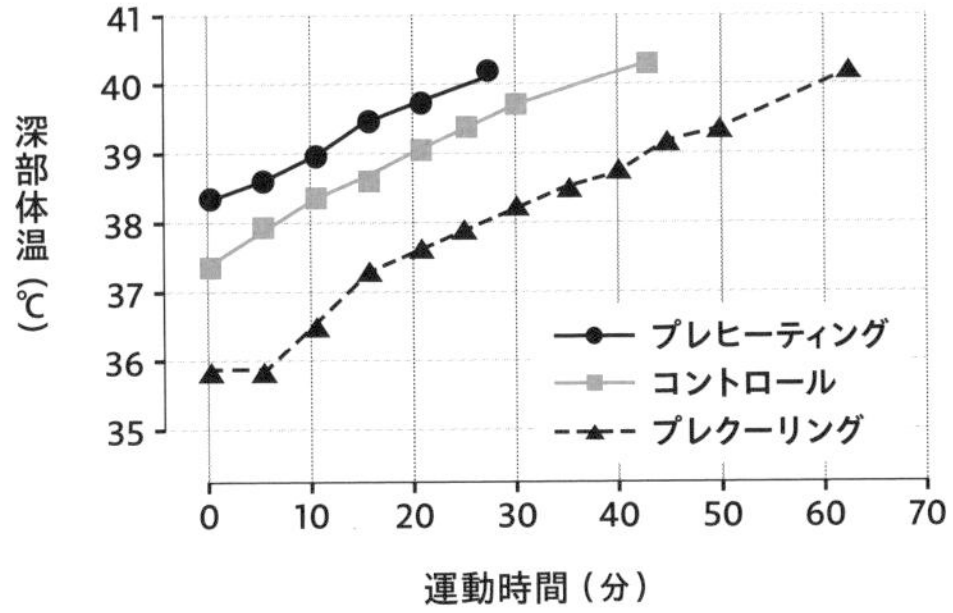

寒冷下でのウォーミングアップは?

寒冷下では、ウォーミングアップ後の筋温の低下が急速かつ大きくなるため、ウォーミングアップの強度を上げたり、時間を長くしたりするなどの工夫が必要になります。主運動までの時間をできるだけ短くし、必要に応じて再ウォーミングアップや、外部からの加温を行うとよい結果が得られるかもしれません。

Tomaras et al., J Appl Physiol, 2011
Gonzalez-Alonso et al., J Appl Physiol, 1999

18

ラントレの効果

筋損傷とはイコールではない!? 筋肉痛の正体とは？

#筋肉痛　#筋損傷　#侵害受容器

筋損傷と関係なく筋肉痛は起こる

運動に慣れていない初心者をはじめ、走り慣れたランナーでも、通常より長い距離や下り坂を走った場合、または高負荷のウェイトトレーニングなどを行った場合には、**「筋肉痛」**が起こることがあります。

筋肉痛は、トレーニングで成長している証などといわれることもありますが、実はなぜ起こるのか、その正体はよくわかっていないようです。

筋損傷イコール筋肉痛と思われがちですが、**実際は筋肉の損傷の程度と関係なく、筋肉痛は起こっています。**

ウェイトトレーニングなどで高負荷をかけると、筋肉はその瞬間に損傷していますが、そのときに筋肉痛が激しく起こることはあまりありません。筋肉痛は、むしろ数日遅れて出てきたりします。つまり、**筋損傷と筋肉痛は必ずしもイコールではない**ということ。多くの研究成果から、筋線維の微細な損傷が原因で炎症が起こり、これが遅れて痛みをもたらすとされています。また、動物実験レベルの話ですが、筋損傷の有無にかかわらず、痛覚が過敏になることがあるそうです。

筋収縮が起こると、いろいろな**生体物質**が出てきますが、それらが**痛みを感じやすくして**しまい、ちょっとした刺激で痛みを感じるようになるというメカニズムも提唱されています。そのため、筋肉の損傷に関係なく痛みを感じてしまうのだろうと推測されます。

筋肉痛を起こすと、運動時の酸素摂取量が上がって運動効率が下がるなど**ランニングのパフォーマンスを低下させ得る変化が複数起こる**ため、筋肉痛を抑える対策も重要であると考えられます。

カラダのなか

筋収縮で発生する生体物質が痛みの感度を上げる?

筋収縮によりさまざまな生体物質が増えます。それらのうちいくつかの物質が、痛みを感じやすくさせてしまい、損傷がなくても筋肉痛が起こるのかもしれません。また、筋肉痛には筋膜が関与しているという話もあります。

筋損傷がなくても痛みが出る!?

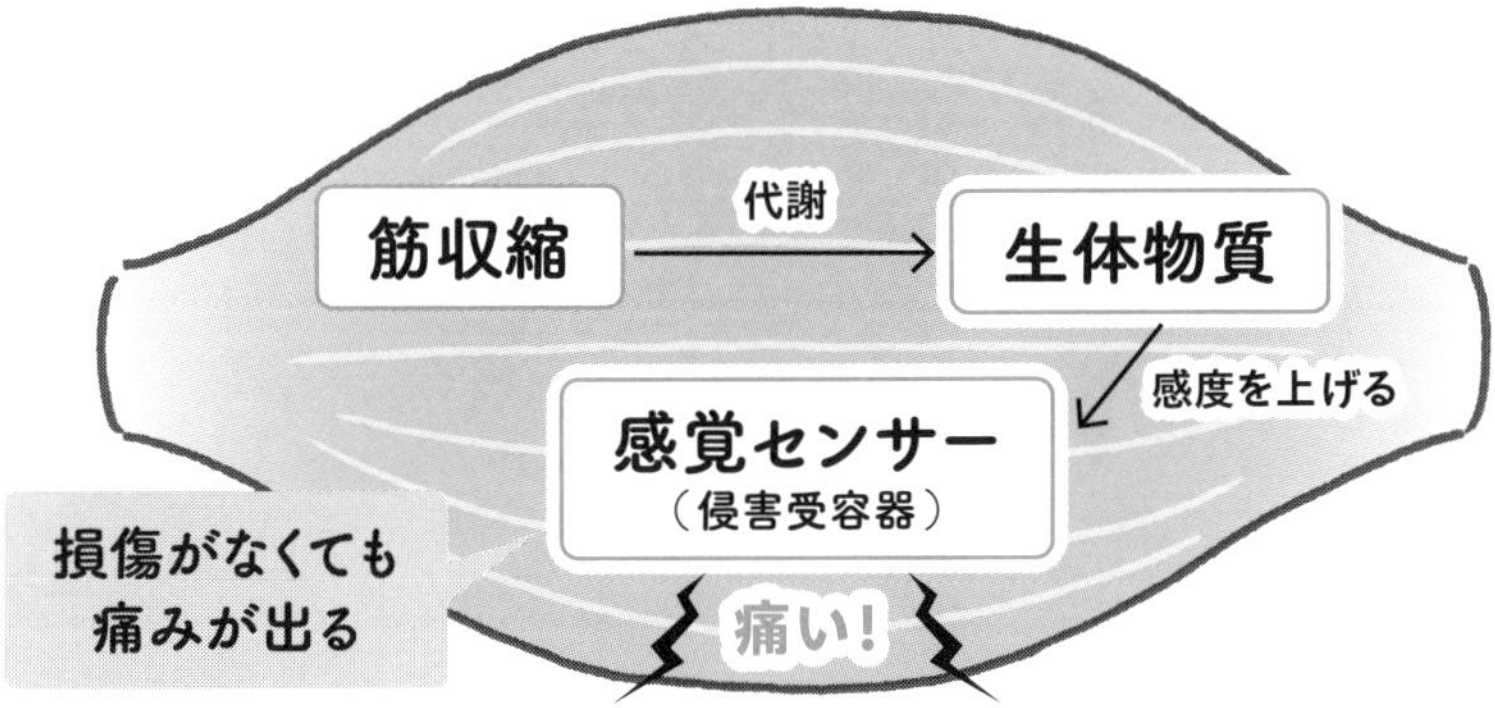

筋での代謝によって、血管拡張や炎症反応に関わる物質など、さまざまな生体物質が増加。いくつかの生体物質が侵害受容器という痛みセンサーの感度を上げ、過剰に痛みを感じるようになるという考えがあります。また、筋膜が筋痛に関係しているという説もあります。

筋肉痛や筋損傷でパフォーマンスが低下

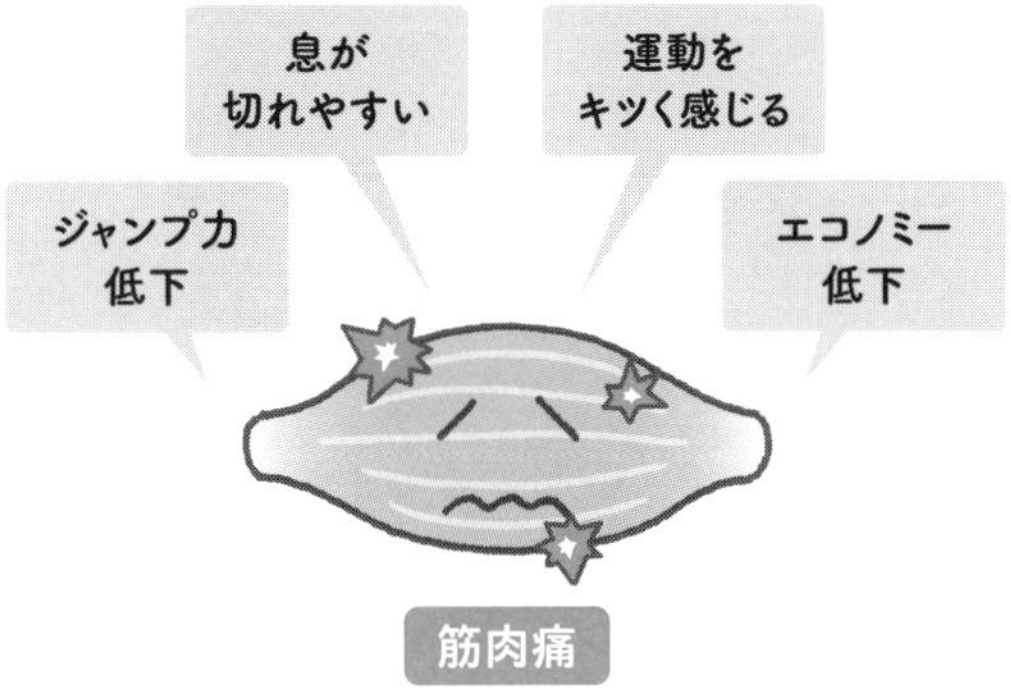

筋損傷や筋肉痛が発生すると、ランニングパフォーマンスの低下を招く可能性があります。ジャンプ力が落ちたり、運動を必要以上にキツく感じたりします。さらに酸素摂取量の増加(すなわちランニングエコノミーの低下)が起こることも。

Mizumura and Taguchi., J Physiol Sci, 2016

19

ラントレの効果

加齢による衰えには抗えないのか？

#加齢　#筋量低下　#最大酸素摂取量

トレーニングで加齢による衰えを抑制

人間、歳をとれば誰しもがさまざまな機能が衰えてきます。加齢による体力の衰えは、誰にでも訪れる自然の摂理です。加齢とともに運動量が減り、筋量も減ってきます。

しかし、これらに抗うことはできます。若い頃を含めたオールタイムのパーソナルベストの更新は無理かもしれませんが、歳をとっているから、トレーニングをしても効果を得られない、ということはありません。

鍛えても改善しない機能もありますが、**年をとってもトレーニングを行えば、カラダのさまざまな機能が向上**します。

加齢により、最大酸素摂取量は減少します。この低下には、年齢の影響をモロに受けてしまう**最大心拍数の低下や、最大一回拍出量の減少**などが関わっていると考えられます。最大心拍数に関しては、鍛えても改善することはできません。その代わり、前述したように（P34）**最大一回拍出量を増やす**ことはできます。

さらに、ミトコンドリアの機能を上げたり、毛細血管網の密度を向上させたり、**筋へのアプローチで動静脈血酸素較差を大きくすることも可能**かもしれません。

個人差はあると思いますが、やり方によっては若い頃に近いレベルまで最大酸素摂取量が上がるケースもあるかもしれません。

トレーニングを実施することで、加齢による最大酸素摂取量などの衰えを部分的に抑えることは十分可能であると考えられます。有酸素能力のほかにも、心血管応答、熱放散反応といった**さまざまな機能も年齢に関係なくトレーニングによって、向上させることが可能**です。

カラダのなか

衰える能力とトレーニングでなんとかなる能力がある！

加齢によって最大酸素摂取量は低下します。最大心拍数の加齢に伴う低下は、鍛えても向上が見込めないため、一回拍出量を増加させることで、心拍出量を増加させ、最大酸素摂取量の低下を部分的に防ぎます。結果として、トレーニングによって持久運動パフォーマンスは大幅に向上します。

持久力の低下は最大酸素摂取量の影響が大きい

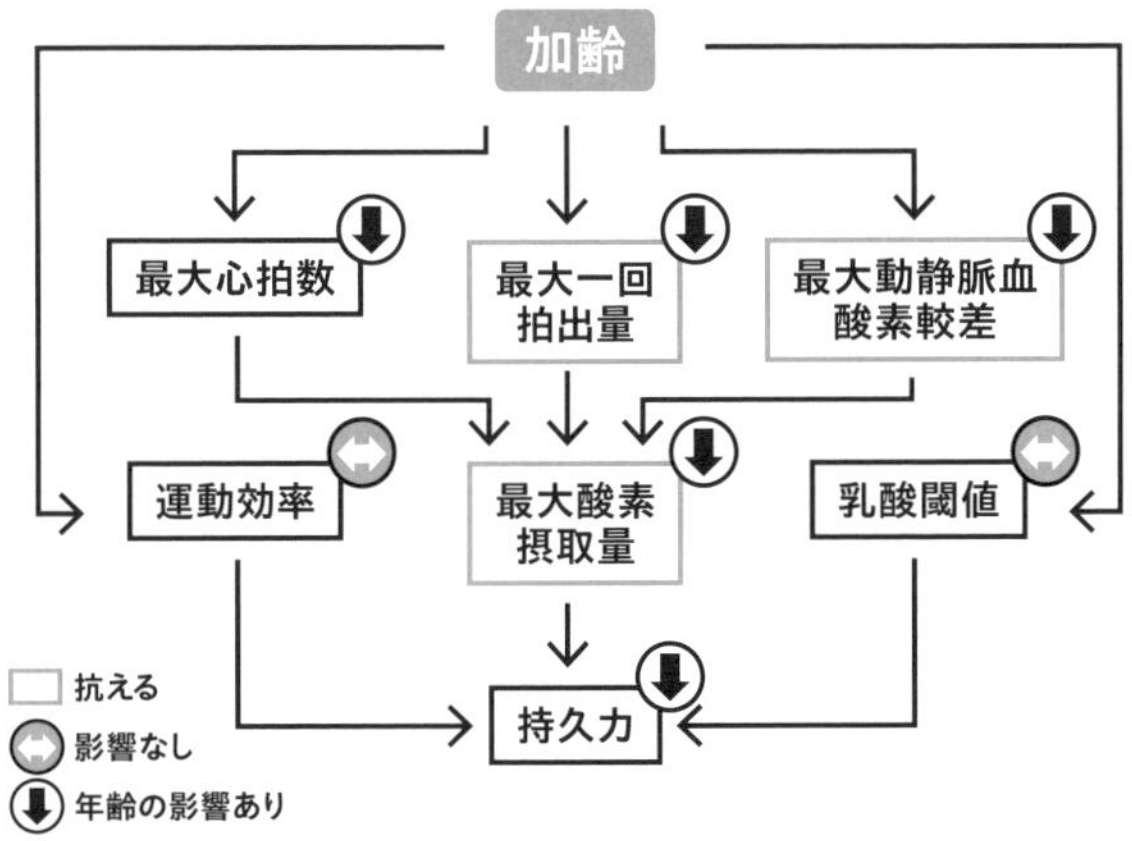

加齢により最大酸素摂取量が低下し、持久力も低下します。最大心拍数はトレーニングによって向上させることができず、乳酸閾値や運動効率は年齢の影響をあまり受けない要素。一回拍出量を増やせば、高齢者でも最大酸素摂取量の向上は見込めます。

高強度トレーニングの継続で抗う！

右の図は、最大酸素摂取量と年齢の関係を表したもの。高強度トレーニングを継続しているランナーが、年齢を重ねても高いレベルで維持していることがわかります。一番低いのは運動しない人。このように、加齢による最大酸素摂取量の衰えに、トレーニングで抗うことは可能です。個人の体調を鑑み、できる範囲で運動は続けましょう。

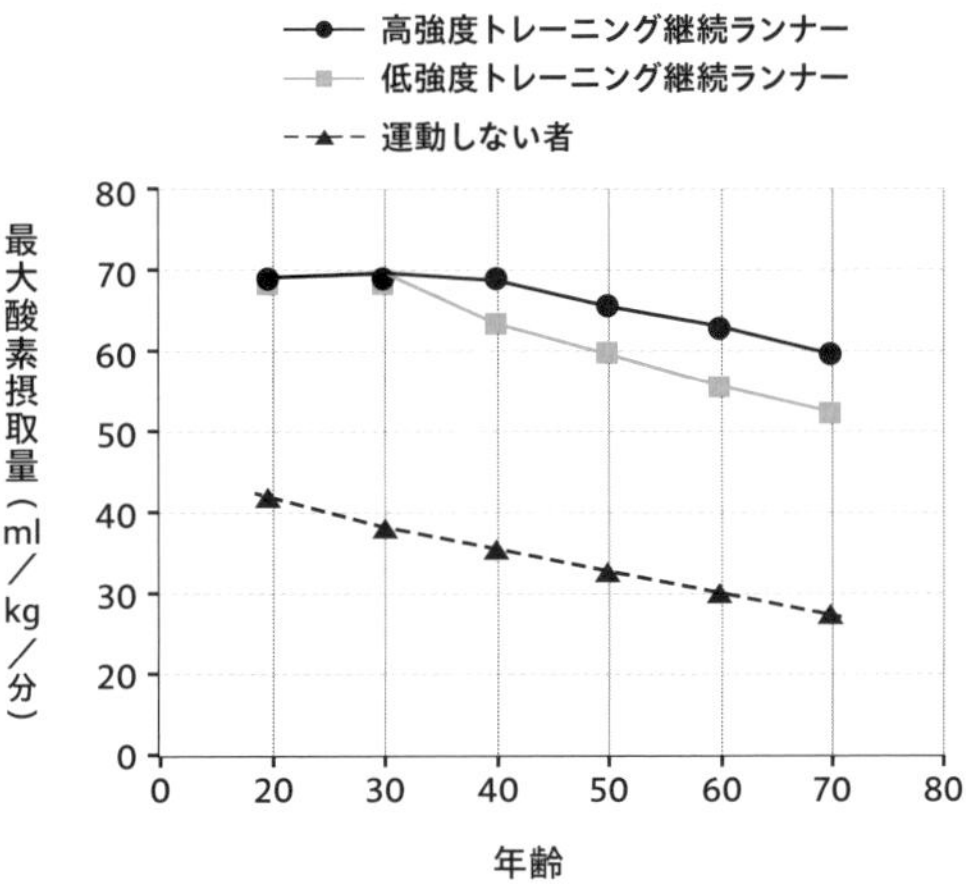

Tanaka et al., J Physiiol, 2008
Kenney et al., Physiology of Sport and Exercise sixth edition, 2015

20 ラントレの効果

性周期はパフォーマンスに影響する？

#月経　#女性ホルモン　#女性アスリートの三主徴

個人差を考慮したアプローチが重要

　女性ランナーの場合、性周期や、性ホルモンのバランス変動の影響によって、体調の管理が難しくなる場合があります。**「女性アスリートの三主徴」**と呼ばれる考え方によると、基本的に長距離種目の場合は、トレーニングで消費するエネルギー量が多くなり、その分食事から必要なカロリーを摂取しなければなりません。しかし、十分な量を食べることができず、エネルギー収支がマイナスになりがちに。**慢性的なエネルギー不足の状態になると、月経異常や骨密度の低下につながります。**

　また、月経後から排卵までの**卵胞期**、排卵後から次の月経までの**黄体期**という女性特有の性周期がありますが、それぞれの時期に分泌量が増加する性ホルモンがあります。さまざまな身体機能にポジティブな効果をもたらす**「エストロゲン」**と、そのポジティブな効果を打ち消す可能性のある**「プロゲステロン」**です。**エストロゲンが増える卵胞期の後半にパフォーマンスが上がり、逆に両ホルモンが増える黄体期の中期には、パフォーマンスが低下する**可能性が考えられます。しかし、個人によって好調、不調になる性周期の時期は大きく異なり、一般化できるものではなさそうです。

　女性アスリート（鍛錬者）の場合、この**性ホルモンの変動が小さくなり、女性ホルモンがパフォーマンスに及ぼす影響が少なくなる**可能性があります。トレーニングを積むほど、性周期によるカラダの機能変化が小さくなるというメリットがありますが、**無月経や将来的な不妊のリスクが高まる**というデメリットも。個人差が大きい因子であるため、個人の特徴に基づいたアプローチが、より重要であると考えます。

カラダのなか

女性ホルモンの変動は運動トレーニングで小さくなる！

競技レベルが高くなり、トレーニングの質や量が高まるほど、女性ホルモンの変動が小さくなり、性周期の影響が小さくなる一方、無月経や将来的な不妊のリスクが高まるというデメリットがあります。個人差が非常に大きいため、より自身のカラダに寄り添った対策が必要になると考えます。

食べられないことでエネルギー不足になりがち

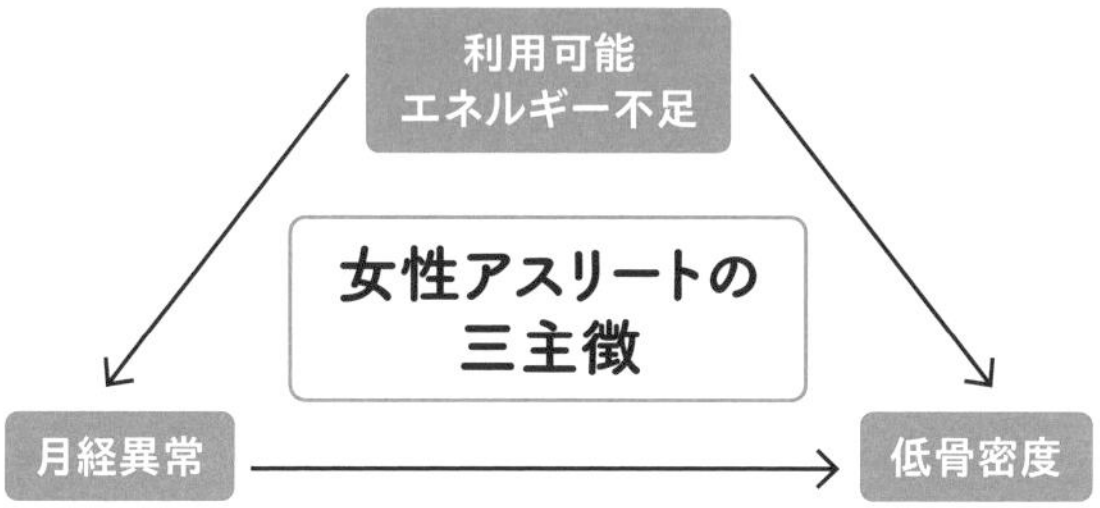

トレーニングで消費した分のカロリーを食事から得ることができず、慢性的なエネルギー不足の状態に。すると、無月経や骨密度の低下などを招きます。

女性ホルモンに対するトレーニングの影響は？

女性ホルモン（プロゲステロン）の変動

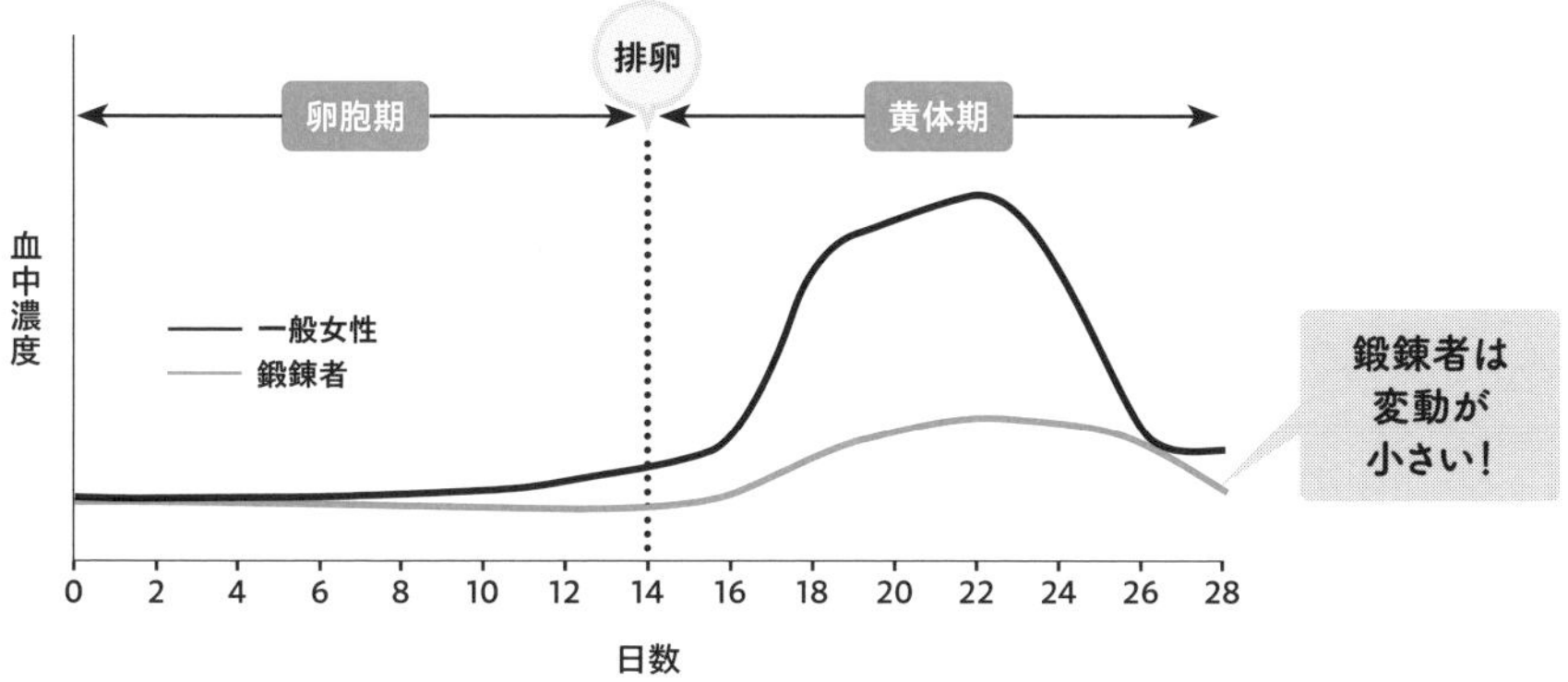

上の図は、性周期による女性ホルモン（プロゲステロン）の変動を表したもの（著者のイメージ）。一般女性の場合、黄体期になると、プロゲステロンの血中濃度が上昇しますが、女性アスリート（鍛錬者）の場合は、その変動の幅が小さくなります。女性ホルモンはカラダのさまざまな機能に影響しますが、その影響はトレーニングにより小さくなる可能性があります。

Kuwahara et al., Am J Physiol Regul Integr Comp Physiol, 2005

21

ラントレの効果

調子がよいときは呼吸が気にならない？

#主観的運動強度　#感覚とパフォーマンス　#セカンドウインド

主観的な感覚はパフォーマンスに影響

ランナーの「なんだかキツく感じる」「思いのほかラクかも」といった感覚。実はパフォーマンスに影響する可能性があります。

このことに関係している可能性があると思われるのが、**「主観的運動強度」**です。「主観的運動強度」というのは、ある強度の運動がキツいのか、ラクなのか、その運動中に感じている当事者の主観的な感覚を意味します。つまり、主観的運動強度が上がるということは、「その運動がキツく感じる」ということを示しています。

同じ強度でも、**主観的運動強度が高い場合は、筋の痛みがあるか、深部体温がいつもより高いか、必ずなにかしらの原因が存在**しています。

そして、**いつもより呼吸が苦しい、脚がツラいといった感覚は、パフォーマンスに大きく影響する**可能性が。たとえば、脚の筋に高張性生理食塩水を注射し、人工的に痛みを生み出して運動させた場合、パフォーマンスが低下したそうです。

逆に調子が上がる感覚として、ランナーの間でよく耳にする**「セカンドウインド」**の話があります。運動中の**呼吸がラクになる**といった感覚。運動生理学的には酸素摂取量が一定の状態で運動を継続する場合、呼吸が低下することはないのですが、頑張って呼吸をしている主観的な感覚が薄らいでいるのかもしれません。

この**呼吸の感覚も、運動パフォーマンスに影響する**可能性があり、調子の悪いときほど、ゼーゼーハーハーするような感覚に陥り、逆に調子がよいときは、呼吸が落ち着いているように感じたりすることがあるのではないかと思います。

カラダのなか

感覚とパフォーマンスが密接に関わっている！

走っていてツラく、いつもより頑張っている感覚がある場合は、実際にパフォーマンスが低下していることが多く、それにはなんらかの原因があるものと考えられます。筋肉痛、深部体温の上昇など、自分では気づきにくい要因が隠れていることも。

感覚的な（主観的）運動強度が上がる理由

主観的な運動強度が上がり、「いつもよりキツい。苦しい。頑張りが必要」といったネガティブな感覚を招く、よくある原因を紹介します。軽い不調から、中枢疲労につながり、運動が継続できなくなる場合もあり得ると思います。

メンタルストレス

メンタルストレスによって、パフォーマンスが低下する可能性も考えられます（P112）。認知タスクによるストレスを与えた状態で運動させた実験では、主観的運動強度が上昇したという報告も。

筋肉痛によるパフォーマンス低下

筋肉痛の項目（P92）でも解説しましたが、筋損傷や筋肉痛が発生した状態で走ると、主観的運動強度が上昇したりします。筋の痛みが、パフォーマンスの低下を招くことを示唆するデータもあります。

呼吸困難感

過剰な息苦しさ（呼吸困難感）によって、運動パフォーマンスが低下する可能性があります。調子が悪いときほど、ゼーゼーハーハーと呼吸が乱れ、主観的運動強度が上昇してしまう可能性も。

深部体温の上昇による機能低下

暑熱ストレスや、過度なウォーミングアップにより運動時の深部体温の上昇が大きくなると、主観的運動強度が高まります。

22 ラントレの効果

コンディショニングの失敗を回避！トレーニングで胃腸を鍛える

#コンディショニング　#胃腸　#グルコース　#フルクトース

胃腸はトレーニング可能な器官

レースの直前に、グリコーゲンローディングのために、**大量の炭水化物を食べたものの、お腹の調子が悪くなり、かえってパフォーマンスが低下してしまう**ケースがあります。普段は食べないお餅を食べたり、パスタの量を急に増やしたりするせいで、お腹を壊してしまうこともあるはず。さらに、下痢をしてしまうと、栄養や水分を補給しても吸収が悪くなり、コンディションは最悪の状態に。

暑熱下での走行中は大量の汗をかくので、水分もそれ以上にとる必要がありますし、運動効率を高めるためにも糖の補給もしっかり行っていきたいところ。でも、**胃腸の機能がそれに対応できない**場合、どうすればよいのでしょうか？

実は、**胃腸もトレーニングできる器官。鍛えることで、飲食に伴う胃の不快感を軽減できたり、飲食物の胃の通過速度を速めたりすることができます**。

その方法はいたって単純。糖質の吸収をよくしたいなら、**炭水化物を含むものをたくさん食べる**だけです。

人間は、食べたものに対して胃腸が適応するようにできているのです。

しかも、**胃の適応（胃の排出速度の向上）は3日程度で起こるようです**（脂質の場合は4日以上かかるかも）。そのため、レース直前に対策するだけでもある程度効果が期待できますし、普段のトレーニング時からレース中にとる予定の栄養素や水分の補給をして長期的に（2週間以上）胃腸を訓練しておけば、胃腸障害を起こすリスクを抑え、小腸での吸収力も上がり、**レース中に摂取した糖を速やかに吸収するように適応させる**ことができます。

カラダのなか

胃腸は鍛えれば強くなる！

消化・吸収の能力を高めたい場合、胃の通過時間や、小腸での吸収を速くすることが必要です。これは、実際にレースで摂取する栄養素を大量に摂取することで適応させることができます。つまり、糖の吸収を高めたい場合は、炭水化物を含む食品を大量に食べるだけ。このような訓練を3日ほど続けるだけでも胃の適応が起こり、さらに継続することで小腸での糖吸収能力も上がる可能性が。

胃の排出スピードを速くする！

マラソンのときは、高濃度の糖飲料を飲むことが好ましいとされていますが、糖濃度が高くなるほど胃の通過速度が遅くなります。これを解決するには、炭水化物を大量に食べるか、摂取したいドリンクそのものを大量に飲むこと。適応により胃から腸への移動が速くなります。

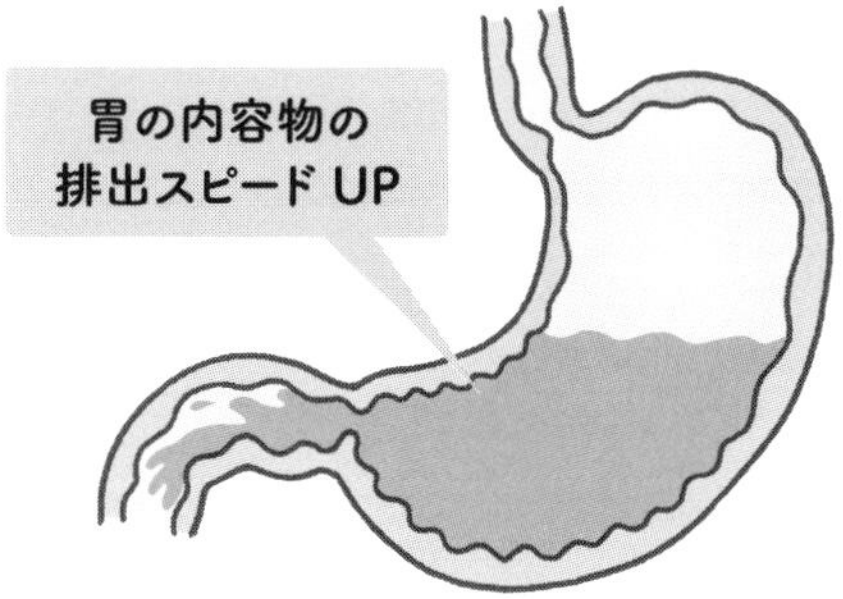

小腸の吸収スピードを速くする！

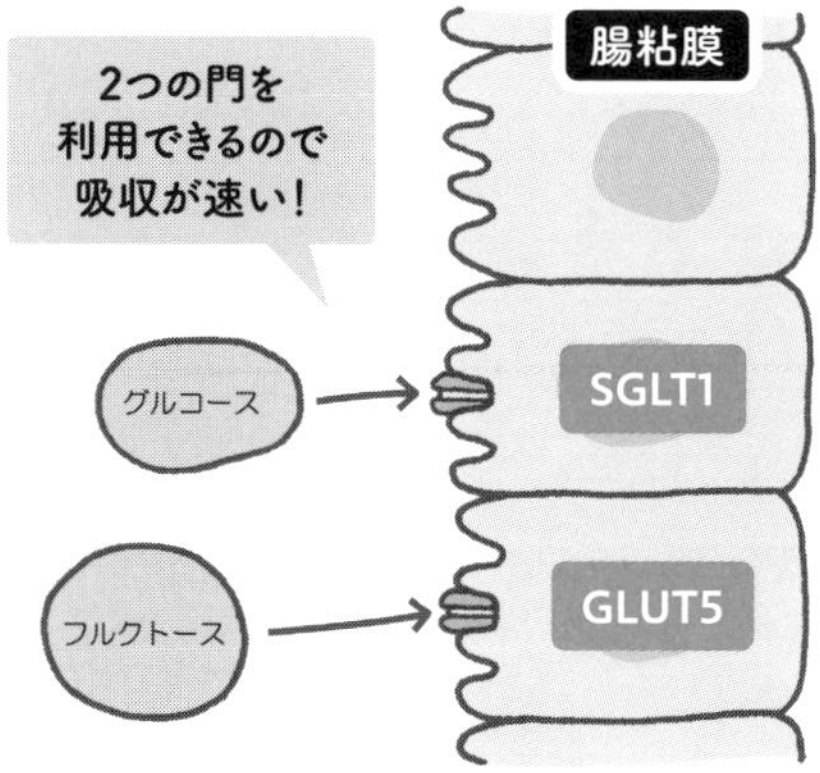

小腸の粘膜細胞には、細胞内に糖質を取り込む輸送体があります。糖質には、グルコース（ブドウ糖）やフルクトース（果糖）といった種類がありますが、グルコースだとSGLT1、フルクトースだとGLUT5という別々の入り口があります。グルコースだけでなく、フルクトースもミックスして摂取すると、両方の入り口を利用することで、糖の吸収速度を向上させることができます。

カラダのなか

トレーニング中に糖をたくさん吸収し、消費できるよう胃腸を適応させる

目的の栄養素をたくさん摂取することで、胃腸の能力を向上させることができますが、実際のレースで摂取する予定の糖飲料を、普段のトレーニングで摂取しておくことで、実際のレースで摂取した糖が、運動時のエネルギーとして使われやすくなります。レース中の栄養補給を有利に進めるためには、トレーニング時から胃腸を慣らすことも有効と考えられます。

運動時の糖の消費量を上げる！

右の図は、運動時に摂取した糖と、その酸化（消費）量の関係を表したもの。グルコースのみ摂取した場合は、糖酸化量のピークは1時間に約60g。SGLT1の能力の限界値と考えられます。これにフルクトースが加わるとさらに糖酸化量が向上します。

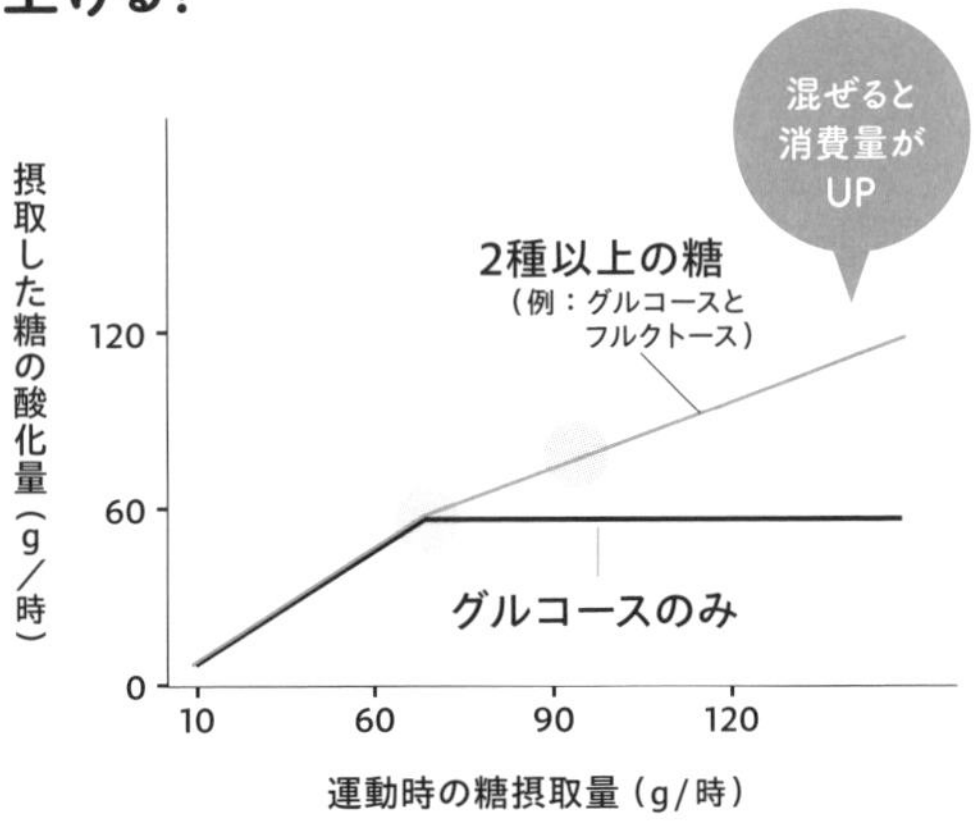

トレーニング時の糖摂取に慣れさせる！

100分の運動時に摂取した糖の酸化量（g）

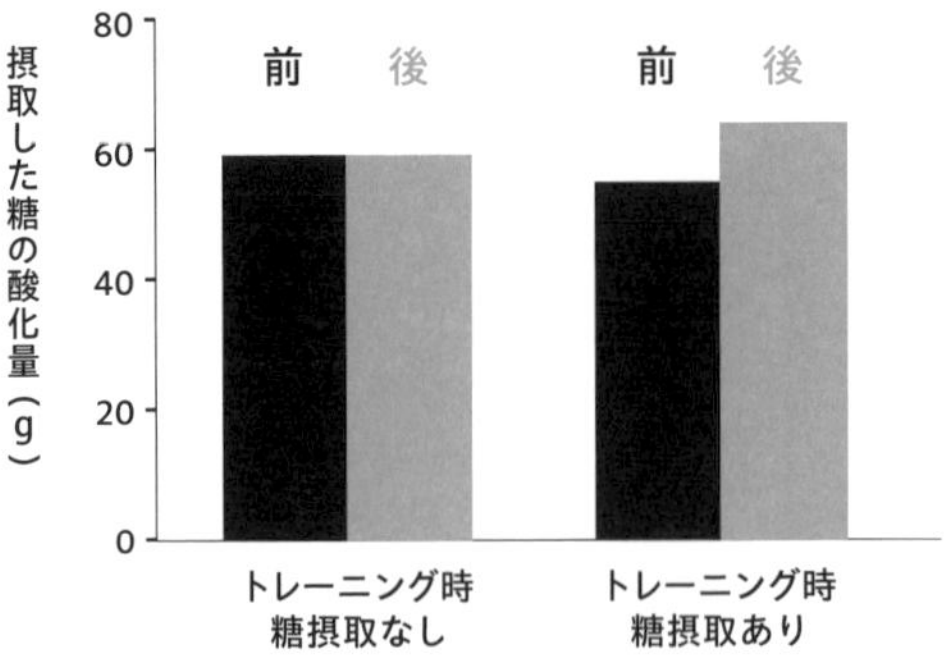

左の図は、28日間のトレーニング時に糖を摂取した群と、摂取しない群におけるトレーニング前後の100分間の運動時に摂取した糖の酸化（消費）量を示したもの。トレーニング時に糖摂取した群のほうが、運動時に摂取した糖をより多く消費しています。つまり、普段の練習から糖摂取に慣れておくことで、レース本番の糖の吸収と消費の能力が向上するということです。

#グルコース #フルクトース #輸送体

Jeukendrup., Sports Med, 2017
Cox et al., J Appl Physiol, 2010

第3章

レースマネジメントに役立つ生理学の知恵

レースの生理学 1

トレーニング時よりも強くなる！生理学的ベストコンディションとは？

#テーパリング　#調整期　#最大酸素摂取量

トレーニング時より強くなる調整法

練習では速いのに、本番に弱いというランナーも少なくありません。その場合、調整に失敗し、**当日のコンディションが、トレーニング期よりも落ちている**のかもしれません。

実は、調整期における**「テーパリング（徐々に練習の負荷を落としていく）」**は、やり方次第で、**トレーニング時より、持久運動パフォーマンスを向上させる**可能性があります。

では実際、トレーニングの負荷をどれくらい落とし、どれくらいの期間で行うのが適切なのでしょうか？

多くの研究成果をまとめた論文を見ると、トレーニング期のボリューム（時間や走行距離）を100％とした場合、**約5割（41〜60％）落とす**のがよいかもしれないと書かれています。テーパリングの初期にボリュームを急激に減らし、その後ゆるやかに減らしていくというイメージです（ランナーは落とし幅をもう少し少なくしたほうがよいかもという結果もありますが）。これを**約2週間**実施します。

ここで疲労を残さないよう低強度ジョグなどで過ごしてしまう場合もあると思いますが、これはよくない可能性が。テーパリングで最も重要なのは、運動強度。そのため、**強度は落とさずに、ボリュームや頻度を調節**します。テーパリング中に強度を落としても、トレーニングを続ければ血液量やミトコンドリア活性は維持されましたが、高強度でトレーニングを行うとこれらが通常よりも向上したという報告もあります。つまり、高い強度を維持して量や頻度を落とすことでトレーニングにより向上した能力を維持したり、場合によっては向上させることで、持久運動パフォーマンスが上がる可能性があるということです。

カラダのなか

最後の調整はボリュームや頻度を落としても強度は落とさない！

調整期に入ると、高強度でのトレーニングを減らしてしまうケースもあると思います。しかし、ジョグのように強度を落として調整すると、せっかくトレーニングで上げた能力や機能が低下する可能性があります。調整期は、高強度運動を維持しながら、ボリューム（時間や距離）、頻度を落として調整を行いましょう。

調整（テーパリング）は2週間程度が目安！

テーパリング期間の長さと効果の大きさを検討すると、1～4週間の期間で一番効果が大きかったのは、2週間。短すぎても長すぎても、効果が落ちてしまう可能性が。

調整期に強度を高く維持すると、ミトコンドリア活性や血液量が増える

陸上中距離選手において、異なるテーパリング（安静、低強度トレ、高強度トレ）後に、グリコーゲン量や血液量、ミトコンドリア活性がどのように変化したかを調べた研究では、いずれの項目も安静では低下（グリコーゲンのみ増加）、低強度トレで維持、高強度トレで上昇という結果に。高強度を維持すれば、血液やミトコンドリアの機能が上がる可能性があります。

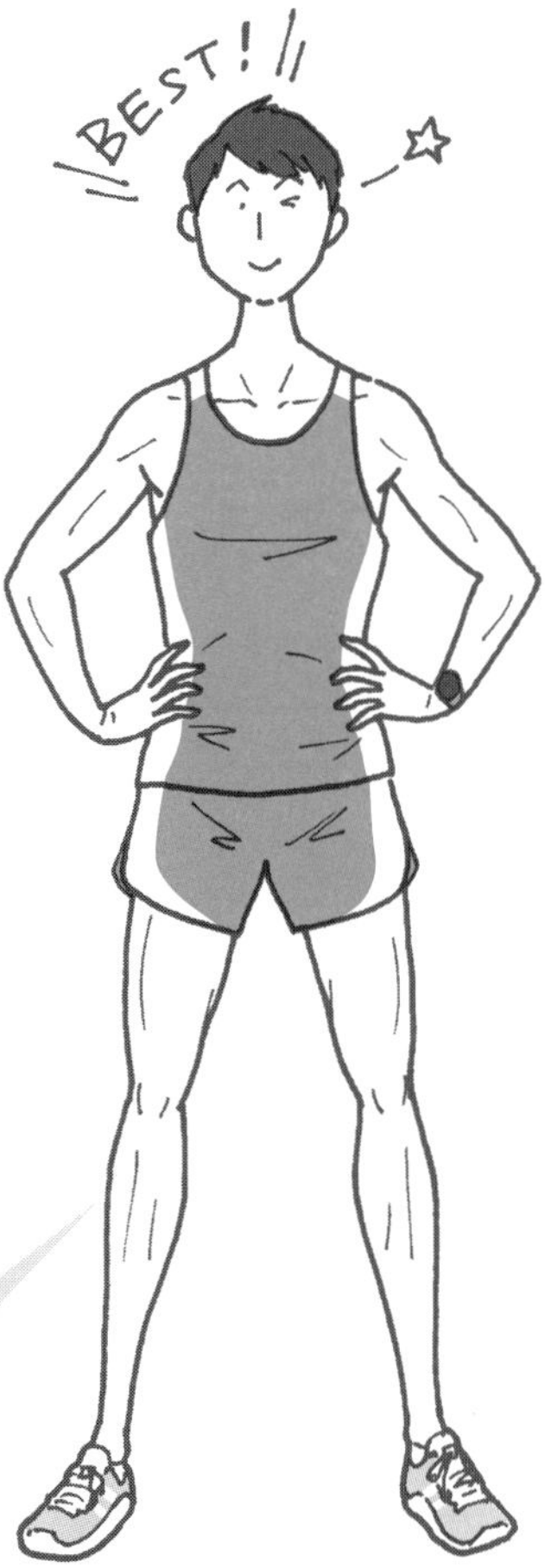

**トレーニング時より
レース当日のほうが
能力が
高くなる場合も！**

調整期のトレーニング量は41～60％落とす！

トレーニング期のボリュームを100％とし、20％以下、21～40％、41～60％、61％以上に分けると、41～60％のボリューム低下が最もよいかもしれないとのこと。通常より半分くらいのボリュームが目安になりそうです。

トレーニングで増加した最大酸素摂取量は、強度を落とすと低下する

トレーニングの強度、量、頻度のいずれかを低下させた場合、最大酸素摂取量が最も低下したのは、強度を落とした場合。量と頻度に関しては、あまり大きな影響はありませんでした。つまり、運動強度を落とすと、最大酸素摂取量が著しく低下する可能性があるということ。

Bosquet et al., Med Sci Sports Exerc, 2007
Shepley et al., J Appl Physiol, 1992　Hickson et al., J Appl Physiol, 1985

レースの生理学 2

午後にスタートする場合 レース当日に朝練は必要か？

#ウォーミングアップ　#朝練　#睡眠時間

朝練はデメリットが大きいかも

マラソンの場合は、朝にスタートすることがほとんどなので、あまり関係ありませんが、**トラック種目のレースなどは午後にスタート**することもあります。その場合、**早朝からトレーニング（いわゆる朝練）を実施**し、カラダを動かしておくというケースも少なくありません。「朝練をやったほうが、カラダがよく動くから」と、パフォーマンスの向上を口にするランナーもいますが、実際はどうなのでしょうか？

　鍛錬された中・長距離ランナーを対象とした実験では、午前中に筋力トレーニングやランニングを行っても、6時間後の全力走のタイムや、ランニングエコノミー、垂直跳びは**向上しなかった**という結果に。

　さらに、朝練実施で**睡眠時間が短くなる**という問題があります。トレーニング開始時間と、アスリートの睡眠時間を調査した研究によると、**朝早くにトレーニングする者ほど、睡眠時間が短くなった**そうです。トレーニング開始時間に合わせて、就寝時間を早めればよいのではないかと思われるかもしれませんが、「早寝をしなければ。明日の試合で頑張らねば」という精神的なストレスの影響も少なからず受けて、寝つけないことも。そこで追い打ちをかけるように朝練をすると、睡眠時間が短くなり、疲労感が高まって**レースでのパフォーマンスに悪影響が出る可能性**があります。

　ウォーミングアップの項目（P88）でも解説しましたが、筋温上昇の効果は時間とともに急速に消失します。したがって朝練をした後に長時間経過すると、その効果はほとんど失われてしまうため、午後のパフォーマンスにポジティブな効果をもたらすとは考えにくいです。

カラダのなか

試合当日の朝練は意味がない?

レースの開始時間が午後の場合、当日の早朝からチームで集まってトレーニング（朝練）を行うケースもあると思います。レースでのパフォーマンス向上を狙っての意図なのかもしれませんが、運動生理学的に、ポジティブな効果は考えにくく、逆にグリコーゲンの消費や脱水、睡眠時間短縮などのネガティブな影響も考えられ、どこまで有効かは疑問です。

朝練の影響は?

・午後のパフォーマンスに影響なし!?

⇒

6時間後

ランナーの朝練として ランニングや筋トレ実施

全力走タイムも エコノミーも改善せず!

最大酸素摂取量が平均72ml / kg / 分というレベルの高い中・長距離ランナーを対象に行った実験。午前中にスクワットなどのウェイトトレーニング、もしくはランニングを行い、6時間後に、2分程度の全力走、ランニングエコノミー、垂直跳びの高さを計測。いずれもパフォーマンスの向上は見られなかったという結果に。朝練のパフォーマンスへのポジティブな効果はほとんどないのかもしれません。

・睡眠時間が短くなる

アスリートのトレーニング開始時間と、睡眠時間の関係を調べた研究では、早朝5～6時に開始した者は睡眠時間が5時間に満たず、10～11時に開始した者は睡眠時間7時間程度と一番長い結果に。トレーニング開始時刻が早いと、睡眠時間が短くなる可能性が。

Dahl et al., Int J Sports Physiol Perform, 2021
Sargent et al., Chronobiol Int, 2014

3

レースの生理学

キプチョゲ選手のスペシャルドリンクの中身って？

#キプチョゲ　#栄養補給　#炭水化物ドリンク

糖濃度の高いドリンクを開発

マラソン中継を見ていると、トップランナーたちは、自分のための**スペシャルドリンク**を用意し、水分や栄養素を補給している様子が伺えます。

実際になにを飲んでいるのか、気になりますよね？

そこで、男子マラソンで世界最高峰のランナーといわれる、ケニアの**エリウド・キプチョゲ選手のスペシャルドリンク**について、簡単に解説してみたいと思います。

ランナーの酸素摂取量やランニングエコノミーを考慮すると、**レベルが高いランナーほど、糖質を使って走るほうが効率がよい**という話は、すでに述べました（P75）。世界最高レベルのランナーであるキプチョゲ選手も、その例にもれず**炭水化物が多く含まれるドリンク**をレース中に飲んでいるそうです。しかも、その**糖濃度は14％**といわれています。通常のスポーツドリンクで5～6％、コーラ飲料で11％ですから、かなり濃い糖飲料です。

摂取した糖の消費量の最大値は、1時間で60～120g。2時間のマラソン中に糖濃度6％のスポーツドリンクでそれを摂取しようとすると、レース中に2～4Lかそれ以上の量を飲まなければならず、約5㎞ごとの補給所で約200㎖ずつ摂取したとしても、2Lを超えることはできません。少ない飲水量でたくさんの糖を摂取するためには、必然的に濃い糖飲料にならざるを得ません。

しかし、糖濃度が高くなると、胃の通過時間が遅くなったり、胃腸の不快感を引き起こしたりします。この対策としては**胃腸トレーニング（P100）を行い、高濃度糖ドリンクへの耐性を身につければよい**と考えられます。

カラダのなか

コーラよりも甘い!?
糖濃度14%の糖ドリンク

世界最高レベルのランナーになると、時速21〜22kmというかなりのハイスピードで2時間を走り続けることになり、糖質による運動効率アップの効果を最大限に引き出す必要があります。糖質の補給も最大量を狙っていくと、スポーツドリンクでは事実上不可能であるため、糖濃度14%という高濃度糖ドリンクを摂取する必要がありました。

体内での糖の消費スピードのピークは60〜120g/時

摂取した糖の消費量の最大値は、1時間当たり60〜120g。2時間程度の自転車パフォーマンスに対する運動時の糖摂取の効果を検証した研究では、78g/時までは糖摂取量が多いほど効果があり、それ以上は低下することが示唆されています。キプチョゲ選手のドリンクも、このような研究成果と個人の特性を考慮して、つくられたと思われます。

14%という高濃度の糖ドリンクを開発

1時間に60gの糖質を摂取しようとすると、スポーツドリンクの糖濃度が約6%(1L当たり60g)として、2時間のレース中に2Lも飲まなければいけません。14%(1L当たり140g)の高い糖濃度のドリンクであれば、理論上は約850mlで必要な糖質量を補給でき、より現実的であるといえます。

胃腸トレーニングをしないと不調に!

糖質の濃度が高くなると、胃に滞在する時間が長くなります。また、吐き気や腹痛といった胃腸障害を起こすリスクも。これらの問題を解決するため、P100でも解説した胃腸トレーニングを実施すると、高い糖濃度のドリンクに対応可能となります。

Smith et al., Med Sci Sports Exerc, 2013

レースの生理学 4

マラソンの栄養補給戦略はどうすればいい？

#糖補給　#ゼリー　#サプリメント

事前の補給訓練が一番大事

マラソンのレースは、競技レベルによって運動時間が変わります。市民マラソンの場合は、上級者で2〜3時間、中級者で3〜4時間、初級者で5〜7時間と、**時間の幅が比較的大きい競技**といえます。

ですので、栄養補給の戦略については、**運動時間や強度（スピード）、気温、個人差を加味して考える**のが正解です。ただし、共通していえるのは、**ぶっつけ本番でやるのはリスクが高い**ということ。市民ランナーレベルであっても、事前に準備をしておくことが重要です。

2％以上の脱水で持久運動パフォーマンスが低下することから（P82）、レース中の脱水が2％以下に抑えられるように水分補給をするのがよいです。

暑熱下では発汗量も多くなるので、飲水量も増やす必要があります。

ただし、必要以上に飲みすぎると低ナトリウム血症になることもあるので、要注意です。

また、運動効率の観点からは**1時間当たり60g以上の糖摂取が理想**ですが、たとえば4時間の目標タイムだと4Lのスポーツドリンクが必要に。**レース中にドリンクだけでそれを賄うのはほぼ不可能**です。現実的に、必要な糖質量を計算し、**ジェル食品やサプリメントを摂取**することも必要になります。

その場合、**食べたことがない食品を多量に摂取した場合、お腹を壊してしまうリスクがあります**。調整のレースや、事前のトレーニング走行中に、レースで摂取する予定の糖や飲料を摂取し、**胃腸を慣らしておく**ことが補給戦略の重要な要素といえるでしょう。

カラダのなか

補給の計画を立てたら練習を！ぶっつけ本番はリスクが高い

レースでの補給計画は、トレーニング中にいろいろ試しておくと、補給の目安が見えてきます。たとえば、目標タイムから逆算した必要な糖質量（1時間当たり60g以上）、食品の種類や量、補給したときの胃腸の反応など、それらを試しながら自分に合ったものを準備し、計画を立てるのがベターです。

糖や水分の補給は計画的に！

CHECK！

糖をたくさんとる練習を

運動中の糖摂取量の目安は1時間当たり60g以上。スポーツドリンクで不足する分は、ジェル食品などで補給してもOK。しかし、糖が濃縮された食品により、腹痛や吐き気が起こる場合もあるため、事前のトレーニング走行中にたくさん糖をとる訓練もしておきましょう。

CHECK！

必要な量の水分補給を！

気温が高いレースでは、脱水の進行も早くなることがあるので、より多くの給水が必要となります。ただし、ウルトラマラソンのような長時間低強度運動で、あまり汗もかかないのに水分を補給しすぎると、低ナトリウム血症になるリスクも。

CHECK！

不慣れな方法は避ける

レース当日に、急にお餅を食べるとか、急激にパスタの量を増やすとか、中途半端にグリコーゲンローディングを行うと、胃腸障害を引き起こすリスクが高まります。レースだからといって、特別なことはしないほうが安全。やるのであれば、調整レースやポイント練習時に試しておくようにしましょう。

CHECK！

目的を持ってサプリを摂取

カフェインやビートルートジュースなどのサプリメントは、明確な目的を持って摂取しましょう。狙った効果を出すための分量や、適切な摂取タイミングなどがあるため、しっかり用法やデータを調べ、さらに摂取したときの反応を見てから使うとよいでしょう。単純に飲めばよいというものではありません。

Burke et al., Int J Sport Nutr Exerc Metab, 2019

5 レースの生理学

スマホで長時間ゲームをした後は持久力が低下する？

#認知タスク　#主観的努力度　#メンタルストレス

精神疲労で持久力が低下する可能性

長時間のパソコン作業のような認知活動・課題による精神疲労（だるい・活力がないと感じる精神状態）が、持久運動パフォーマンスに影響することはあるのでしょうか？

たとえば、レース本番の直前に、気晴らしにスマートフォンの脳トレのようなゲームを長時間行ったり、家計簿の計算をしたりした場合、実際に持久運動パフォーマンスが低下してしまうのでしょうか？

多くの研究結果を見てみると、**長距離ランナーのパフォーマンスは低下し、短距離ランナーのパフォーマンスには影響なし**といえそうです。別に長距離ランナーが特別繊細だからというわけではありません。

５０００ｍを走る前に精神疲労（長時間の認知タスク課題による）を起こすと、実際にタイムが遅くなったという報告もあります。これは、主に**主観的運動強度の上昇**によるもので、同じペースなのにいつもよりしんどいと感じてしまうようです。

一方で、多くの研究論文を分析した結果によると、**短時間の高強度運動の場合は、このような精神疲労の影響を受けなかった**そうです。

さらに、サッカー選手にスマートフォンのパズルゲームを行わせ、その直後にシャトルラン（ＹＯ－ＹＯテスト）を実施したところ、パフォーマンス（走行距離）が低下するという結果になったそうです。

これは想像ですが、トレーニング中にも、余計なことをいろいろと考えていると、精神疲労でいつもよりツラく感じてしまうかもしれません。

カラダのなか

精神疲労（メンタルファティーグ）は持久運動パフォーマンスを低下させる！

脳内の仕事が増えるような認知タスクは、持久運動パフォーマンスを低下させる可能性があります。主観的運動強度が上昇し、「いつもよりキツく感じる」という感覚が、パフォーマンスに影響すると考えられています。

精神疲労で運動をキツく感じるように！

5000m走る前に認知タスク！

シャトルランの前にスマホ！

認知タスク課題により精神疲労を起こすと、5000m走やシャトルランにおけるパフォーマンスが低下したという結果に。精神疲労は、酸素摂取量などの生理学的応答に影響はなく、主観的運動強度（自分が感じる運動のツラさ）に影響するとされます。

精神疲労の影響は中・長距離だけ？

これまでの研究成果をもとにすると、精神疲労は、ジャンプ高、最大随意筋力、30秒の全力自転車運動のパワーには影響しないという結論に。つまり、短距離系のランナーには精神疲労によるパフォーマンス低下は起こらないのかもしれません。

Van Cutsem et al., Sports Med, 2017
Greco et al., J. Phys. Educ. Sport, 2017　Pageaux et al., Eur J Appl Physiol, 2014

6 レースの生理学

人の後ろについて走るとラクなのはなぜ？

#風の影響　#酸素摂取量

風の影響はバカにできない

マラソンやトラックの長距離種目などを見ていると、先頭に立ちたくなくて、遅いペースで牽制し合うという場面を見たことがあると思います。

風の抵抗を受けるから、先頭は不利だといわれますが、果たして、ペースを遅くしてまで人の後ろにつくほどのメリットはあるのでしょうか？

たしかに、**風の影響は大きい**です。たとえば、フルマラソンの2時間切りを目指して取り組んだ、ナイキのプロジェクト『Breaking2（ブレイキング2）』でも、ナイキが所有する風洞《ふうどう》（人工的に風を発生させる装置）でのデータをもとに、トライアングル編成で臨んだことも記憶に新しいところ。

実際に、**ランニング時の酸素摂取量は、風が強くなるほど高くなります**。そして、**前にランナーがひとりいるだけで、風の影響は大幅に小さくなる**というデータもあります。

やはり、風の影響はバカにできません。ましてや、約42㎞という長丁場になると、その影響でタイムが大きく変わってくる可能性もあります。トップランナーたちが、ペースを落としてまで必死にポジション争いを行うのもうなずけます。

では、実際に、どのポジションが、最も風の影響を受けにくいのでしょうか？

先頭ランナーが受ける風圧を100％とした場合、ポジションごとの風の影響を左ページの図に示します。これによると、すぐ真後ろではなく、**40〜80㎝の間隔を空けた真後ろ**が一番影響の少ない位置になるという結果に。たとえ後方にいたとしても、横にずれてしまうと、ほとんど風よけの効果がなくなってしまう可能性にも注意したいところです。

カラダのなか

前に風よけのランナーがいるだけで少ない酸素摂取量で走れる！

マラソンは屋外で行う競技であるため、当然自然環境の影響を受けます。気温や湿度、気圧、輻射（太陽の光など）の影響も大きいですが、風の影響もバカにできず、風が強くなるほどランナーの酸素摂取量は高くなります（より酸素が必要になり非効率に）。この風の影響は前にひとりランナーがいるだけでだいぶ小さくなり、どの位置で走るかで、より影響を少なくすることもできます。

風の影響で余計なエネルギーを使ってしまう！

・先頭ランナーが受ける風圧を100％とする

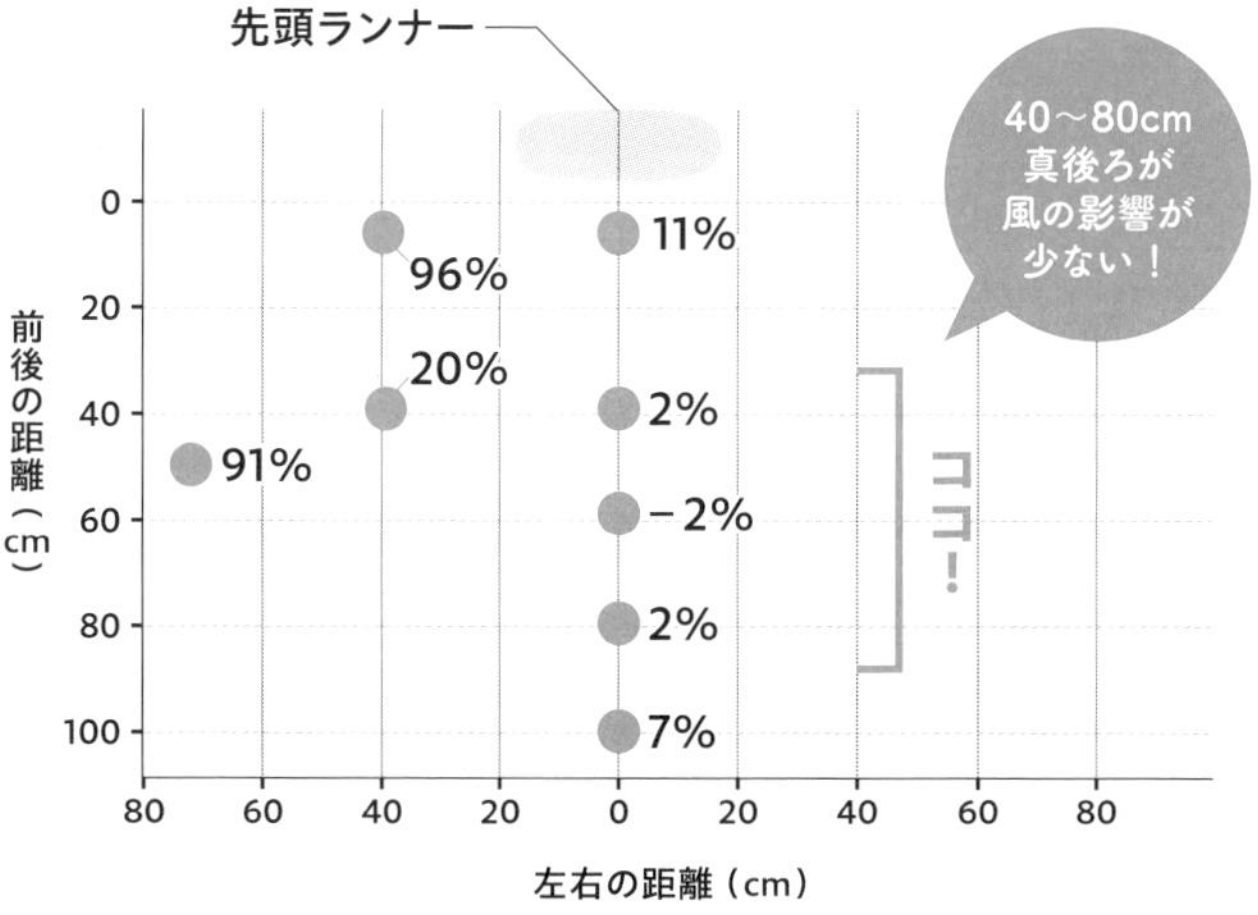

左の図は、先頭ランナーが受ける風圧を100%とした場合の、各ポジションにおける値を表したもの。真後ろの40～80cmの位置では、ほぼ風の影響がなくなっていることがわかります。これが横にずれた位置になると、風よけの効果がほとんどなくなってしまいます。風の影響が大きい位置は、酸素摂取量が増えてしまうため、消耗が大きくなります。

・風の影響は速いペースほど大きくなる！

ある研究では、風速6m/秒の場合、風よけで酸素摂取量が約6%低くなると述べています。これは、400mラップで66.6秒から62.5秒への短縮に相当すると述べられており、かなり大きな影響であることがわかります。風の影響はスピードが速いほど大きくなるので、トラック種目ではより大きくなり、マラソンでも、トップランナーほど風の影響が大きくなると思われます。

Pugh., J Physiol, 1971

7 レースの生理学

後半にペースアップするネガティブスプリットは正解なのか？

#レースペース　#ネガティブスプリット　#イーブン

トップランナーたちの成功パターン

マラソンは、約42㎞という長丁場となるため、ペース配分が難しい競技です。前半は調子がよくても、後半になって急に失速してしまう、ということもあると思います。

ペース配分には、大きく分けて3つのパターンがあります。前半から飛ばして後半は粘りながらできるだけペースを落とさないようにする**「ポジティブスプリット」**、前後半を通じて平均的にペースを維持する**「イーブンペース」**、前半は抑えて後半にペースアップしていく**「ネガティブスプリット」**の3つです。

前半から飛ばす**ポジティブスプリットに関しては、８００ｍ走では最適な**ペース（最初の２００ｍが一番速く、後半落とさないように粘るのが基本）となります。マラソンの場合はレース後半での失速のリスクが大きいため、ポジティブスプリットを選択するランナーは少ないように思います。

実際のトップランナーたちのペース配分をデータで見てみると、**１５００ｍ以上の距離で世界記録を達成したレースにおいては、ほぼイーブンペース**になっています。

また、主要な都市マラソン（フランクフルトマラソン）において高成績を収めた男子トップランナーのペース戦略を分析したデータによると、高成績を収めた展開は、**レース全体としては、ほぼイーブンペース**。序盤から比較的控えめなペースで安定させ、後半に向けてそのペースを落とさないようにするというパターンが、記録を狙う場合にはよいという結論になっています。

しかし、個人差があるので、これらのデータはあくまでも参考程度にしましょう。

カラダのなか

好タイムを記録しているレースはイーブンペースが多い！

マラソンのペース配分の正解はどうなのでしょう？ 前半に飛ばしても落ちにくいランナー、後半に調子が上がってくるランナーなど、個人的な能力の違いもあると思いますが、世界記録を達成しているトップランナーたちの傾向を見てみると、好成績を収めているレースは、ほぼイーブンペースになっています。

前半より後半をやや上げるイメージのイーブンペース

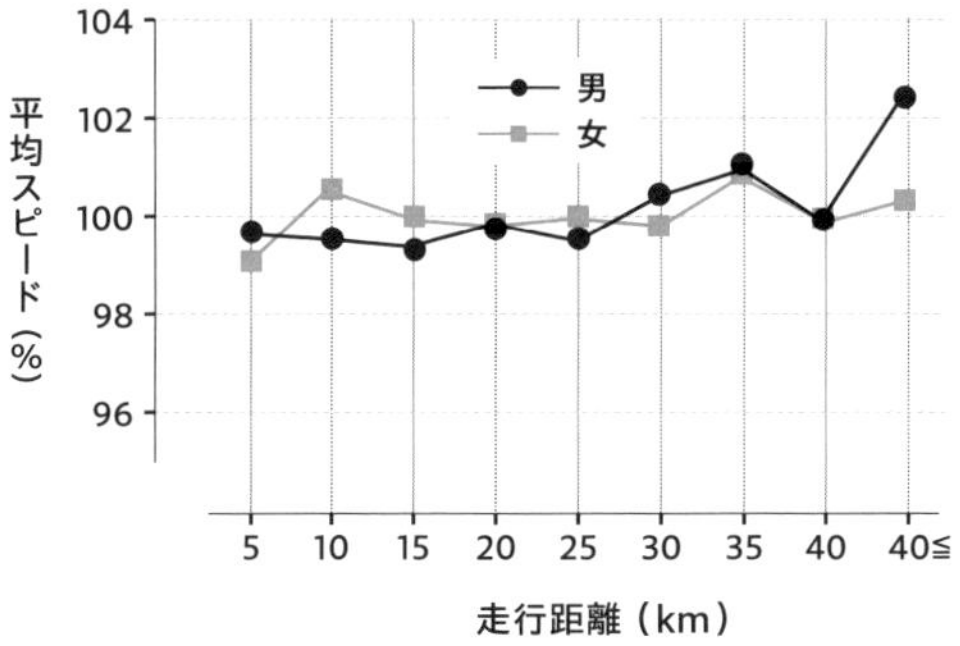

左の図は、1998年から2018年までの男女マラソンの世界記録を達成したレースにおける5km ごとの平均スピード（平均スピードを100とする）を表したもの。男子はやや後半に上げるネガティブ傾向、女子は選手によりけりという傾向でしたが、全体を通してみると、ほぼイーブンペースといえる配分になっています。

1500m走以上の世界記録はほぼイーブンペースになる

1500m走以上の種目で世界記録が出たときのレースのペース配分を見てみると、ほとんどイーブンペースになっています。記録を狙う場合は、一定のペースを維持する傾向にあるようです。順位が重要な試合では前半スローペースになり、ラストのペースアップに対応できるスピード（無酸素系代謝能力）も必要になります。

Diaz et al., Eur J Sport Sci, 2019
García-Manso et al., Scand J Med Sci Sports, 2021

当日の天気で戦略を変える！天気とランナーのカラダの関係は？

#天気　#気温　#マラソン　#ペース管理

長距離種目は気温の影響が大きい

世界陸上やオリンピックは、夏に開催されます。開催地によっては、過酷な猛暑環境のなかでマラソンを走ることになり、棄権者が続出してしまうケースもあります。

マラソンは、特に天気の影響を受けやすい競技といえ、夏のレースにおいては、世界記録が出るようなパフォーマンスはほとんど見込めません。

記録が出やすい秋冬の市民マラソンでも、場合によっては、当日の気温が20℃近くまで上がることがあります。気温の影響で深部体温が上昇し、パフォーマンスが低下しやすい状況なのに、記録更新にこだわって目標を下方修正せずに失敗してしまうケースも少なくありません。**レース当日の天気によって、思い切って戦略を変更する**ことも重要なマネジメントといえるでしょう。

では、**ランナーにとって記録が出やすい気温**とは、どれくらいなのでしょう？

欧米で開催された主要なマラソンレースに参加した約180万人のランナーを対象にした研究によると、ランナーのレベルによって最適温度に若干の差はあるようですが、おおむね10℃前後。日本の市民マラソンレースの優勝タイムと気温を比較した研究でも、**10～13℃程度が一番速かった**そうです。

2時間切りを目指したプロジェクト『Breaking2（ブレイキング2）』も、**記録が出やすい気温（12℃）で実施**されました。

このように、さまざまなデータを見てみると、おおむね**10℃前後の気温**が、記録の出やすい気温といえそうです。

カラダのなか

長距離になるほど記録は天気の影響を受けやすい!

2019年のドーハ世界陸上は、高温多湿な環境で行われ、マラソンや競歩といった持久系種目で棄権者が続出。暑熱下では運動時間の長い種目ほどパフォーマンスが低下します。マラソンにおける記録が出やすい気温は、さまざまな研究報告を見てみると、だいたい10℃前後が望ましいと考えられます。

マラソンで記録を出しやすい気温とは?

最適な気温は10℃前後

ベルリン、ボストン、シカゴ、ロンドン、ニューヨーク、パリという6つのマラソンレースに参加したランナーたちのゴールタイムと、環境要因(気温・湿度・気圧など)との関係を調査した研究では、ランナーの競技レベルによって、若干の差はあるようですが、おおむね10℃前後が、記録を出しやすい適切な気温のようです。

気温25℃以上でのパフォーマンス変化

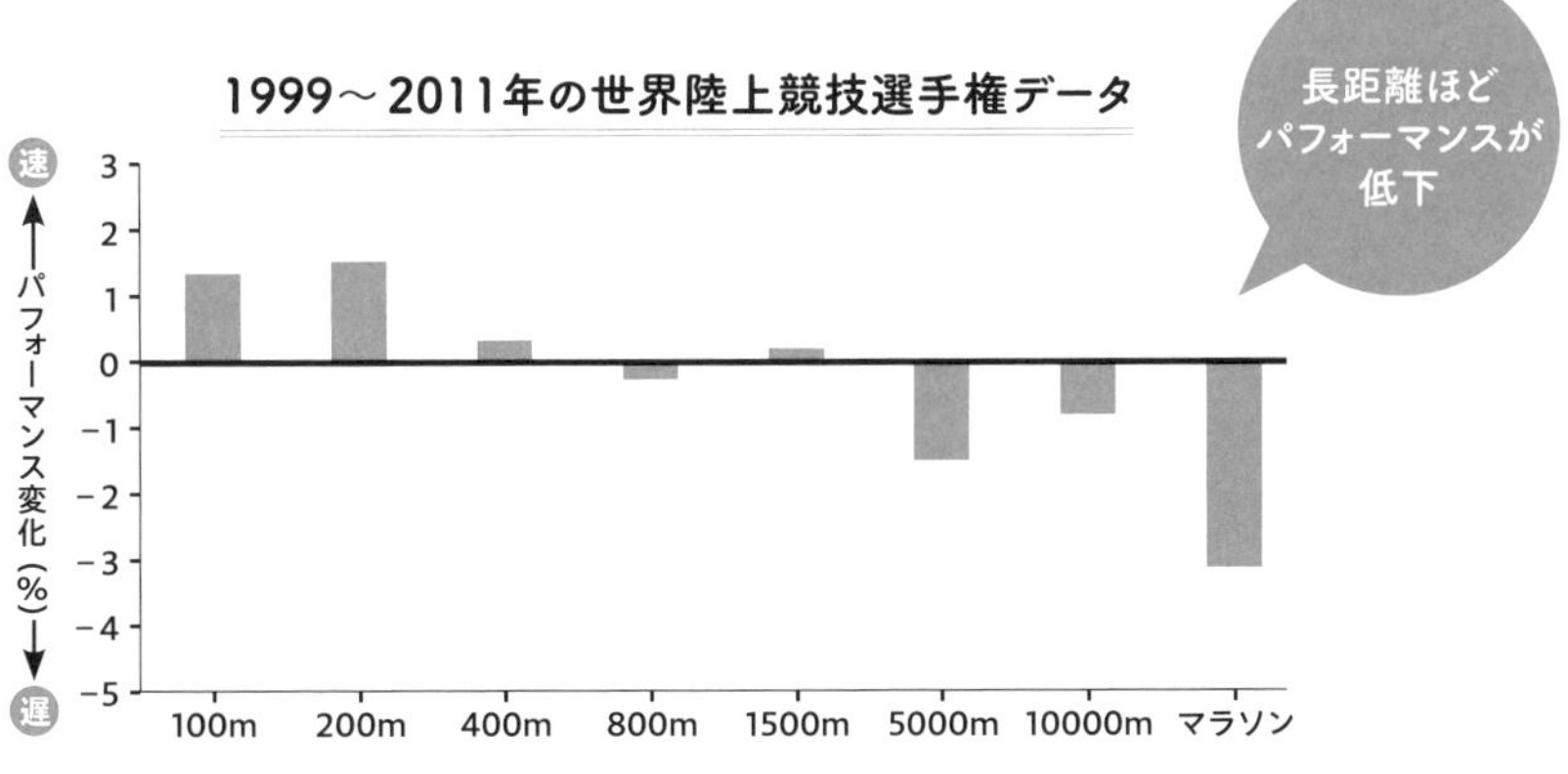

上の図は、1999～2011年の世界陸上に参加した男子選手のデータをもとに、気温25℃以上でのパフォーマンスを、25℃未満の場合と比較して変化率(%)で表したもの。気温上昇が有利に働く瞬発系の短距離種目ではパフォーマンスが上昇し、長距離種目では低下しています。同様の傾向は、女性選手の場合でも見られています。

El Helou et al., PLoS One, 2012
Guy et al., Sports Med, 2015

9 レースの生理学

パフォーマンス低下を受け入れる！ 暑熱下マラソンのレース対策は？

#暑熱順化　#クーリング　#水分補給　#深部体温

状況の変化に応じて適切に判断

前項では、運動時間の長い持久系種目ほど、気温の影響を受けやすいことを述べました。北海道マラソンなどの夏季に行われるレースなら、暑熱下で走ることは事前に想定できますが、秋冬のレースにおいて、当日に急に気温が上昇した場合、どのように対処すればよいのでしょうか？

前項で紹介した調査を含めた多くの研究で、**最適といわれる気温（10℃前後）を超えるほど、マラソンのパフォーマンスが低下する**と報告されています。つまり、レース当日の気温が高くなった場合は、パフォーマンス低下を予測し、事前に目標を下方修正して用意した**プランBに切り替える**ことも対策のひとつと考えられます。

また、ある程度の気温上昇が予測できる状況であれば、1〜2週間前から**暑熱順化トレーニング**（P78）を行ったり、**プレクーリング**（P79）をしたりして、**深部体温の上昇を抑える対策**も有効です。

暑熱下で走る場合は大量の発汗により、脱水が進行することも予想されるので、水分をより多く補給することも必要です。さらに、気温が高い場合には、**ウォーミングアップは最小限にとどめたほうがよい**でしょう。ウォーミングアップのしすぎは、深部体温の上昇や脱水を促進し、スタート前で不利な状況をつくりだしてしまいます（P88）。

また、レース中にさらに気温が上昇した場合は、目標ペースに固執せず、**強度（走速度）を落とす判断**も大事です。よく鍛錬されたランナーでは深部体温が40℃付近に達すると、運動の継続ができなくなり、熱中症のリスクも上がります。状況の変化を見極めながら、適切に判断しましょう。

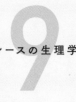

カラダのなか

深部体温を上げないための対策を考える！

前項で述べた最適温から気温が上昇するのにしたがい、マラソンのパフォーマンスは低下します。暑熱下でのレースでは、深部体温の上昇をできるだけ抑え、水分や栄養素の補給をしっかり行うことが大切です。暑さのなかで、記録の更新は難しいかもしれませんが、ある程度のパフォーマンスを維持できるよう、対策しておきましょう。

深部体温の上昇を抑える

暑熱下でのレースでは、常温下よりも深部体温の上昇が早くなり、40℃付近に達すると運動の継続が難しくなります。しっかり対策しておきましょう。

事前に暑熱順化

暑熱下で走ることが事前にわかっているときは、事前に暑熱順化のトレーニングを行い、カラダを暑さに適応させておくことが有効。深部体温の上昇を抑えられます。

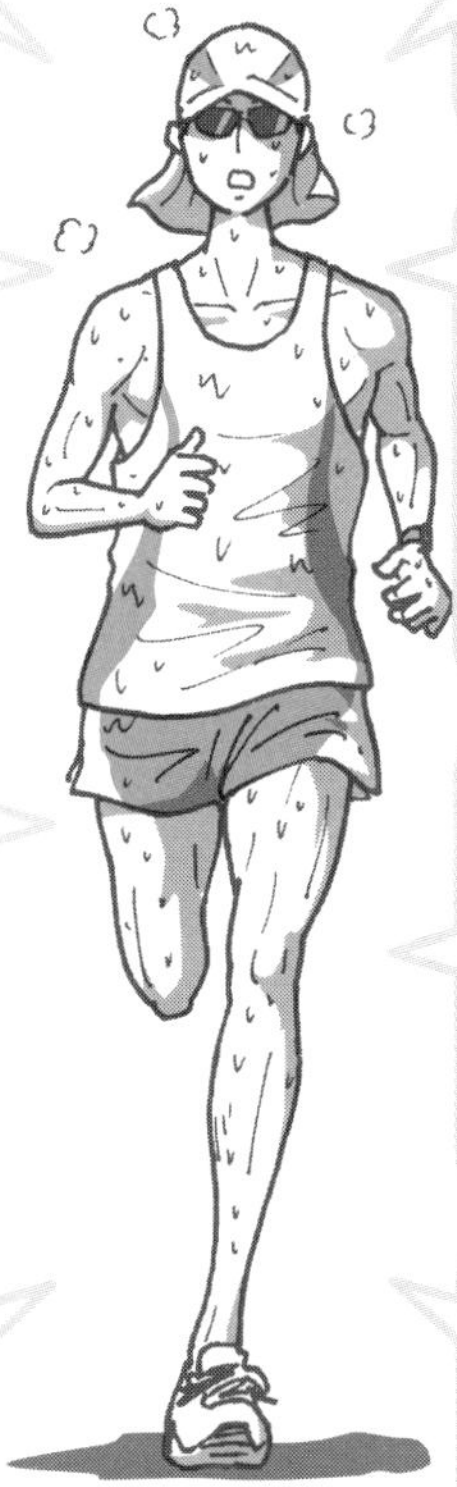

クーリングの対策を！

暑熱下のレースでは、事前に深部体温を下げておくプレクーリングが有効。アイスバスやその他の冷却法を含め、可能な範囲で対策しておくと、深部体温の上昇を抑えられます（P81）。

ウォーミングアップを控える

夏場でウォーミングアップをしすぎると、あらかじめ深部体温が上昇した状態でスタートすることになり、早期に強度の維持が困難になります。また、脱水も助長することに。

強度（ペース）を下げる

暑熱下では、運動時間とともに心拍数や呼吸、主観的運動強度が上がり、脳血流量は低下します。無理をせず、ペースを落とすことも考えましょう。

水分補給の対策を！

暑熱下のレースでは、大量の汗をかくので、その分水分補給を増やす必要があります。大量の水分を摂取できるようトレーニングで胃腸を適応させておきましょう（P100）。

下痢は禁物！

不慣れな食事、過剰な水分摂取などでお腹を壊してしまうと、暑熱下でのレースがより厳しくなります。下痢をすると、水分や栄養素の吸収が低下し、パフォーマンスが発揮しづらい状態に。

熱中症に注意

暑熱下での対策がうまくいかず、ペース配分を失敗するなどし、運動の継続が難しい状況になった場合、無理せずレースを棄権する判断も大事。熱中症にならないように注意しましょう。

10
レースの生理学

冬の駅伝やマラソンで動けなくなるのは低体温のせい？

#冬のレース　#低体温症　#熱産生

運動中の低体温症は、ほぼ起こらない

　真冬の駅伝やマラソン中継を見ていると、たまに途中で倒れて動けなくなるランナーが現れ、「低体温症か？」と心配する様子などが映し出されることもあります。この**「低体温症（深部体温35℃以下）」**ですが、**運動中に発症することは、ほとんどないといってよいでしょう**。ですので、冬のレース中継で見るランナーを倒れさせる原因は、**ほかにある**ものと考えられます。

　カーリングやスキージャンプなど、**寒冷下で行われる競技でも、深部体温は上昇**します。特に激しい運動を持続するアイスホッケーでは、39℃付近まで上昇することもあります。

　それは、防寒具などの着衣の影響ではないかと思われるかもしれませんが、ほぼ裸の状態で10℃の環境下でバイクを漕いだ場合も深部体温は上昇しています（著者未発表データ）。

　冬場の駅伝やマラソンのレースでも、ランナーたちは薄着で走っていますが、ハイスピードでの走行中は活動筋（主に脚）で熱が大量につくられ、これが血液にのって全身にまわり、深部体温が上昇しているのです。走行中に汗をかいているのは、深部体温が上昇している証拠です。

　ただ、例外はあります。**雨や雪が降り続けるレース**では、体表面が常に冷たい水にさらされるため、**大量の熱がカラダから逃げ続ける**可能性が。着用したロングタイツなどが雨や雪で濡れた状態になり、さらにペースダウンして活動筋からの産熱が低下すると、深部体温がかなり下がる可能性はあります。ゴールして**運動を停止した直後に濡れっぱなし**になっていると、産熱が少ないのに熱がカラダから逃げ続けるので、**低体温症を起こすリスク**が高まるかもしれません。

カラダのなか

運動中の低体温症はほぼない！

真冬のレースでもアスリートたちは、薄手のランニングシャツ一枚で走っていますが、低体温にならないのか不思議に思いませんでしたか？ 実は運動中は活動筋で大量の熱が生み出され、深部体温が上昇しています。氷上や雪上で行われる寒冷下での競技でも、深部体温が上昇しているというデータもあります。

寒冷下での競技でも深部体温は上昇！

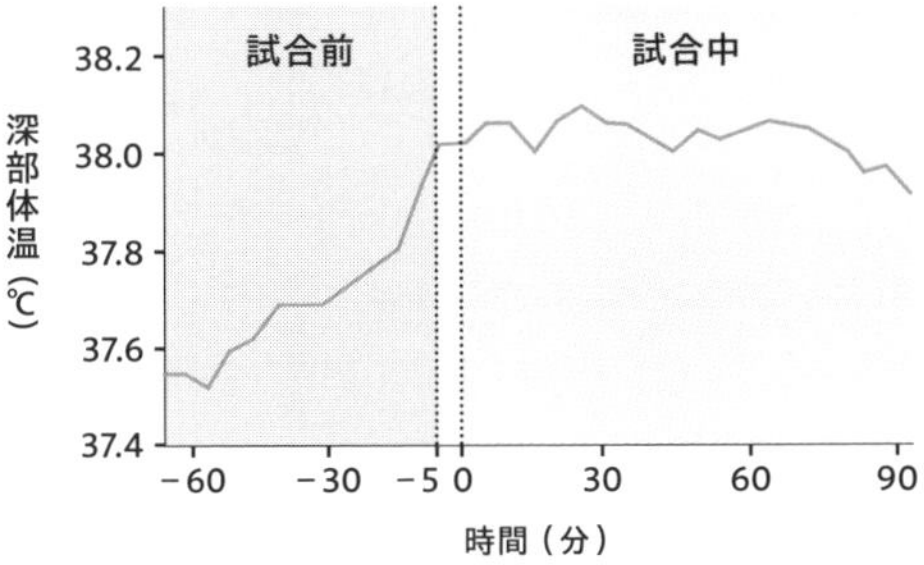

左の図は、ひとりのカーリング選手の寒冷下での練習試合時における深部体温の変化を表しています。試合前のウォーミングアップで上昇し、試合中には38℃付近で推移していることがわかります。カーリングのような活動量の少ない競技でも、寒冷下で運動をすれば、深部体温は上がるということ。

・ほぼ裸でも深部体温は上昇

右の図は、気温10℃の環境で、ほぼ裸の状態でバイクを漕いだ（最大酸素摂取量50％強度）場合の深部体温のデータを示しています。深部体温は運動中に上昇し、休息時に低下しています。寒冷下の運動で、ほぼ着衣のない状態でも深部体温は上昇するということです。

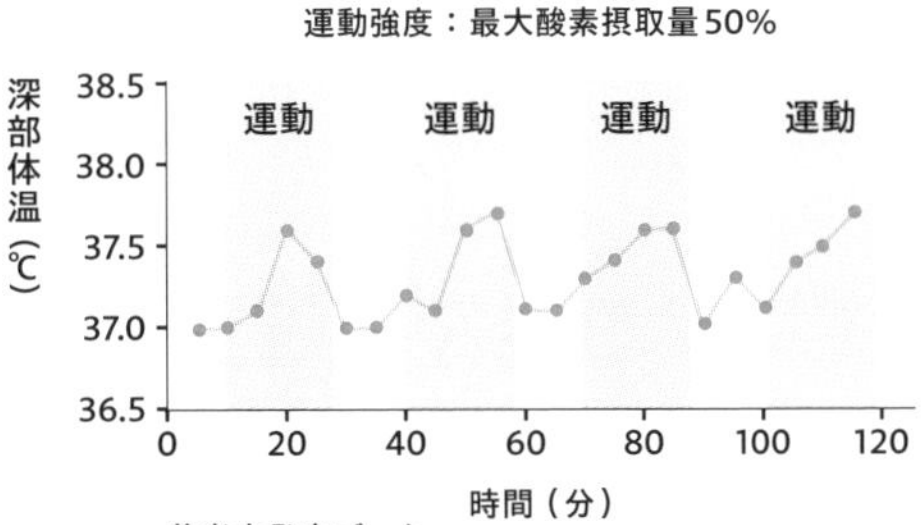

著者未発表データ

低体温症になる可能性があるとすれば？

運動中に低体温症を起こす可能性があるのは、雨や雪が降り続けるなかでのレース。熱は高いほうから低いほうへ移動しますが、雨や雪にさらされ続けた場合、体表面の温度は常に低くなり、熱伝導率の高い水のせいでカラダの熱が体外へ移動し続けます。レース後も濡れたままにしていると、低体温症のリスクが。

Tanabe et al., Scand J Med Sci Sports, 2023

11　レースの生理学

レースの後半になると脚がつってしまうのはなぜ？

#脚がつる　#筋紡錘　#腱紡錘　#運動誘発性筋攣縮

電解質異常と神経系の興奮のせい？

フルマラソンのレースに参加したことがあるランナーならわかると思いますが、たまにコースの沿道側でふくらはぎを伸ばして苦しそうにしているランナーがいます。**レース後半になると、しょっちゅう脚がつってしまう**というランナーは少なくありません。運動時、もしくは運動後の**「脚がつる」症状は、「運動誘発性筋攣縮《うんどうゆうはっせいきんれんしゅく》」**といいます。なぜ、レースの前半ではなく、後半に発症するケースが多いのでしょうか？

脚がつるメカニズムとして考えられているのは、**体水分や電解質のバランス異常**です。実際、暑熱下で運動誘発性筋攣縮が起こりやすいという主張もあります。しかし、体水分と電解質に関する研究結果はさまざまで、さらに発汗が起こらない状況でも筋攣縮が起こることから、体水分と電解質だけが関与しているわけではないようです。

もうひとつの原因として考えられるのが、神経性の要因です。運動によるなにかしらの変化が、脊髄反射に異常をきたし、**筋肉を過剰に収縮させるのでは？　という考え**です。筋肉には、**「筋紡錘《きんぼうすい》」**という筋肉が伸びすぎると危険を感知し反射的に縮ませようとするセンサーがついており、腱にも腱が切れないよう筋肉をゆるめようとする**「腱紡錘《けんぼうすい》」**というセンサーがあります。

運動によって筋紡錘の活動が過剰になり、逆に腱紡錘の活動が抑制され、脊髄反射が過剰になり、自分の意思とは無関係に筋を収縮し続けてしまうという考えが提唱されています。しかし、脚がつるメカニズムはケースバイケースであると考えられており、さまざまな場面で起こり得るため、対応策も、これをやっておけばＯＫというものはなさそうです。

カラダのなか

脚がつる「運動誘発性筋攣縮」の原因は水・電解質の不均衡や神経の過剰興奮かも?

ヒトで脚がつるのを実験的に調べることが難しいことから、脚がつる原因はハッキリとはわかっていません。考えられる原因は、体水分や電解質の変化。そして、運動によって脊髄反射が過剰になり、筋を収縮させ続けてしまうことです。マラソンではレース後半に起こりやすいというデータもありますが、起こる場面は人によってもさまざまであるようです。

筋や腱の「収縮センサー」に異常!

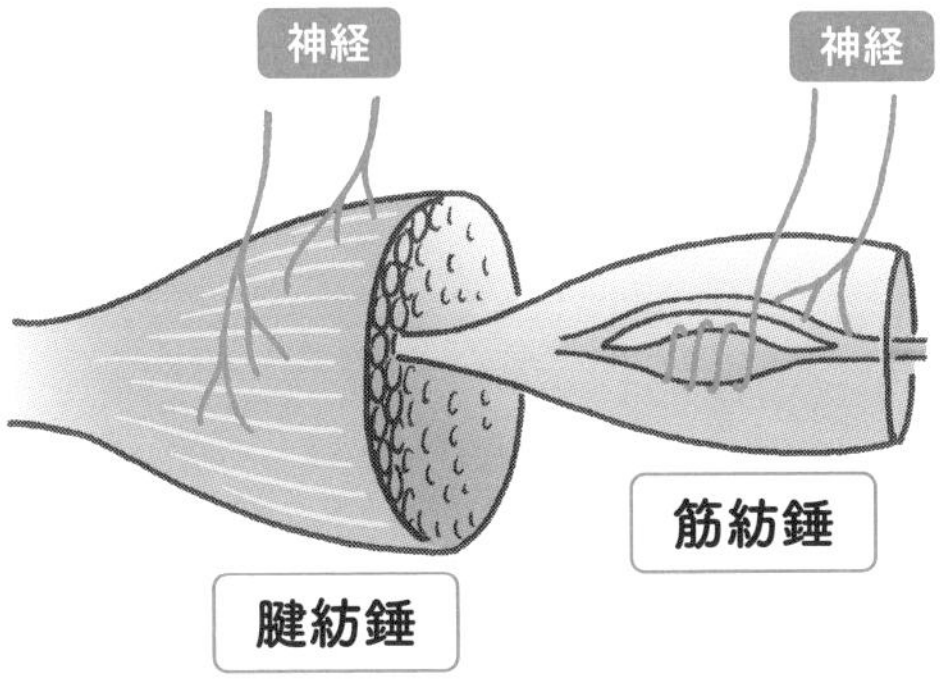

筋が伸びすぎると危険を感知し、反射的に「縮め!」と命令するのが「筋紡錘」。一方、腱が伸びすぎると切れないよう、筋肉に「ゆるめろ!」と命令するのが「腱紡錘(ゴルジ腱器官)」です。これらの働きに異常をきたし、脊髄反射がうまく機能しなくなることで、過剰な筋収縮が続いてしまうという考えがあります。

神経の過剰な興奮に効くのは「激辛」!?

運動ニューロンの興奮を抑えることが「脚つり」の予防になるとして注目されているのが、とうがらし、しょうが、シナモンなどの刺激系食品。これらで口腔を刺激する(飲み込まなくてもよい)と、過剰な脊髄反射が抑えられ、運動誘発性筋攣縮が抑制される可能性があるそうですが、否定的な意見もあります。

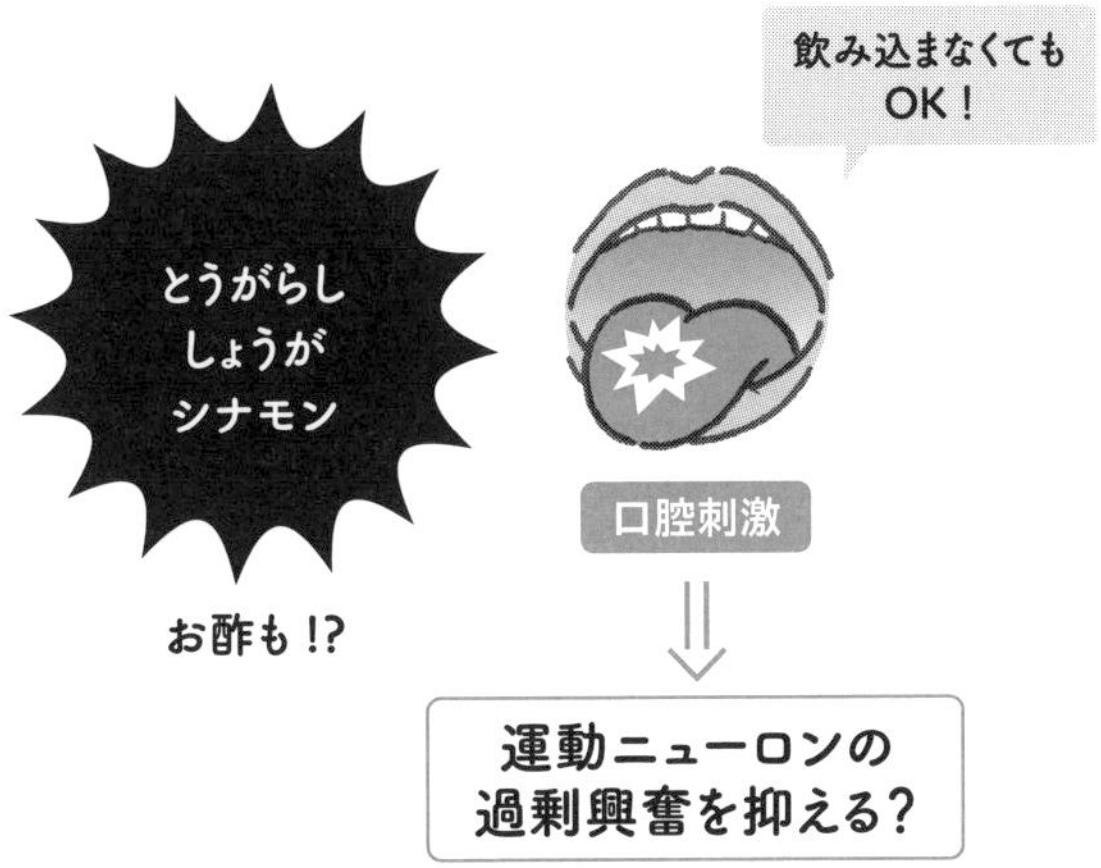

Schwellnus et al., J Sports Sci, 1997
Miller et al., Med Sci Sports Exerc, 2010　Craighead et al., Muscle Nerve, 2017

12

レースの生理学

大幅なペースダウンを招く場合も！差し込み痛はなぜ起こる？

#差し込み痛　#内臓機能低下　#リーキーガット

強度が上がるほど内臓の血流量が低下

トップランナーであっても、レース終盤に**差し込み痛（急性的で刺すような腹痛）**を起こして、**ペースダウンしてしまう**ことがあります。脇腹をさするなど、自分なりの差し込み痛対策を行っているランナーも少なくありません。差し込み痛をピンポイントで解説するのは実験データが乏しく難しいため、少しだけテーマを広げ、**「運動中の胃腸障害」**という括りで解説します。

運動中に胃腸障害が起こる原因は、第一に**胃腸の血流が低下する**ことに起因する可能性があります。

ヒトは限られた血液を脳や筋、内臓、皮膚などへ配分しています。高強度運動時には、大部分の血液は活動筋へ分配されます。**そのとき、運動に関与しない内臓の血流量は大幅に削減されてしまいます**。

胃腸の血流が低下すると、組織の低酸素や酸性度が高まり、小腸内の**粘膜組織の連結がゆるんで**、普段は通さないはずのバクテリアなどが体内に侵入。これにより局所もしくは全身性の炎症反応が引き起こされると考えられます。さらには、高強度運動に伴う**交感神経活動亢進による内臓機能の低下**が起こる可能性も考えられます。これらの応答と相まって、運動前に摂取した飲料や食べ物の影響も加わり、差し込み痛のような症状が出るのかもしれません。

アスリートの栄養に関するガイドラインでは、胃腸障害のリスクを下げるために、**運動前に脂肪や食物繊維、タンパク質を多く含む食品・飲料を避ける**ことが推奨されています。これらを参考に、自分のカラダに合わせて対策しておくことが重要だといえます。

カラダのなか

運動中は内臓より筋への血液供給が優先される！

ヒトは、状況に応じて限られた血液を各器官へ巧みに配分しています。生きている以上、カラダの各組織は仕事をしているのだから、体内に配分される血液量は常に一定ではないか、と想像している人もいるかもしれません。実際は運動中、特に強度の高い運動になるほど、血液配分は活動筋に優先され、最大強度ではほとんどが活動筋に配分されます。一方で、運動に直接関与しない内臓の血流量は大きく低下します。

運動強度が上がるほど内臓への血流は低下！

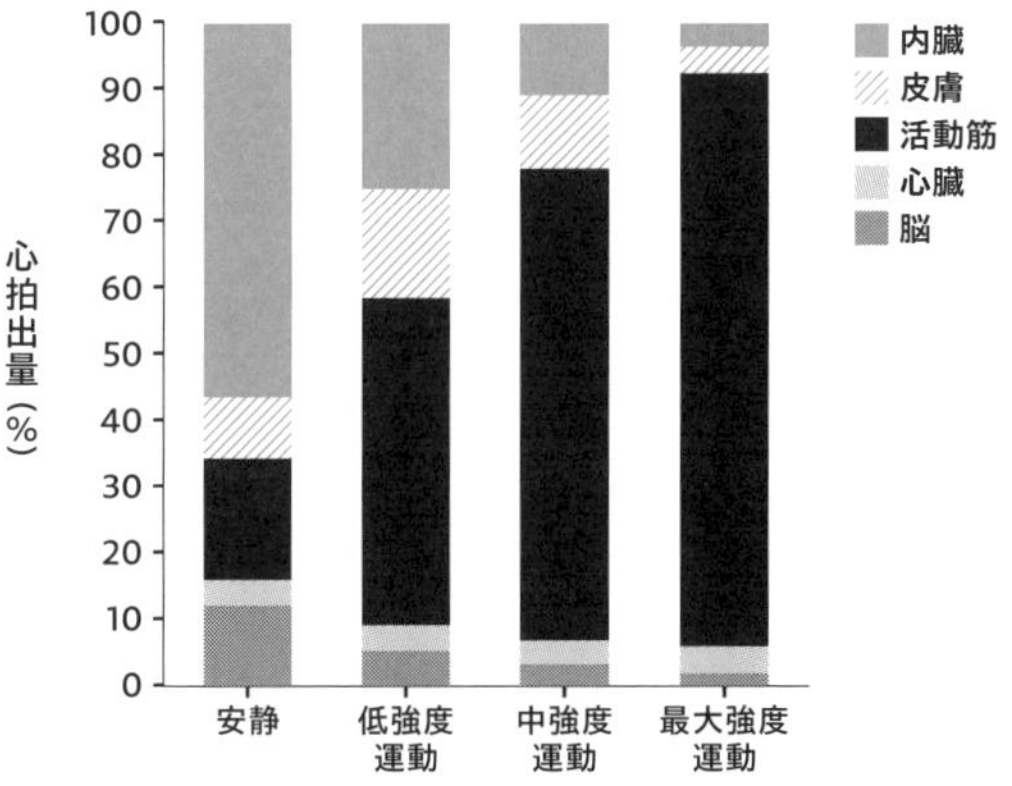

左の図は、内臓（胃腸、肝臓、腎臓など）、皮膚、活動筋、心臓、脳という各部位への心拍出量（心臓から送られる血液量）の配分割合と運動強度の関係を表したもの。安静時では内臓への血流は6割弱ですが、運動強度が上がるにつれ活動筋への配分が増加。最大強度になると、内臓への血液配分はごくわずかで、血液のほとんどが活動筋に送られることに。

胃腸への血流低下で腸粘膜のガードが甘くなる！

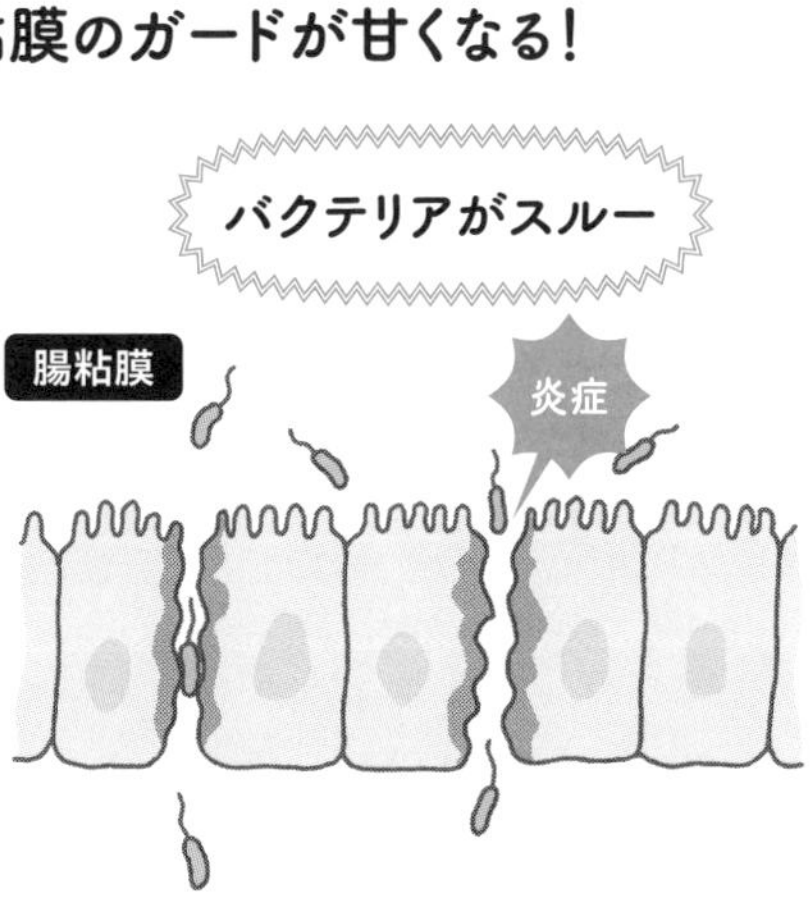

胃腸の血流量が低下すると、小腸の内壁にある粘膜組織の連結が甘くなります。膜の透過性が上がり、普段はブロックするバクテリアなどが体内にスルーされるように。その結果、全身・局所性の炎症反応が起こる可能性も。

Thomaset al., Med Sci Sports Exerc, 2016
Rowell., Human Cardiovascular Control, 1993　Costa et al., Aliment Pharmacol Ther, 2017

カラダのなか

運動強度が高くなるほど胃腸へのダメージは大きくなる！

レース中の差し込み痛はもちろん、レース後数日間は下痢などの症状に悩まされるランナーもいるようです。高強度の運動は、胃腸をはじめとする内臓へのダメージをもたらす可能性があります。血流低下や交感神経活動亢進からの消化器の機能障害、そして腸粘膜からバクテリアなどがもれて血液を介して全身にまわり、全身・局所性の炎症が起こることも。

マラソンによる胃腸のダメージは結構ある！

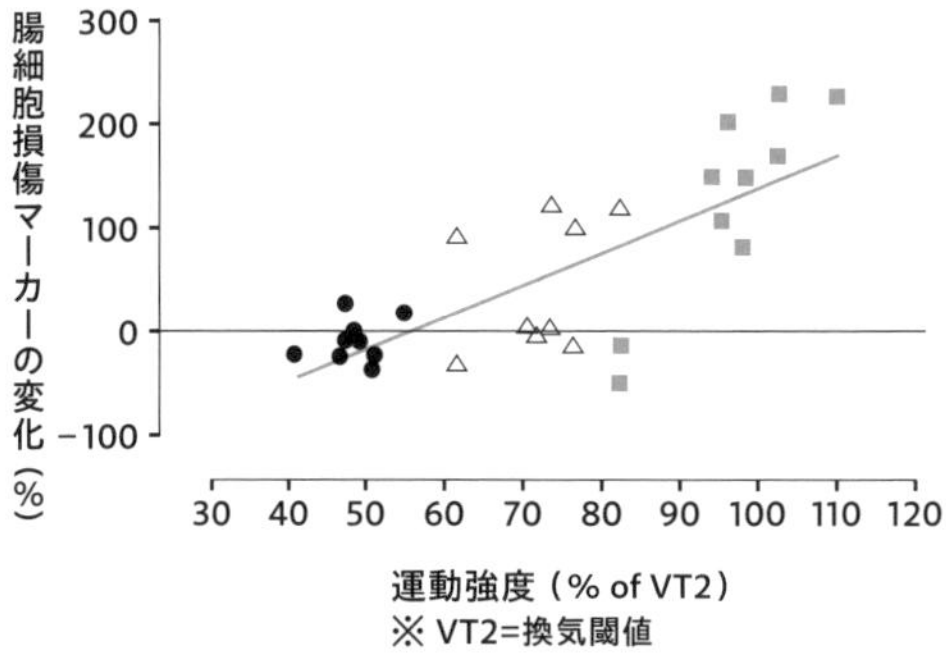

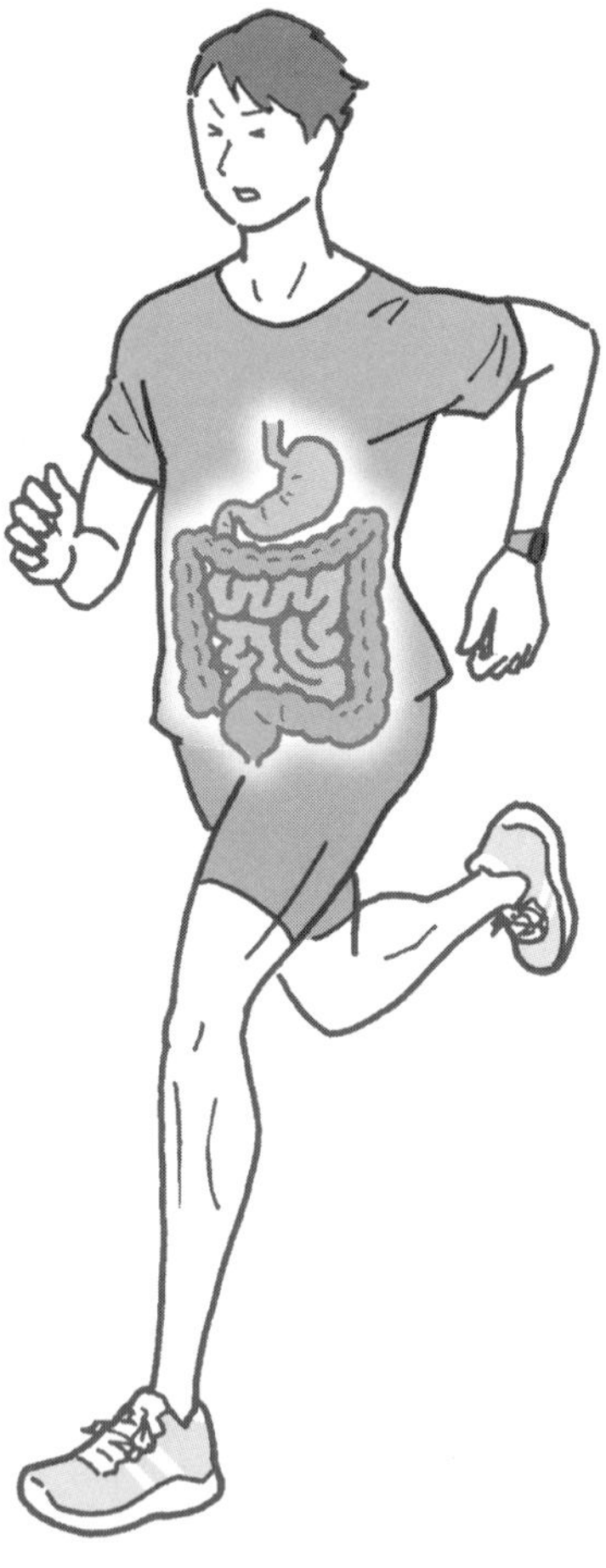

・胃腸のダメージは運動強度に比例

上の図は、運動強度と腸細胞損傷マーカーの変化を表したもの。腸のダメージは、運動強度に比例して大きくなる可能性が示唆されています。

・体温上昇でもダメージ！

深部体温が上がりすぎると（39℃以上）、内臓で炎症が起こります。熱中症モデルの動物を開腹して調べたところ、損傷している箇所が多く見られたという報告も。

・交感神経の活性化も影響

運動で交感神経が活性化すると、胃腸のぜん動運動機能などが低下し、これが胃腸障害につながる可能性も。

・胃腸障害を起こしやすいものは避ける

レース前には、脂肪、食物繊維、タンパク質を多く含む食品や飲料の摂取量を減らすことで、胃腸障害のリスクを低減するという考え方もあります。

#差し込み痛　#胃腸障害　#運動強度

Edwards et al., Appl Physiol Nutr Metab, 2021　Pires et al., Sports Med, 2017

第4章

ランナーの都市伝説的あるあるを検証したい！

あるある検証 1

安静時心拍数が低いほうが長距離走には有利なの？

#心拍数　#心拍出量　#最大酸素摂取量

最大酸素摂取量の観点では有利

高い実績を上げたトップランナーの安静時心拍数を聞くと、40拍／分という低い心拍数であることがあります。このように聞くと、**安静時心拍数は低いほうが、長距離走のような持久系スポーツには有利**に思えますが、実際はどうなのでしょうか？

酸素摂取量は、心拍出量と動静脈血酸素較差の掛け算で決まり、心拍出量を分解すると、心拍数と一回拍出量になります（P26）。

トレーニングで安静時心拍数が低下したからといって、安静時の心拍出量（組織に配る血液の総量）が大きく変わるわけではありません。心拍数が低下した分、一回拍出量が増えているのです。つまり、**配る量ではなく、配り方（回数を下げて一回の量を増やす）が変化した**といえます。

心拍数の上限（最大心拍数）は、年齢の影響でほぼ決まっていますが（P36）、**安静時心拍数が低ければ、運動で上げられる心拍数の幅が広がり、運動時の心拍出量の最大値がより増える**ことに寄与します。最大酸素摂取量も向上するため、そういう観点から見ると、安静時心拍数は低いほうが有利といえるでしょう。

逆に、**安静時心拍数が高いランナーは、運動で上げられる心拍数の幅が小さい**ため、一回拍出量をかなり上げない限り、心拍出量は大きく変化せず、最大酸素摂取量も大きく上がりません。

運動をせずに年齢を重ねていくと、最大心拍数の低下とともに、最大心拍出量が落ちてくるため、有酸素能力も落ちてくるのです（P94）。

カラダのなか

安静時心拍数が低いほど運動時に上げられる幅が大きくなる!

心臓も基本的には筋肉です。高強度トレーニングで鍛えていくと、収縮機能が上がったり、心容積も増大します。心臓の容量とポンプ機能が強化されるため、一回収縮したときに送れる血液の量が増えます。安静時に全身が必要とする血液量（心拍出量）はほぼ同じなので、一回の量が増えれば、回数が減ることになります。

トレーニングで一回拍出量が増える!

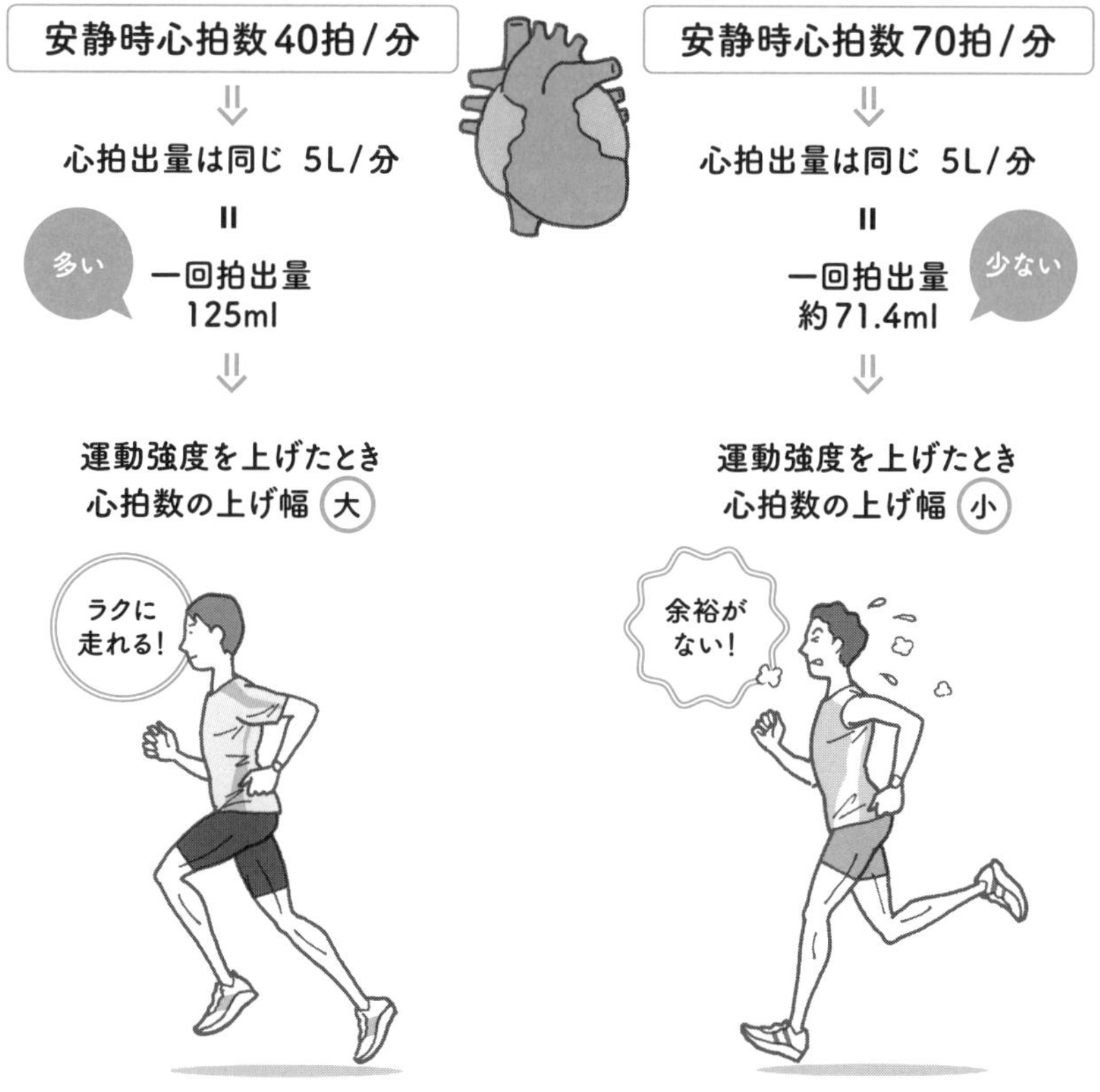

1分間に心臓が送り出す総血液量を約5L/分とすると、安静時心拍数が40拍/分だと一回拍出量は約125ml、70拍/分だと約71.4mlになります。安静時の心拍数が低いほうが、運動時に上げられる心拍数の幅が大きくなり、余裕があります。逆に安静時の心拍数が高いと、運動時に心拍数がすぐに最大付近に達してしまい、余裕がなくなります。

あるある検証 2

「スピード持久力」というものは実は存在しない!?

#スピード持久力　#有酸素能力　#最大酸素摂取量

定義されていないものは鍛えられない

マラソンのトレーニングでよく使われる**「スピード持久力」**という言葉があります。速く走るための**「スピード」**と、長く走るための**「持久力」**。どちらを鍛えるかで時期を決めてトレーニングしている人も多いのではないでしょうか？

長距離走の場合は、それぞれ別個に鍛えたスピードと持久力をまとめ上げ、**速いスピードを長く持続させるための能力「スピード持久力」**として、最終的にカラダを仕上げていくといわれることもあると思います。

ところが、運動生理学やスポーツ科学の世界では、スピード持久力というものが、実際どのような状態を指すのか、明確な定義がありません。一部の論文では、「スピード持久力トレーニング」と称して、強度、運動時間、リカバリー時間の例を挙げながら、くり返しの運動を実践するとよいという解説があるものの、それが高強度のインターバルトレーニングと、明確な違いがあるのかは疑問です。**そもそも「スピード持久力とはなにか」が明確に定義されていなければ、どのような強度でどれくらいの時間運動をすればよいのか、さらにはトレーニング効果も評価できない**といえます。

たとえば、「最大酸素摂取量の○%の強度の運動を、最大○以上持続させる能力」といった定義があれば、そのパフォーマンスに寄与する生理学的要因がある程度説明可能です。しかし、現状のスピード持久力は、フワッとした概念にすぎません。**どれくらいの速さをどれくらい持続できれば、「スピード持久力がついた」といえるのか不明**なのです。

陸上を含めたスポーツの世界では、広く浸透しているフワッとした常識が、意外と多いのかもしれません。

カラダのなか

「スピード持久力」の定義はあいまい

「速いスピードを長く持続させる能力」といえば、尤もらしく聞こえますが、実際に「どれくらいのスピードを、どれくらい持続させる」ことができる能力なのでしょうか？ 実は「スピード持久力」という概念は明確に定義されておらず、運動生理学やスポーツ科学の学術的な世界ではどのような能力なのかはっきりしない能力ともいえます。

スピード持久力は具体的に定義されていない

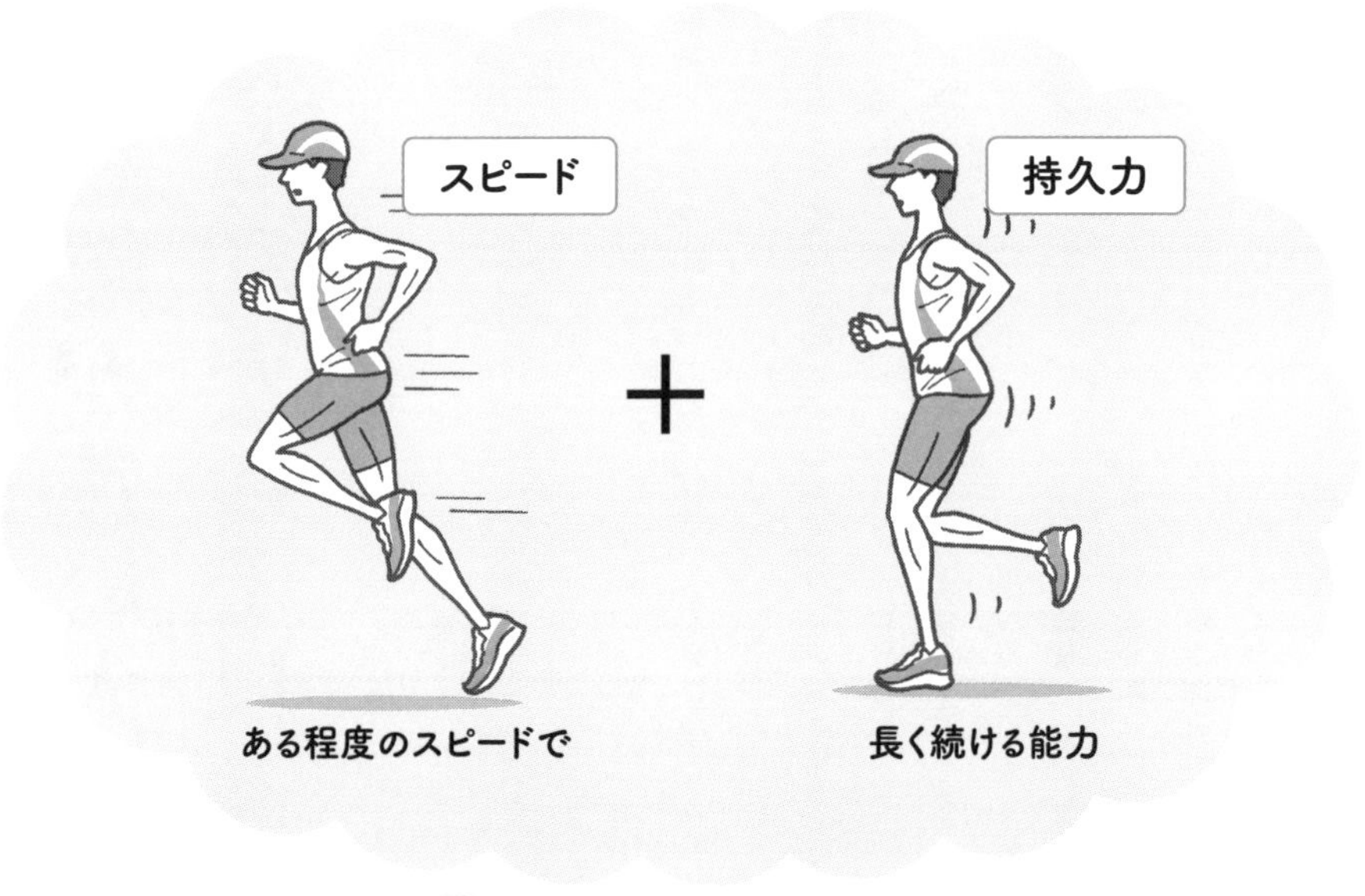

と、いわれているが……

**最大酸素摂取量の何％をどれくらい持続する
といった具体的な定義はない**

**個人によってとらえ方が違い、
トレーニングもなにをすればよいのかあいまい。**

あるある検証

3 結局、短距離が速い人のほうが長距離も有利なのでは？

#最大酸素摂取量　#乳酸閾値　#ランニングエコノミー

短距離の速い遅いは関係ない？

近年の中・長距離トラック種目やマラソンの「高速化」という傾向を見ていると、**スピードの重要性**がますます高まっているように思います。

ところで、スピードが重要ということであれば、**短距離のスピードの速いランナーが、持久力をつけて走れば、マラソンでも有利になる**のではないかという想像が働きます。

答えはイエスであり、ノーでもあります。マラソンに必要な能力は、**最大酸素摂取量と、乳酸閾値、ランニングエコノミー（機械効率）**です（P26）。この生理学的モデルから考えれば、短距離が遅かろうが速かろうが、この**3つの能力が高い人は、マラソンを速く走れる**ことになります。

ナイキの『Breaking2（ブレイキング2）』では、マラソンで2時間を切れるポテンシャルのある選手を見つけるのに、この3つの測定を行ったそうです。

実際に、筆者が短距離選手の最大酸素摂取量を測定したところ、なかにはかなり高い値を示す人もいました。

最近でも、世界陸上競技選手権大会に３０００ｍ障害で出場した砂田晟弥《せいや》選手は、全日本中学校陸上競技選手権大会の４００ｍで優勝しているほどの選手ですが、１００００ｍも28分22秒で走ります。

マラソンではなく、**トラック種目の中・長距離選手であれば、無酸素代謝能力がより重要になり、短距離が速い人がより有利になる**でしょう。

短距離に優れた選手の、最大酸素摂取量や乳酸閾値、ランニングエコノミーを測定することで、**スプリントも強い長距離選手**を発掘できたりするのかもしれません。

カラダのなか

長距離の速さを決める要素は別にある！

生理学的モデルでは、マラソンのパフォーマンスは、①最大酸素摂取量、②乳酸閾値、③ランニングエコノミー（機械効率）で決まります（P26）。ということは、短距離が速かろうが遅かろうが、この３つのパラメーターが優れていれば、理論上マラソンを速く走れることになります。

マラソンパフォーマンスを決定する生理学的要素

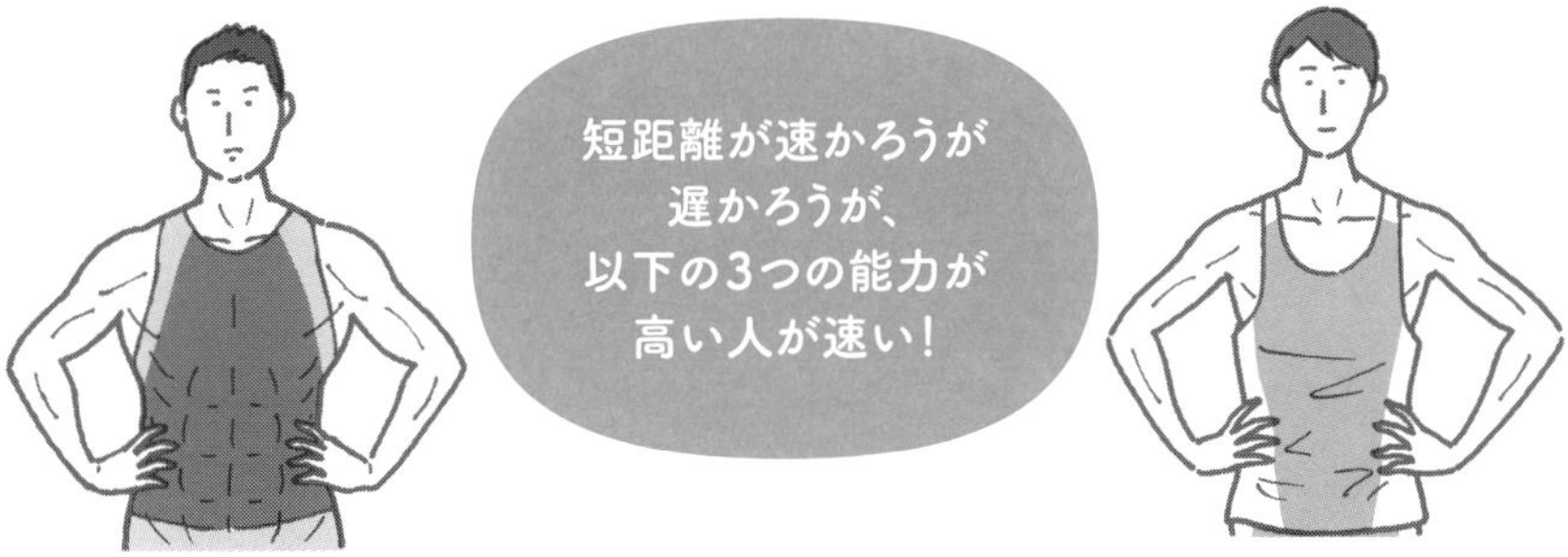
短距離が速かろうが
遅かろうが、
以下の3つの能力が
高い人が速い！

❶ 最大酸素摂取量

❷ 乳酸閾値

❸ ランニングエコノミー

順位が重要なレースでは、マラソンであっても、レースの序盤でスローペースになったり、ペースが途中で大きく変化したりします。上の３つの能力が高く、かつ短距離走も得意な人は、ラストスパートも強いことが多いので、順位が重要なレースでも有利でしょう。

あるある検証 4

カラダを軽く動かす休養 アクティブレストって有効なの？

#アクティブレスト　#積極的休養　#完全休養

メリットやデメリットを把握しておく

陸上トレーニングのなかで、広く浸透している常識のひとつに**「アクティブレスト（＝積極的休養）」**という概念があります。休養日として設定された日に、本当になにも運動をせず安静に過ごすのが**「完全休養」**。それに対し、**休養日にウォーキングや体操、低強度のジョグなどを行うのが「アクティブレスト」**といわれています。

アクティブレストの目的としては、**精神的なリフレッシュや、疲労回復**とされています。「軽く運動をすると、血流がまわって疲労物質が除去されるから、完全休養より回復が早い」と尤もらしくいわれがちですが、この点についてはよく考える必要があります。低強度とはいえ、運動していることに変わりはなく、エネルギーを消費するわけですから、筋グリコーゲンの回復が遅れるかもしれません。さらに、運動により鉄吸収を阻害するヘプシジンが増える可能性があります（Ｐ１５２）。貧血に悩んでいる人は、運動しない日を設けて、鉄の吸収をしっかり行うのがよいのかもしれません。

ただし、**低強度運動をすることのメリットもあるため、その点を考慮して選択する**のがよいでしょう。

トレーニング量が**ミトコンドリア機能向上につながる**可能性があるため（Ｐ61）、これがひとつメリットとして挙げられそうです。さらに、トレーニング後になにもしないと、せっかく**鍛えた能力が落ちてしまう可能性もあり、なにもしないより低強度運動を実施したほうがよい**のかもしれません（Ｐ１４８）。アクティブレストのメリット・デメリットを押さえたうえで、個々の目的に合った休養のとり方を選択していく必要があると思います。

カラダのなか

低強度運動のメリットはあるかもしれないが、デメリットもある！

アクティブレスト（低強度運動トレーニング）は本当に必要なのでしょうか？ トレーニング量（走行距離）を増やすことによる能力向上があるかもしれない一方、逆効果になり得る場合もあります。メリットやデメリットの両面を考慮して選択しましょう。

メリットとデメリットのバランスを考えて決定する

メリット

・運動量増加によるミトコンドリア機能向上

運動強度がミトコンドリアの機能向上に重要であることは述べましたが（P52）、運動量（走行距離）の重要性も指摘されています（P61）。

デメリット

・筋グリコーゲンの回復遅延

低強度運動とはいえ、エネルギーを消費していることに変わりはありません。消費している分、食事との兼ね合いはありますが、筋グリコーゲンの回復が遅れ、次の練習での高強度トレーニングの際に影響が出る可能性も。

デメリット

・鉄の吸収量の低下

運動
炎症性サイトカイン
IL-6が上昇
⇓
肝臓
ヘプシジン産生
⇓
小腸
鉄の吸収を抑制

貧血のリスク

運動をすると、カラダの鉄の量を調節するホルモン「ヘプシジン」が増加し、小腸での鉄の吸収を抑制します。貧血を予防するためにレバーなどを食べることもあるかと思いますが、そのときにヘプシジンが多い状態だと、鉄吸収の効率が落ちてしまいます。

Peeling et al., Int J Sport Nutr Exerc Metab, 2009
Nemeth et al., Science, 2004

あるある検証 5

ウインドスプリントで疲労を飛ばすっていわれているけれど？

#ウインドスプリント　#流し　#ランニングフォーミュラ

独自の効果として不明な要素も多い

陸上トレーニングで日常的に行われているメニューのなかに、**「ウインドスプリント（通称：流し）」**と呼ばれる種目があります。文字通り**「風を感じるスピードで心地よく疾走する」**という内容で、基本的には、ランニングエコノミーの向上や、フォームのリセット、脚力や心肺能力の強化など、目的はさまざまです。

よく聞かれるのは、ロングジョグやLSDなどの長時間の低強度ランによって無意識に小さくなったフォームを、ウインドスプリントを入れることで、**大きなフォームにリセットする**といったことや、蓄積した**疲労物質を心拍の上昇によって拡散させる**（疲労を飛ばす）といったこと。

実際にどのようにトレーニングに組み込むのかについては、有名なトレーナーでもあるジャック・ダニエルズ博士の著書『ダニエルズのランニング・フォーミュラ』にも掲載されています。しかし、運動生理学の観点から見て、本当にそれ独自の効果があるのか？　という疑問が残ります。

大きなフォームにリセットというものの、**本当にリセットされているのか**わかりません。疲労回復や爽快感もあいまいな言葉ですし、運動する分、むしろ**疲労が大きくなる**可能性もあります。また、運動強度による負担がそこまで高くないのでケガや故障のリスクが低いともいわれますが、ある程度の強度で運動している分、**ケガのリスクはある**わけで、ケガが怖いなら、休養すればよいだけの話のような気がします。

陸上トレーニングでは常識的に組み込まれているメニューなので、なにかしら効果はあるのかもしれないですが、**運動生理学的には説明できないことが多い**といえるでしょう。

カラダのなか

学術的な根拠はあいまい？

ダニエルズ式のウインドスプリントの基本は、ダッシュではない速度の軽く素早い動きで1本15～20秒くらいの距離を45～60秒の休息を入れて数本走る方法。高強度インターバルトレーニングなどの練習前（ウォーミングアップ）や、練習後（クールダウンなど）に実施することが推奨されています。学術的な根拠としては少しあいまいな部分も。

ウインドスプリントに意味はあるのか？

・ウインドスプリントの主な方法

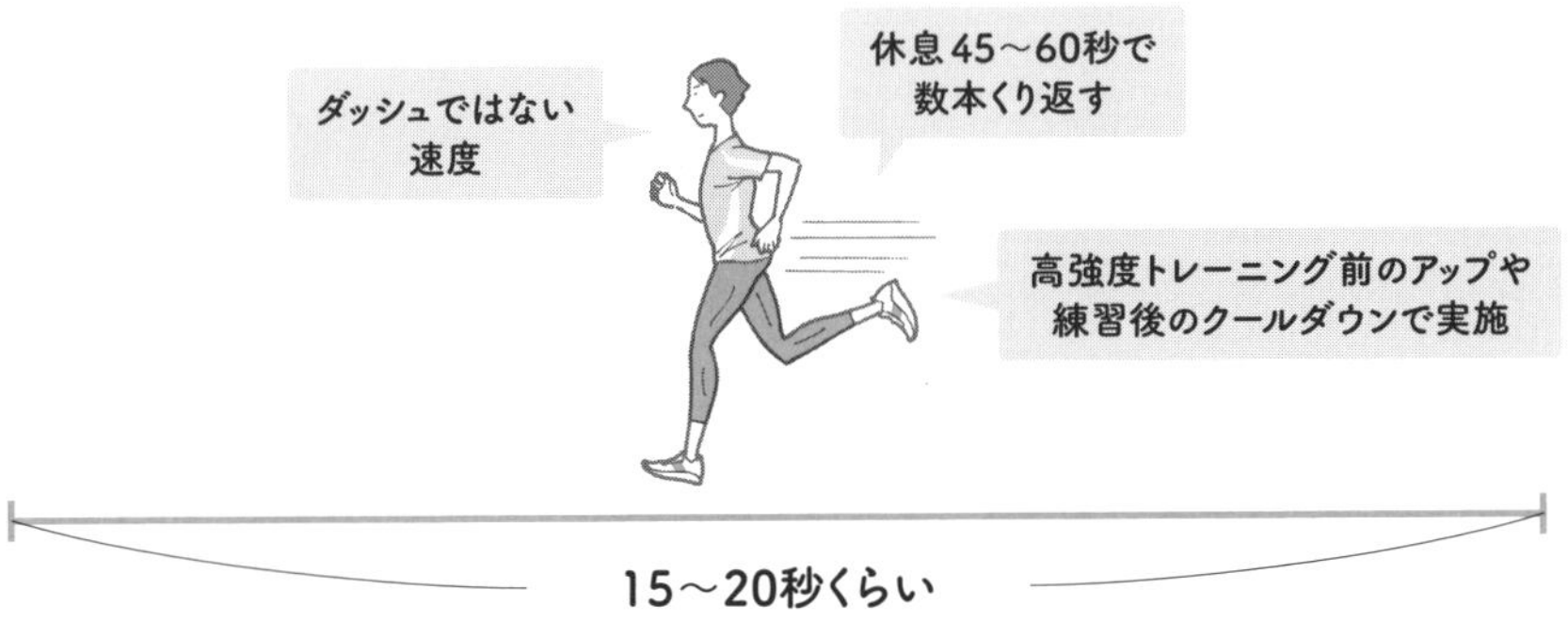

・ウインドスプリントの効果への疑問

疲労を飛ばす
⇒ より疲労が蓄積する可能性

心肺機能の向上
⇒ それほど効果は大きくない可能性

ケガのリスクが低い状態で強度をかける
⇒ 根拠不明

大きなフォームにリセット
⇒ 根拠不明

練習後の爽快感
⇒ 根拠不明
（爽快感があったとしても
その生理学的な効果は不明）

エコノミーの向上
⇒ 根拠不明

あるある検証 6

足裏（かかと）の衝撃で赤血球が壊れるから貧血になりやすい？

#溶血　#ヘモグロビン　#赤血球　#貧血

貧血との関連はない？

長距離種目の女性アスリートなど、**貧血に悩むランナー**は少なくありません。貧血の原因としては個人の造血機能の問題もありさまざまですが、ヘプシジンによる鉄吸収阻害（Ｐ１５２）や、食事の問題もあるでしょう。女性の場合は、月経の影響もあります。

一方、貧血の原因として、陸上界では**都市伝説的に語られていること**があります。

それは、**「走ったときの足裏（かかと）の衝撃で赤血球が壊れるから、貧血になりやすい」**ということ。果たして、そのようなことが本当に起こっているのでしょうか？

赤血球が壊れると、中身のヘモグロビンが血液内に溶け出し、遊離ヘモグロビン濃度が上がりますが、これを**溶血**といいます。

自転車とランニング（どちらも75%最大酸素摂取量強度）で、運動前後の遊離ヘモグロビン濃度を調査したデータがあります。自転車とランニング、それぞれで遊離ヘモグロビン濃度が上昇していますが、その増加はランニングで4倍ほど大きくなりました。明らかに**ランニングで溶血が起こりやすい**という結果が出ています。自転車とランニングの大きな違いは着地の衝撃なので、これが溶血につながる可能性がありそうです。

しかし、単純に溶血がそのまま貧血に結びつくとはいえないようです。**ウルトラマラソンで溶血し、その後、総赤血球量を計測したら、変化がなかった**という報告も。ランニングの溶血が貧血に結びつくことを示す直接的なデータはなく、**貧血の要因はほかにある可能性が高い**と考えられます。

カラダのなか

赤血球は壊れるかもしれないが、貧血には結びつかない!?

赤血球が壊れているという状態（溶血）は、中身のヘモグロビンが血液に溶け出した遊離ヘモグロビンの濃度でわかります。たしかに、運動後の遊離ヘモグロビンの上昇がランニングで圧倒的に大きくなるため、ランニング特有の要因（着地の衝撃など）で赤血球が壊れてしまうことは事実。しかし、それが貧血に必ずしも結びつくかは不明です。

赤血球が壊れる「溶血」は起こる!

・運動前後の血漿遊離ヘモグロビン濃度

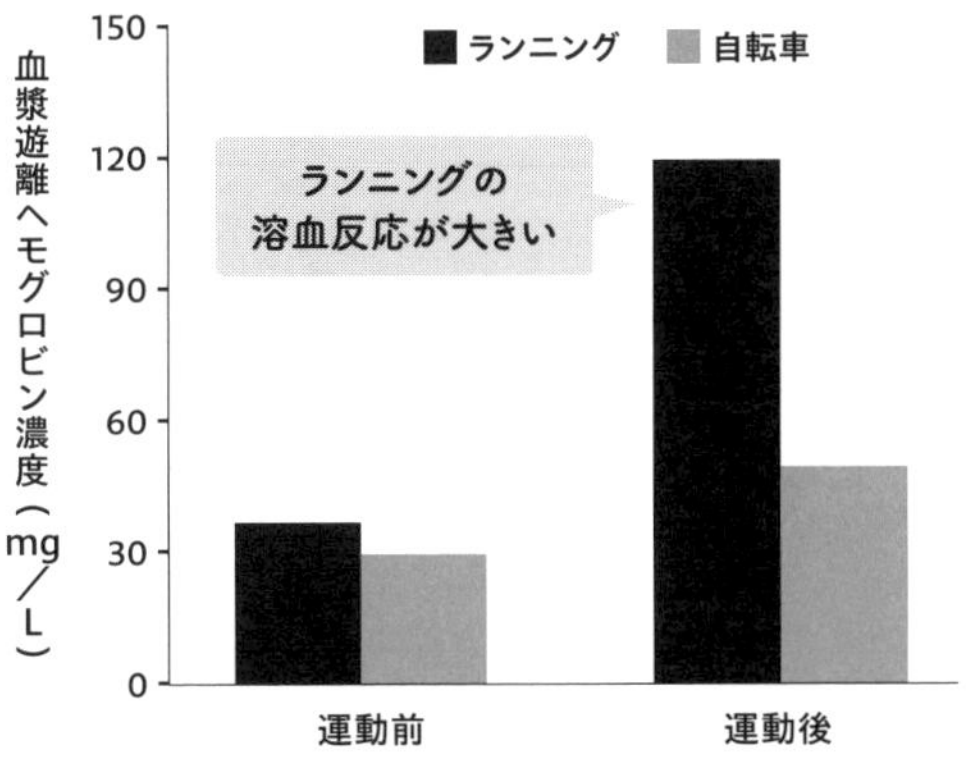

左の図は、自転車とランニングで運動前後の血漿遊離ヘモグロビン濃度を比較したもの。それぞれ運動強度は75％ $VO_{2}max$に合わせて60分間継続しました（酸素摂取量も両運動で同じ）。どちらの運動でも値が上がりましたが、その増加はランニングのほうが約4倍大きかったとのこと。明らかにランニング特有の要因（着地衝撃など）が、溶血と関係していると考えられます。

・貧血に必ずしも結びつかない

赤血球が壊れると、中身のヘモグロビンが血液に溶け出す溶血が起こります。しかし、溶血が起こっても、赤血球量が変わらなかったとする研究報告もあり、溶血が貧血に結びつくかは疑問視されています。ランナーの貧血には、食事や月経、ヘプシジンなどが関係しているのかもしれません。

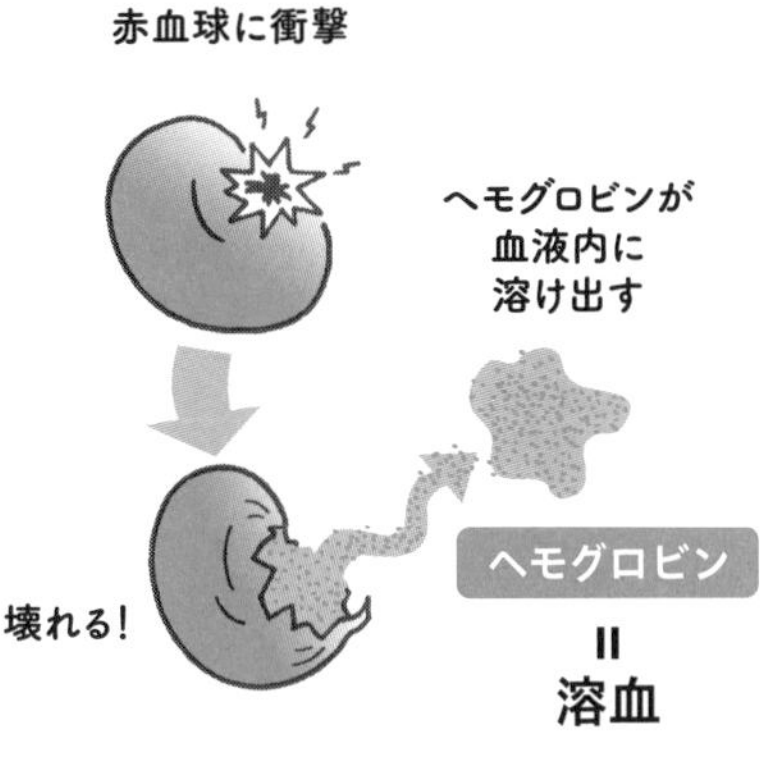

Telford et al., J Appl Physiol, 2003
Robach et al., Scand J Med Sci Sports, 2014

あるある検証 7

女性ランナーの生理が止まってしまう問題とは？

#無月経　#骨密度　#骨粗しょう症

ハードなトレーニングで生理が止まる

陸上界には、女性選手の**「生理が止まってしまう」**という問題があります。

前述したように（P96）、女性ホルモンは身体機能に大きく影響します。しかし、**性周期による女性ホルモンの変動はトレーニングによって小さくなる**ため、女性ホルモンが身体機能に与える影響も小さくなる可能性があります。これはアスリートにとってポジティブととらえられるかもしれません。しかし、それが長く継続することによるデメリットも考えなければいけません。

トレーニングがハードになるほど、無月経（運動性無月経）の発生率が上がるというデータがあります。**1週間の走行距離が70マイル（約113㎞）を超えてくると、無月経の発生率は約40％まで上昇する**という報告も。無月経になると、女性ホルモン**「エストロゲン」**の分泌が下がり、骨密度が低下します。運動で骨が強くなる作用もあるのですが、エストロゲン不足や、不十分なエネルギー摂取により、骨の健康が大幅に損なわれてしまうので、女性アスリートはやはり注意が必要です。

持久運動パフォーマンスが女性ホルモンの影響を受ける可能性があると考えられ、海外では**ピルを使用して、レースのスケジュールに合わせて周期を調整する**ケースも見られます。ただ**性周期のどこで体調が悪くなるかは、個人によって異なります**。場合によっては、病院で検査して早めにカラダの状態を把握することも重要です。

自身の特性をよく見極めて、個別の対応を取るのが、最も重要であると考えられます。

トレーニングがハードになるほど無月経の発生率は高くなる

走行距離が長くなるほど、無月経の発生率が高まるというデータがあります。フルマラソンの練習で一般ランナーが走る距離でも、発症率が大きく上がる可能性があるので要注意。個人によって影響に大きく差が出るため、それぞれのカラダに合わせた管理が重要となります。

カラダの機能変動は少なくなるかもしれないけれど……

トレーニングを積むほど、性周期によるホルモン変動は小さくなり、女性ホルモンによるカラダの機能変化が小さくなる可能性があります。ただし、それにより不妊や骨粗しょう症のリスクが高くなるので、注意が必要です。

・トレーニング距離と無月経の発生率

右の図は、1週間の走行距離と無月経の発生率の関係を表したもの。週70マイル(約113km)以上で約40%発生するということですが、10マイル(約16km)程度でも約20%まで発生率が上がることは驚きです。これくらいなら一般ランナーでも普通に走る距離といえ、リスクを頭に入れておく必要があるでしょう。

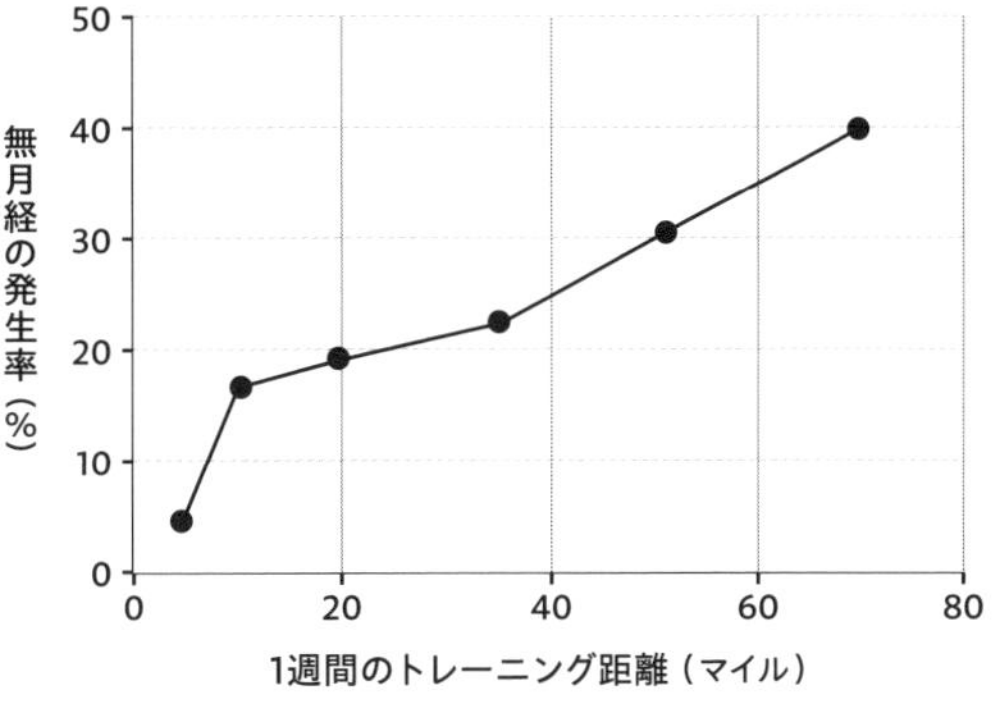

Feicht et al., Lancet, 1978

あるある検証 8

赤血球やヘモグロビンを増やす高地トレーニングって有効なの？

#高地トレーニング　#フィックの式　#酸素の運搬能力　#ヘモグロビン

酸素を運ぶ能力を高める

陸上長距離のトップアスリートたちは、トレーニングの一環として高地で生活することがあります。低酸素環境での長期滞在は、どのような効果があるのでしょう？

大きな目的としては、**酸素の運搬能力を高め、有酸素能力（最大酸素摂取量など）を向上させる**ことにあります。フィックの式でいえば、右側の**動静脈血酸素較差にアプローチする手段**といえます。

低酸素環境では、動脈血に積み込める酸素の量（動脈血酸素含量）が低下します。これを補うように、造血を促すホルモンであるエリスロポエチンが産生され、**赤血球やヘモグロビンを増やす**という適応が起こります。結果として、動静脈血酸素較差が上がり（動脈血酸素含量増加による）、最大酸素摂取量も上がって、平地での持久運動パフォーマンスが向上する可能性があるというわけです。

しかし、高地トレーニングは誰でも効果があるとは限らず、失敗するリスクもあります。成功させるためには、**適切な高度（およそ2000～2500m）、期間（3～4週間）、一日の低酸素暴露時間（14時間以上／日）**の設定や、**トレーニング強度の維持（トレーニングは平地近くで行うほうがよい）、トレーニング前・中の十分なフェリチン（鉄を貯蔵するタンパク質）濃度（材料の鉄がないと赤血球がつくれない！）**が重要となります。

さらに、トレーニング中の睡眠、体水分状態、病気の有無、疲労感などもチェックする必要があります。それでも必ずしも成功するとは限りません。高地トレーニングは魔法ではないということです。

カラダのなか

酸素をたくさん積んで全身に供給する能力が上がる！

高地トレーニング（高地滞在）の効果は、酸素摂取量を向上させるための要素である「酸素運搬能力」を上げることにあります。具体的には、赤血球やヘモグロビンを増やすこと。低酸素下での長期間の生活が適応を起こします。

高地トレーニングの効果はフィックの式の右側！

酸素摂取量 ＝ 心拍出量 ×（動脈血酸素含量 − 静脈血酸素含量）

赤血球やヘモグロビンが増える

低酸素のため、カラダの酸素が不足。酸素供給を増やすために、赤血球やヘモグロビンを増やす適応が起こります。また、これによって、酸素運搬能力が向上し、持久運動パフォーマンスも向上する可能性があります。

必ずしも効果があるわけではない

高地トレーニングは誰にでも効果があるわけでなく、効果が出ない人もいます。このこともあり、著名な呼吸生理学者は、高地トレーニングに否定的な見解を持っています。できるだけ成功させる確率を上げるために、鉄がカラダに十分あるのかといった、トレーニング中の体調管理などを徹底する必要があります。

あるある検証 9

痩せやすいスピードや距離ってあるの？

#ダイエット　#脂肪燃焼　#カロリー収支

摂取より消費を増やすしかない

大人が最初に走り始めるきっかけとしては、健康やダイエットを目的とすることが圧倒的に多いのではないでしょうか？　健康や美容に関する記事などで、ダイエット目的のランニング方法が紹介されることも多いと思いますが、実際に**「痩せやすいスピードや走り方」**は存在するのでしょうか？

答えはシンプルで、残念ながら、**痩せるための特別な走り方などは存在しません**。単純に、人間はエネルギー消費が摂取を上回ると、痩せていきます。

「脂肪を燃やすには、ゆっくり走るスロージョグが一番」であるとか、「運動強度60～65％（最大酸素摂取量）で走ると一番脂肪が消費される」であるとか、**一部の特徴を抜き出して大袈裟に伝えられる**ことが、多々あります。糖より脂肪を利用する割合が多いから、低～中強度で走るのが一番だというのは、一見尤もらしいように思えます。しかし、ここに落とし穴が。**運動の強度が低ければ、消費されるエネルギーの量が少なくなる**ということです。たしかに消費される割合は、脂肪のほうが多くなるかもしれませんが、消費されるカロリーが少なくなるのです。それで痩せるには、**より長い運動時間を確保する必要が出てくる**のです。

消費エネルギーを増やすうえで、最も重要なのは、**運動強度と運動時間の掛け算**で表される面積です。これが大きいほど、消費が大きくなり、痩せていきます。最強の組み合わせは、高強度×長時間。これが厳しいとなれば、そこから可能な範囲で強度や時間を調節して、**より多くのエネルギー消費を目指す**のです。もちろん、消費エネルギーが増えても、摂取エネルギーが増えれば、痩せませんのでご注意を。

カラダのなか

結論として、そんなものはない。強度×時間が基本！

痩せるための特別な走り方は、残念ながら存在しません。痩せるための答えはシンプルで、エネルギー消費量をエネルギー摂取量より多くすること。脂肪を燃焼しやすい強度であるとか、カフェインで脂肪燃焼が上がるとか、それらの効果があったとしても、微々たるものといわざるを得ません。

いろいろ説はあるけれど、真実はひとつ！

・脂質と糖質の利用率などもあるが……

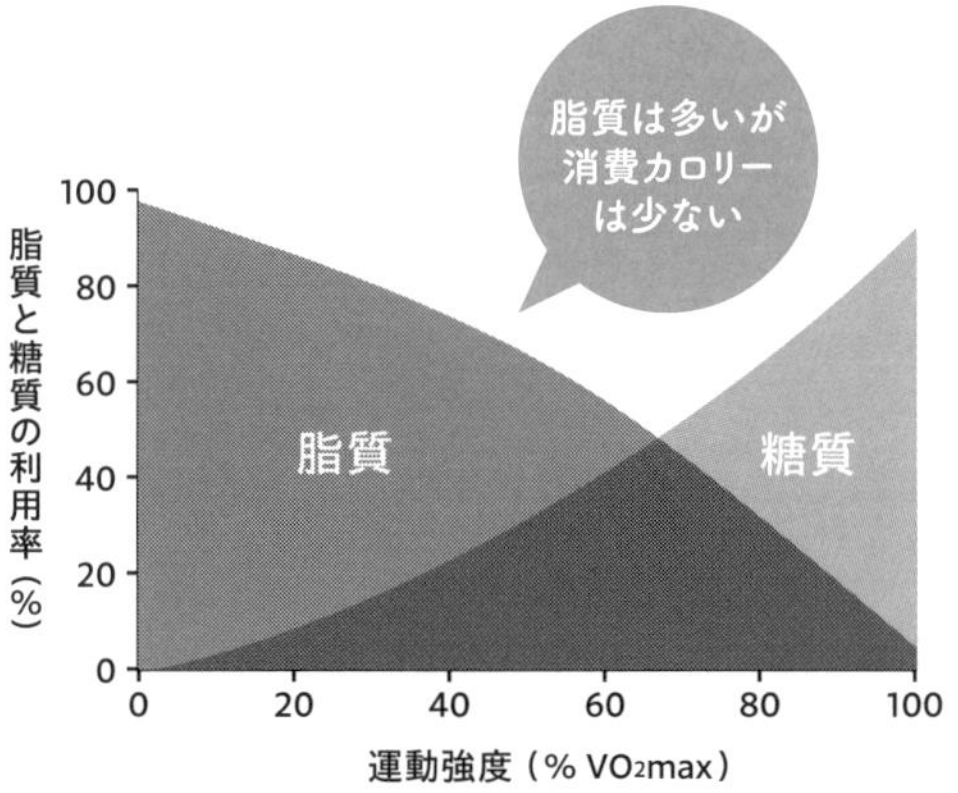

左の図は、運動強度と脂質·糖質の利用率の関係を表したもの。運動強度が最大酸素摂取量65％強度付近までは糖質より脂質の割合が多く、イメージ的に低強度で運動したくなりますが、低強度になるほど消費エネルギーが少なくなり、痩せるまでの道のりが遠くなります。

・運動強度と運動時間の面積で考える

右の図は、エネルギー消費と運動時間の関係を示したもの。縦横軸の掛け算でつくられる面積が大きくなるほど、消費エネルギーも大きくなります。強度を上げれば縦軸が大きくなり、運動時間を増やせば横軸が大きくなります。脂肪燃焼効率などの細かいことは気にせず、エネルギー消費の面積を大きくすることに集中しましょう。

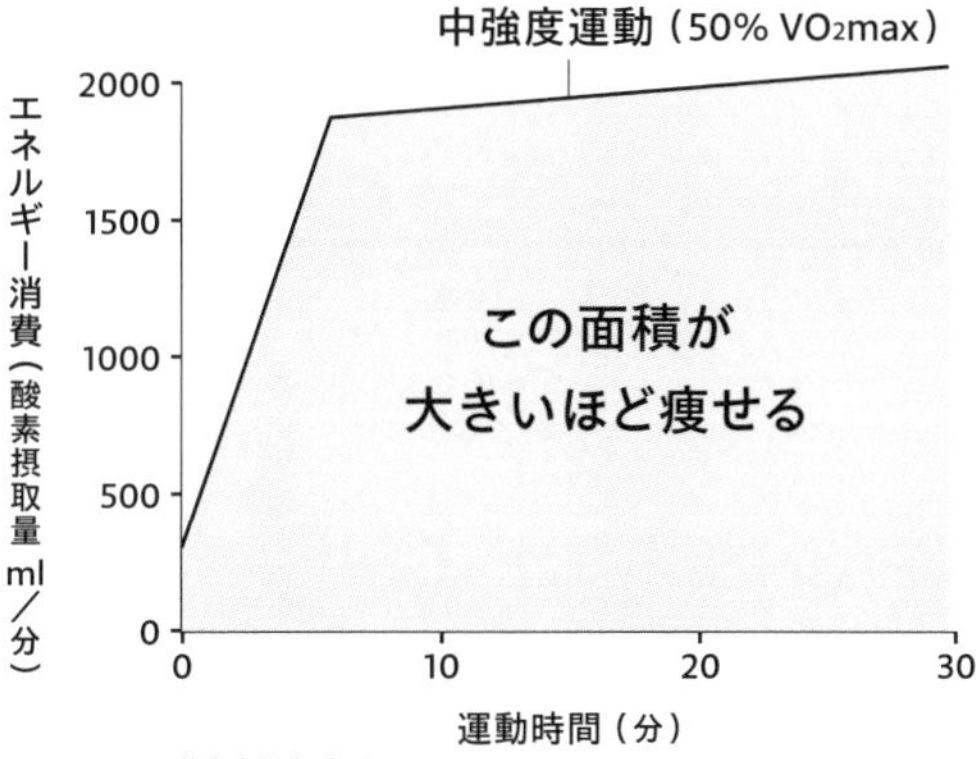

著者未発表データ

Rapoport., PLoS Comput Biol, 2010

あるある検証 10

トレーニングを1日サボると、戻すのに3日かかる説は本当？

#ディトレーニング　#リトレーニング　#休養

根拠と思われるデータがある

かつては、部活の先輩から「バテるから練習中に水を飲むな」といった迷信のような指導を受けていた時代がありました。当時は誰もがそれを盲信し、ツラくても必死にガマンしていたものです（水分補給の正解はP82へ）。

その迷信のひとつに**「練習を1日サボると、戻すのに3日かかる」**というものもありました。これを聞くと、多少のことでは部活を休めない気持ちになったものですが、これは科学的に事実なのでしょうか？

1日休んだだけで、というのは大袈裟ですが、根拠となるデータはあるようです。

トレーニングによる適応が、トレーニングの中断や不足によって、部分的もしくは完全に消失することを、**ディトレーニング**といいます。ディトレーニングの影響を検証した研究によると、ディトレーニング初期に、最大心拍出量と最大一回拍出量が大きく低下するようです。これは、主に血液量の低下によると考えられています。逆に研究データはひとつしかありませんが、筋のミトコンドリアや毛細血管などが関係する**動静脈血酸素較差は、ゆっくり減少している**可能性が示されています。

また、ディトレーニングによる**筋ミトコンドリア容量**の変化をラットの実験データから推測すると（P151）、トレーニングで増えた分は、**やめてから1週間で半分が減少、5週間ですべてなくなります**。しかも、トレーニングで**取り戻すには3〜4倍の期間**を要し、これは、「1日サボると、戻すのに3日かかる」という考えをサポートします。ただ、このようなデータをもとに格言がつくられたかは不明です。

カラダのなか

迷信のようだが、一応根拠となるデータはある!

「練習を1日サボると、戻すのに3日かかる」という代々受け継がれてきた迷信のような格言(?)。これは、科学的な根拠のある事実なのでしょうか? もしあるとすれば、具体的にどのような能力が、どのように低下するのでしょう? また、低下した能力を戻すのに3倍の期間を要するのはなぜなのでしょうか?

生理学的ギモン
・具体的になんの能力が落ちるのか?
・なぜ能力の回復に3倍の期間が必要なのか?
1日サボると戻すのに3日かかるぜ
マジすか!?

カラダのなか

比較的落ちやすい能力と、落ちにくい能力がある！

トレーニングで向上した能力は、トレーニングを中止したら、どのように低下していくのでしょうか？　ディトレーニングの影響（トレーニング後、座業で要求されるような最低限の活動レベルを維持）を調査したデータでは、落ちやすい要素と落ちにくい要素があることが示されています。

心拍出量は急降下！

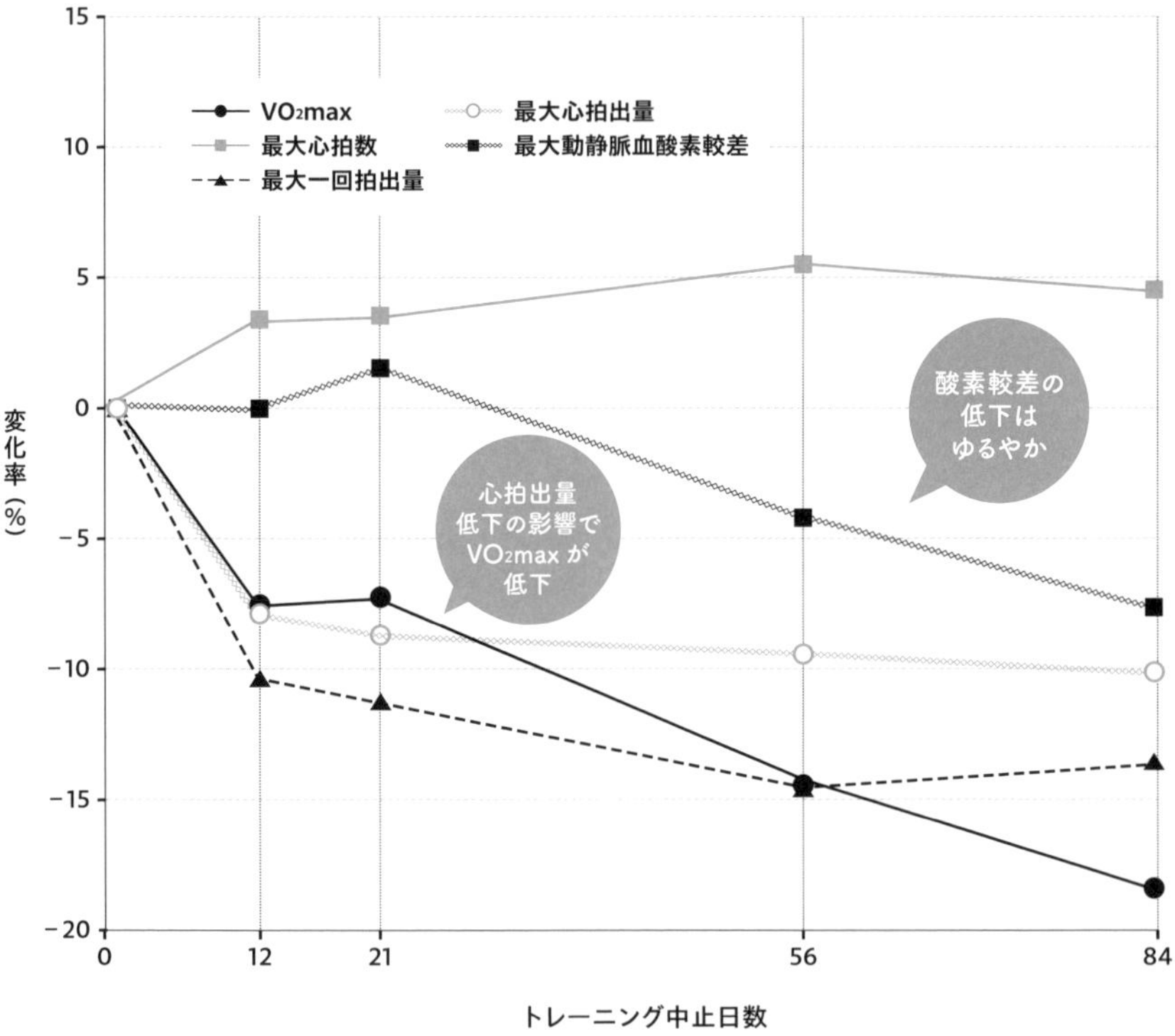

上の図を見ると、トレーニング中止後12日目には最大酸素摂取量は低下しています。このとき、最大動静脈血酸素較差は変化せず、最大心拍出量が低下していることから、後者が最大酸素摂取量の低下に寄与していると考えられます。この最大心拍出量の低下は、血液量低下に伴う最大一回拍出量低下に起因するものと推測されます。

Coyle et al., J Appl Physiol, 1984

カラダのなか

ミトコンドリアを取り戻すのに、3倍の期間がかかることも！

下の図は、トレーニングで増えた筋のミトコンドリアが、トレーニング中止後にどのように減っていくのかを、ラットの実験データをもとにシミュレーションしたもの。増加分はわずか1週間で半減し、それを取り戻すためにトレーニングを再開すると、4週間という期間を要しています。これが失った能力を取り戻すのに3倍の期間がかかるという根拠となっているのかも？

失ったミトコンドリアを取り戻すには？

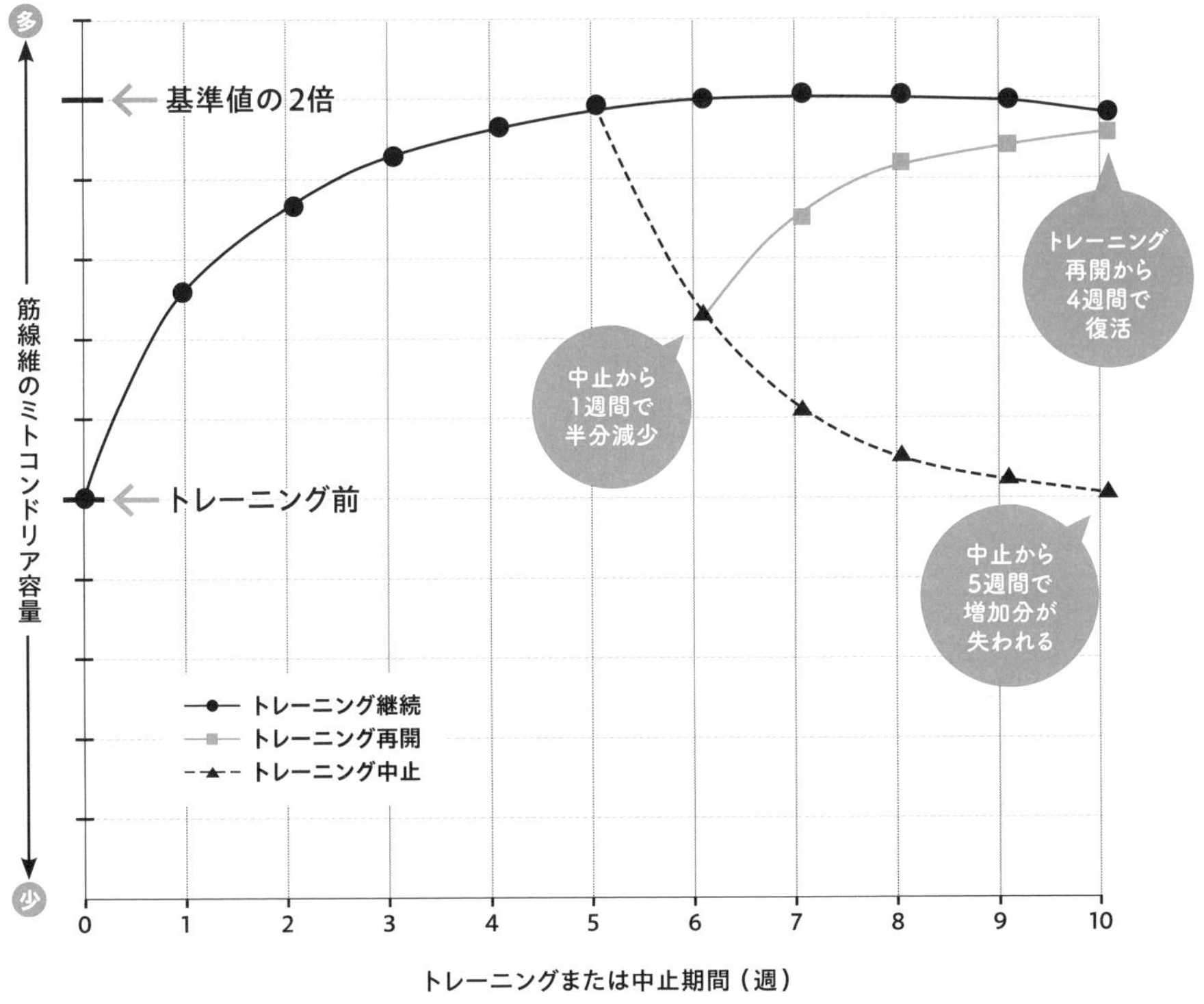

もし、中止期間が長くなると、トレーニングで増加した分のミトコンドリアは、5週間ほどですべてなくなり、トレーニング前と同じ値まで低下してしまいます。そうなると、またーから出直しです。ただ、このデータはあくまでラットのデータからのシミュレーションで、多くの仮定のもとに成り立っていることにも注意が必要です。

Booth., Ann N Y Acad Sci, 1977
Powers and Howley., Exercise Physiology. Theory and Application to Fitness and Performance, tenth edition, 2017

あるある検証 11

とにかくレバーといわれがちだが……貧血対策の食事の正解は？

#貧血　#鉄吸収　#ヘプシジン

鉄分は摂取するタイミングが大事

ランナーには、鉄分が大事ということで、レバーなどをたくさん食べるようアドバイスされることが多いと思います。

実際にレバーや海藻類などを習慣的に食事メニューに組み込んでいるトップランナーも少なくありません。

鉄分は、肉や魚に多く含まれるヘム鉄、植物性食品に多く含まれる非ヘム鉄という主に2つに分類されます。

そして、鉄は酸素運搬に欠かせないヘモグロビンの材料となります。そのため、ヘモグロビンの材料である**鉄分摂取は有酸素能力に欠かせない**わけです。

しかし、鉄分は吸収効率の悪い成分でもあります。しかも、**摂取するタイミングを間違えると、さらに吸収しにくくなる**という厄介なしくみを持っています。

P136でも軽く触れましたが、**肝臓で合成される「ヘプシジン」という鉄分の量を調節するホルモン**があります。体内で**ヘプシジンの量が増えると、小腸での鉄分の吸収が抑えられてしまう**という問題が起こります。

ヘプシジンが増えるのは、午前よりは午後の時間帯。なので、**鉄分はできるだけ朝食で摂取したほうがよい**ということになります。

さらに、運動によってもヘプシジンは増加します。運動直後から上昇しはじめ、約3時間後にピークとなり、その後もしばらく高い状態が続きます。

そのため、朝練を行うなら、**朝練前や直後に鉄を摂取**したほうがよさそうです。もしくは、**完全休養日の午前中に鉄を摂取する**のもよいでしょう。むやみにレバーを食べればよいというわけではなさそうです。

カラダのなか

運動と鉄吸収の相性は悪い？

長距離ランナーに貧血が多いのは、鉄分を吸収しづらい状況が多いのも理由のひとつかもしれません。運動によって鉄分吸収を抑制するホルモン「ヘプシジン」が増加。長距離ランナーは1回の練習時間が長く、さらに朝練も含めて1日２回以上トレーニングすることもあり、ヘプシジンによる鉄吸収阻害の影響が長くなるかもしれません。

運動をすると鉄の吸収が抑えられる！

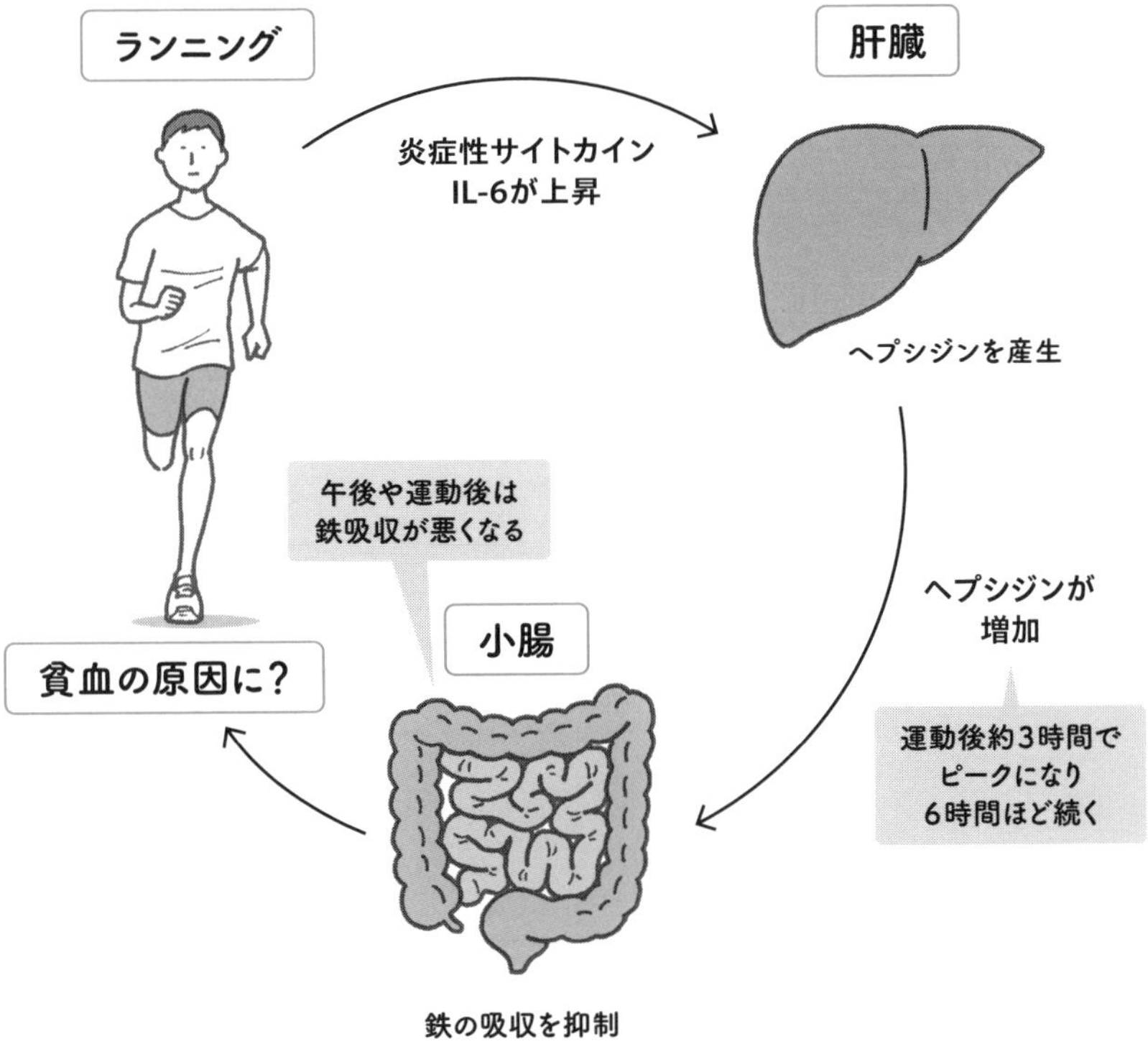

・ヘプシジンが少ないタイミングで鉄を吸収！

ヘプシジンが少ないのは午前中。吸収効率を高めるなら、午前中の鉄分摂取が望ましいといえます。また、朝練を行う場合は、運動後30分までに鉄分摂取を行うことで、運動によるヘプシジン増加の影響も最小限にできるかもしれない、と提言している論文もあります。

 McCormick et al., Sports Med, 2020

12 あるある検証

レース前にカレーを食べる人もいるが……運動前に食べたらヤバいものって？

#運動前の食事　#エネルギー効率　#消化・吸収

消化・吸収の負担になるものは避ける

たとえば、トップアスリートが試合の前にカレーを食べるということを聞いて、マネをしたらお腹が痛くて走れなくなるといった失敗。

ランナーならこれと似たような経験が一度はあるのではないでしょうか？

このように運動前に食べるもので迷ったり、悩んだりすることも少なくありません。

では、**運動前に食べるとヤバい（避けたほうがよい）もの**って実際にあるのでしょうか？

差し込み痛（Ｐ１２６）の項目でも述べましたが、アスリートの栄養に関するガイドラインでは、**運動前に脂肪や食物繊維、タンパク質を多く含む食品・飲料を避ける**ことが推奨されています。

また、前述したように（Ｐ86）、脂肪や高濃度の糖は胃の滞在時間を長くします。その分、**胃の不快感が強くなる**可能性が高まり、水や栄養素の吸収も遅れます。

そのほか、糖や電解質などがたくさん入っている食品・飲料は**浸透圧が高く、一時的にカラダから小腸の消化物への水の移動を促進し、さらに水や栄養素の吸収が遅れる**ことになってしまいます。小腸での吸収の遅れは、下痢をもたらす可能性もあります。

つまり、カレーは脂肪を含め、高エネルギー・高浸透圧であるため、本来は避けるべき食品といえるかもしれません。

このほかにも、人によっては胃腸障害などの原因になる食品があると思いますので、食品に対する胃腸の反応を事前に確認しておきましょう。

カラダのなか

胃腸での滞在時間が長いものはリスクが高い!

「脂肪・食物繊維・タンパク質」を多く含む食品は、運動前の摂取量を減らしたほうがよいとされています。レース前・中にそれらを摂取することで、胃腸障害のリスクが上がるかもしれません。さらに、脂肪や高浸透圧の飲料などは、水分・栄養素の吸収を遅らせます。

運動前は脂肪、食物繊維、タンパク質は避けたい!

①胃から腸への移動速度が低下

消化・吸収に負担をかけず、運動中に補給したものを速やかに吸収するには、胃から腸への移動速度が速いものがベター。脂肪やタンパク質を多く含み、固形の食品ほど胃の滞在時間が長くなります。

②胃の障害や不快感

摂取したものが胃に長く残ると、胃の膨満感などの不快感を上昇させる原因になる可能性があります。

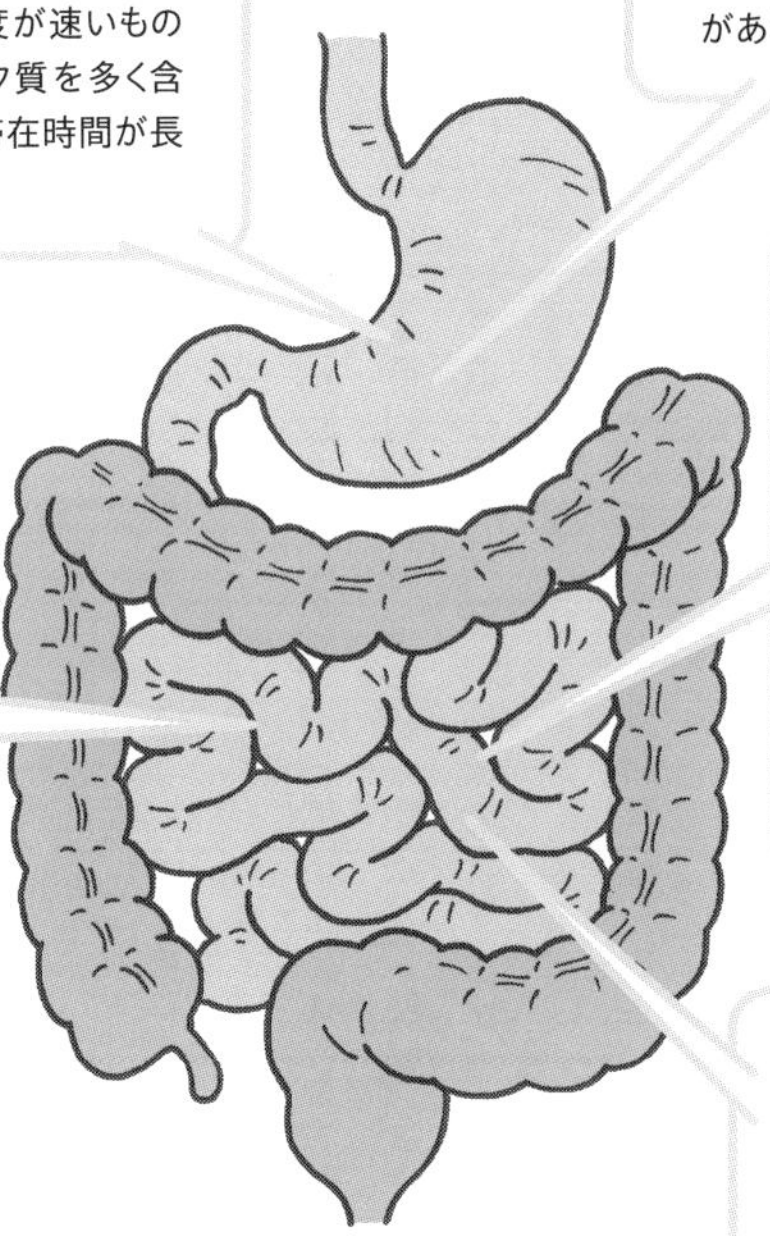

③水分の吸収が低下

胃から腸への移動が遅くなると、小腸での水の吸収が遅れることになります。さらに、高エネルギー・高浸透圧の消化物は、一時的にカラダから小腸の消化物への水の移動を促進します。水は、浸透圧の低いほうから高いほうへ移動する性質があるためです。

④栄養素の吸収が低下

水の吸収が遅れるということは、糖を含めた栄養素の吸収も同じように遅れる可能性があります。糖を素早く吸収して、運動時の糖代謝を高めることに対しても、ネガティブな影響を与える可能性があります。

⑤腸の障害や不快感

小腸での水分吸収の低下や、腸で消化物が長期滞在することで、腸の痛みや下痢を誘発する可能性も。

13

あるある検証

マッサージは本当に効果があるの？

#マッサージ　#リカバリー　#リラクゼーション

リカバリーに関する効果は期待できる

高強度のトレーニングで追い込んだ後やレースの後に、**マッサージで下半身の筋肉をほぐす**こともあると思います。よくあるのは、予選レースと決勝レースの合間の時間帯にマッサージでほぐすケース。

筋肉を物理的にもみほぐすことで、ランナーにどんなメリットがあるのでしょうか？

マッサージの効果についてのさまざまな過去のデータを解析（メタ解析）したレビューによると、運動と運動の合間にマッサージを行った場合の効果は限定的で、**「リカバリー時間が短く、複合的な高強度運動の場合は効果があるかもしれない」**という、なんとも消極的な結論に。ランニングの場合は、「複合的な高強度運動」ではないので、**パフォーマンス向上の効果はほとんど期待できない**といえるかもしれません。

一方、こんな実験も。10㎞走レース後に、**マッサージの訓練・経験期間が長い理学療法士（900時間）からマッサージを受けると筋痛が和らいだが、経験の浅い（450もしくは700時間）理学療法士のマッサージでは、そのような効果は見られなかった**とのこと。

マッサージは、プラセボ効果のような一面もあると思いますが、このような結果を踏まえると、筋痛軽減に関しては少し**期待できる**のかもしれません。

ただし、マッサージにより、本来リカバリーに必要かもしれない炎症状態などを無理やり変えてしまうことにより、**リカバリーを遅らせる可能性**もあります。このような可能性のあるデメリットを理解したうえで、実施するかどうかの選択をしたほうがよいでしょう。

カラダのなか

パフォーマンスは上がらないが、筋痛などは軽減されるかも？

運動と運動の合間にパフォーマンスの回復を目的にマッサージを行うことがあると思いますが、多くの過去のデータを検討したメタ解析の結果によると、パフォーマンス回復の効果は限定的であるとのこと。一方で、筋痛や疲労感の軽減効果については、少し効果が期待できるかもしれません。

マッサージの効果は限定的！

ランニングのパフォーマンスには影響しない

「リカバリーの時間が短く、複合的な高強度運動の場合は効果があるかもしれない」というのがメタ解析の見解。長距離ランニングのパフォーマンス回復効果はほとんど期待できないと考えたほうがよいかもしれません。

プラセボではないかもしれない

熟練した人からマッサージを受けると筋痛が和らいだという報告があり、単なる感覚的なプラセボではない可能性も。

筋痛の軽減には有効かもしれない

筋痛が軽減したという報告もあり、感覚面でなにかしらポジティブな効果があるのかもしれません。

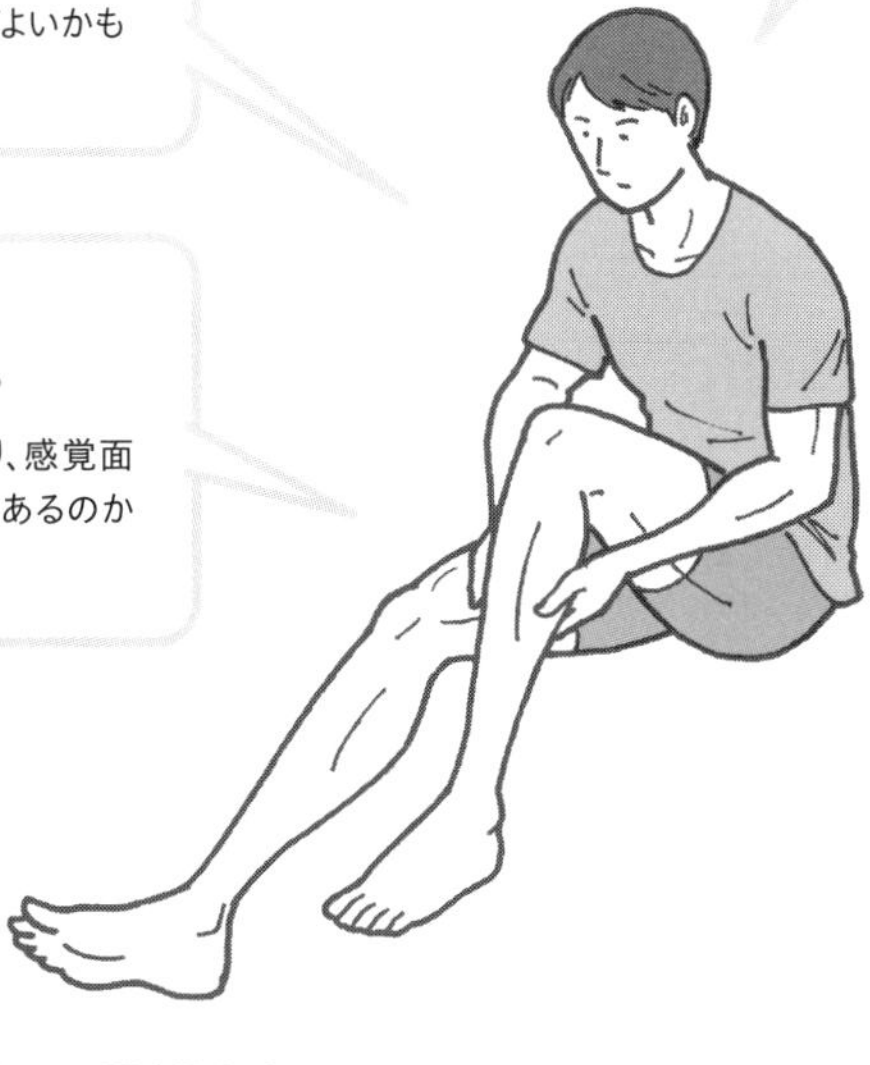

・マイナス面を知ったうえで選択を！

マッサージに炎症を取り除く効果があることを示唆する研究もありますが、適度な炎症はリカバリーに必要である可能性もあります。その場合、マッサージはリカバリーを遅らせることになります。このようなデメリットの可能性も理解したうえで実施しましょう。

Poppendieck et al., Sports Med, 2016
Moraska., Med Sci Sports Exerc, 2007

おわりに

東京２０２０オリンピック競技大会での日本人選手の活躍は凄まじく、マラソンでも過酷な気象条件のなかで、世界トップレベルのランナーたちと堂々と渡り合い、男女ともに入賞（大迫傑選手・一山麻緒選手）することができました。

このことは、称賛に値する素晴らしい結果だと思うのですが、同時に、世界との差を感じる部分でもありました。男子マラソンの金メダルを獲得したケニアのエリウド・キプチョゲ選手の30㎞過ぎの驚異的なスピードアップ。スタート時の気温が26℃、湿度80％という過酷な環境下で、それまでの５㎞ごとのペースから40秒も上げられる走力には、感服せざるを得ません。日本の暑さや湿度といった自然環境に適応できるよう、万全な対策や準備をしてきたのではないかと思います。

そうです、日本と世界の間に差を感じてしまうのは、特にこの部分。科学的なデータを元にした対策や準備といった戦略です。他国と比べると、日本はまだまだスポーツ科学への理解と実践が進んでいないように感じます。

カラダのなかでなにが起こり、どう変化し、どう影響するのか？　そして、それに対し、どのように対策すべきなのか？　運動生理学の世界は、日々新しい事実が明らかになり、刻一刻と進歩しています。世界はそれらの情報をいち早く取り入れ、実践に活かしています。ゆえに、強いのです。

ただ、日本と世界との差を埋めることは、取り組み次第でなんとかなるのではないかと思っています。スポーツ科学への理解が進んでいないということは、日本にはそれだけ伸びしろが残されているということです。日本のスポーツ界全体で、最新の科学的なデータを実践に活かす取り組みをすれば、まだまだ世界と互角か、それ以上に戦える可能性があると思っています。

また、日本代表レベルでなくても、マスターズ、実業団、大学、高校、中学と、それぞれのレベルで競技しているランナーはたくさんいますし、趣味で走られている一般の市民ランナーを含めれば、国民的な競技人口ともいえるでしょう。

そういう方々にも、少しでもよりよいトレーニング、栄養戦略、ウォーミングアップなどをムダなく効果的に行っていただき、よりよい成績を残してもらえればと思います。

本書を読んで、世界と日本の、スポーツ科学の理解と実践の差が少しでも縮まれば幸いに思います。

藤井直人

藤井直人 FUJII NAOTO

筑波大学 体育系 助教。博士(学術)。専門分野は運動生理学。
1981年6月24日大阪府生まれ。筑波大学体育専門学群卒業。大学在学中は陸上競技部に所属。その経験を活かし、運動時の呼吸・循環・体温調節に関する運動生理学的研究を数多く行っている。さらに筑波大学体育系の特色を活かし、競技パフォーマンス向上のためのスポーツ科学研究も進めている。これまでの研究成果は The Journal of Physiology や Medicine & Science in Sports & Exercise といった運動生理学・スポーツ科学分野の一流雑誌を含め、国際誌に170報以上掲載されている。アメリカとカナダでの海外留学の経験を活かし、複数の国の研究者と共同研究を精力的に進め、国際的な賞も複数受賞している。

https://twitter.com/naotofuj

https://exerphysiol.taiiku.tsukuba.ac.jp/

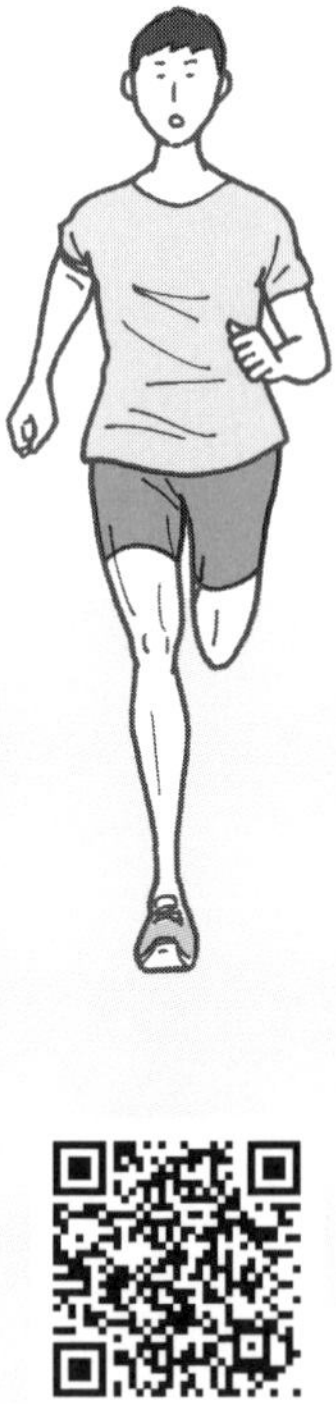

Staff

企画・編集……千葉慶博（KWC）
装丁・本文デザイン……鈴木大輔・江﨑輝海（ソウルデザイン）
イラスト……中村知史
校正……聚珍社
DTP……昭和ブライト

ランナーのカラダのなか

運動生理学が教える弱点克服のヒント

2023年10月31日　初版第1刷発行
2024年2月27日　第3刷発行

著　者　藤井直人
発行者　石川和男
発行所　株式会社　小学館
〒101-8001　東京都千代田区一ツ橋2-3-1
電話　（編集）03-3230-5125
（販売）03-5281-3555

印刷所　TOPPAN株式会社
製本所　TOPPAN株式会社

参考文献はこちらからご覧になれます

© Naoto Fujii 2023 Printed in Japan

ISBN978-4-09-311548-3

* 造本には十分注意しておりますが、印刷、製本など製造上の不備がございましたら「制作局コールセンター」（フリーダイヤル0120-336-340）にご連絡ください。（電話受付は、土・日・祝休日を除く 9:30～17:30）
本書の無断での複写（コピー）、上演、放送等の二次利用、翻案等は、著作権法上の例外を除き禁じられています。本書の電子データ化などの無断複製は著作権法上の例外を除き禁じられています。代行業者等の第三者による本書の電子的複製も認められておりません。

* 制作／松田貴志子・斉藤陽子　販売／中山智子　宣伝／鈴木里彩　編集／竹下亜紀

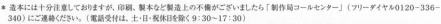